教育部财政部创新实验区资助项目
中国总会计师协会立项研究课题
煤炭高等学校"十二五"规划教材

煤炭企业财务分析
创新体系研究与应用

朱学义　著

中国矿业大学出版社

内容提要

本书由全国优秀教师、煤炭行业专业技术拔尖人才、国务院政府特殊津贴终身享受者朱学义教授著作。全书共九章,包括:总论、流动资产分析、非流动资产分析、负债分析、煤炭企业成本分析、煤炭企业收入分析、煤炭企业利润分析、所有者权益分析、会计报表分析。

本书集财务分析理论知识和实践知识于一体,可作为煤炭企业会计人员、审计人员、生产经营管理人员和决策人员、其他实际工作者培训教材或专用工具书;同时可作为煤炭高校财务、会计、审计专业教材和非会计专业选修会计课程的综合性通用教材。本书还可作为会计教学研究人员的参考用书。

图书在版编目(CIP)数据

煤炭企业财务分析创新体系研究与应用/朱学义著.
徐州:中国矿业大学出版社,2012.3
ISBN 978 - 7 - 5646 - 1429 - 4

Ⅰ.①煤… Ⅱ.①朱… Ⅲ.①煤炭工业－工业企业管理－会计分析－研究－中国 Ⅳ.①F426.21

中国版本图书馆 CIP 数据核字(2012)第 049770 号

书　　名	煤炭企业财务分析创新体系研究与应用
著　　者	朱学义
责任编辑	孙　浩　　史风萍
出版发行	中国矿业大学出版社有限责任公司
	（江苏省徐州市解放南路　邮编221008）
营销热线	(0516)83885307　83884995
出版服务	(0516)83885767　83884920
网　　址	http://www.cumtp.com　E-mail:cumtpvip@cumtp.com
印　　刷	徐州中矿大印发科技有限公司
开　　本	787×1092　1/16　印张 13.5　字数 336 千字
版次印次	2012 年 3 月第 1 版　2012 年 3 月第 1 次印刷
定　　价	50.00 元

（图书出现印装质量问题,本社负责调换）

前　言

过去,高等学校会计学专业长期开设"企业经济活动分析"课程。这门课程是在我国计划经济体制下,以苏联经济为基础,结合我国企业经营管理的实际逐步形成和发展起来的一门专业学科。1992 年 10 月,党的十四大提出,我国经济体制改革的目标是建立社会主义市场经济体系。1994 年,我国会计界在中国人民大学研讨"财务分析学"课程建设体系,它是适应我国社会主义市场经济发展需要而提出来的一门新的课程,是会计学专业、财务管理专业一门新的主干课。与原先的"企业经济活动分析"课程相比,主要有三点不同:

一是分析的内容不同。"企业经济活动分析"是将企业的实际业绩同计划或定额比,重在分析生产经营计划或预算的完成情况,它是我国计划经济管理体制的重要内容;而"财务分析学"重在分析企业如何生存,如何发展。

二是分析的方法不同。"企业经济活动分析"的分析方法主要是因素分析法或连环替代法;而"财务分析学"的主要分析方法是业绩分析法、市场预测分析法。

三是分析的目的不同。"企业经济活动分析"的目的是为企业经营者提高内部管理水平提供依据;而"财务分析学"的目的是分析企业在市场中生存、竞争和发展的能力,为企业经营者提高内外部管理水平提供依据。

1994 年,煤炭部教材编审委员会将《财务分析》列入"八五"规划教材,作为高等学校非会计专业的通用教材。1995 年 8 月,朱学义、周咏梅编著的《财务分析》教材公开出版(机械工业出版社),并在中国矿业大学各专业及研究生中开设该课程。2002 年 12 月,"财务分析"被评为江苏省研究生优秀课程。2003 年 12 月,"财务分析"被评为江苏省研究生开放课程。2006 年 6 月《财务分析教程》获批列入教育部"十一五"规划教材,2007 年 7 月获得江苏省高校精品教材立项资助。2009 年,朱学义主编的《财务分析教程》出版(北京大学出版社)。2010 年 3 月,朱学义主讲的"财务分析学"被评为江苏省精品课程。2011 年 7 月,朱学义主编的《财务分析教程》被评为江苏省精品教材。

在煤炭行业出版"煤炭企业财务分析"内容的书,除了上述高校教材建设的背景外,还有较深刻的实践背景。笔者长期深入煤炭企业调查研究,尤其是在徐州矿务集团、兖州矿业集团、大同矿务局、韩城矿务局、晋城矿务局、汾西矿务局、永城煤电有限公司收集了全套会计核算资料,掌握了煤炭企业第一手资料。主持煤炭高校优秀青年基金项目"煤矿责任会计系统设计",1998 年 3 月获煤炭部现代化管理优秀成果一等奖;出版《责任会计应用研究——三条线管理与核算办法具体设计》专著,2000 年 6 月获国家煤炭工业管理局科技进步二等奖。2007 年 12 月,笔者申报教育部财政部人才培养模式创新实验区项目获批,2008 年 6 月,笔者申报中国总会计师协会研究课题"财务分析创新内容与实践研究"获批,2011 年 12 月,笔者创新财务分析体系,由中国矿业大学推荐出版煤炭行业"十二五"规划教材,煤炭会计信息融进了书中的各个章节。

本书吸收传统的《煤炭企业经济活动分析》中的合理、有效内容,借鉴西方《财务分析》的先进方法和技术,结合煤炭企业实际发展的情况而撰写。本书特色如下:

一是结构新。本书按会计六大要素(资产、负债、所有者权益、收入、费用、利润)分析和会计报表分析组稿,既按会计岗位进行专题分析,又按会计产品(报表)进行综合分析,尤其是在煤炭企业成本(费用)、收入、利润分析方面进行了全新的设计。

二是数据全。本书提供了 2005~2009 年或 2006~2009 年煤炭企业五年或四年系列财务数据、国资委统计评价局关于煤炭行业 2006~2010 年五年标准财务指标、《中国统计年鉴》、《中国统计摘要》(财政部快报)2006~2010 年五年系列财务数据、煤炭机械制造企业 2009 年整套财务数据、CCER 经济金融研究数据库、朱学义上市公司数据库三年数据、国内外标准财务数据共八套指标供读者分析评价使用。

三是特色强。全书完全针对煤炭企业实际,包括煤矿、煤机厂等单位的实际进行分析,如对掘进率、回采率、入洗率、回收率、煤炭灰分等对经济效益的影响分析都很切合实际。

四是通贯性强。全书以淮宏煤矿和某煤机厂的主体业务、环宇工厂全部财务报表为主线在各章之间展开全面的、前后连贯的分析,实现了传统财务分析向突出现金流、战略财务、资本市场等现代财务分析内容的转变。

五是应用性强。本书提供的八套财务数据可以作为煤炭企业的评价标准;系统分析方法的应用可以量化到具体单位和责任人;一些热点、难点,如半变动费用的回归分析和预测分析,材料、电力、房地产等市场价格变动分析,具体成本项目的弹性分析等,都应用了现代化技术和笔者多年来的创新研究成果,对实际工作很有作用,可以成为现场实际工作者的一本工具书。

当然,由于煤炭经济数据的有限,创新方法和技术的尝试,书中难免存在错误和不足,恳请广大读者批评指正。

朱学义

2012 年 2 月

目　录

第一章 总 论

第一节 财务分析的意义

一、企业财务分析的定义

企业财务分析是对企业一定时期内财务活动的过程和结果进行剖析。其过程是:收集企业各个部门、各个方面、各种因素变化产生的大量的经济数据,同企业财务计划或预算进行对比,找出差距,揭示主要问题,再通过对数据进行进一步加工,求出新的数据,找出主要问题的影响因素,作出有事实根据的评价,并对企业的前景作出预计,相应提出对策。因此,财务分析的工作程序可概括为三步:一是占有资料,进行对比;二是进行因素分析,抓住关键问题;三是总结评价过去,提出未来措施。

需要指出的是,有的教科书将财务分析定义为"财务报告分析"或"财务报表分析",这是不恰当的。因为仅仅对财务报告进行分析,虽然是财务分析的重点,但不是财务分析的全部内容。因为财务报告仅仅是财务活动的结果,财务分析不仅要分析财务活动的结果,而且要分析财务活动的过程。

剖析企业财务活动的过程就是要按会计岗位进行专项财务分析。专项财务分析是指在某个专题或某个方面所进行专门分析。包括:货币资金分析、应收账款分析、存货分析、对外投资分析、固定资产分析、其他长期资产分析、流动负债分析、长期负债分析、收入分析、成本费用分析、利润分析、所有者权益分析、筹资分析、绩效分析、预测分析等。

剖析企业财务活动的结果就是要按会计提供的"产品"——会计报表及其他相关资料进行综合财务分析。综合财务分析是对单位的财务状况和经营成果进行的综合性评价。包括:偿债能力分析、盈利能力分析、营运能力分析、发展能力分析、竞争能力分析、筹资分析、杜邦分析、沃尔分析、资金流动分析、资本绩效综合分析、经济效益综合分析等。

二、财务分析学的定义

财务分析学是以财务报表和其他资料为依据,按照固定的步骤和采用一系列专门分析技术和方法,系统分析和评价企业的盈利能力、偿债能力和营运能力等财务状况,为企业投资者、债权人、经营者和其他关心企业的组织和个人决策提供准确的信息和依据的经济应用学科。可见,财务分析学突出的是一门学科,是一门综合性、边缘性学科,有完整的理论体系、健全的方法体系、重要的学科地位,是会计学专业、财务管理专业、审计学专业的主干课程或核心课程。

三、财务分析能力的定义

能力,是能胜任某项任务的主观条件,包括技能、才能、本领等方面。财务分析能力是指搜集各种财务信息,借以评价单位的财务状况及其经营成果,并预测未来,提供决策依据的能力。它包括以下四个方面。

一是财务信息搜集获取能力。财务信息是经济信息的一部分,它是指由会计凭证、账簿、报表反映出来的六大会计要素(资产、负债、所有者权益、收入、费用、利润)变化的情况和资料,以及引起这种变化原因的总称。财务信息包括:单位各项财务目标计划、预算、定额指标;单位六大会计要素实绩指标及分析指标;单位各项经济活动资料;部门及行业财务资料;各项政策、法规资料;市场信息等。进行《财务分析》教学,不仅要培养学生及现场会计人员在实际工作中通过什么途径、什么方式、哪个部门、哪个资料中获取财务信息,还要培养学生及现场会计人员上网获取财务信息的能力;不仅要掌握获取国内上市公司的财务信息,而且要掌握获取国外上市公司的财务信息。只有这样,才有利于学生及现场会计人员进行较全面的分析和评价。

二是专项财务分析能力。它是指学生及现场会计人员在某个专题或某个方面结合自身会计岗位工作的实际进行专门分析的能力。如结合出纳岗位工作的实际能进行货币资金专题分析;结合销售岗位工作的实际能进行应收账款专题分析、销售利润专题分析;等等。

三是财务综合分析能力。我国20世纪90年代以来创造的财务综合分析的方法有企业竞争能力分析法、企业经济效益指标分析法、国有资本金效益分析法、经济景气监测分析法等。西方可借鉴的分析方法有:杜邦分析法、沃尔分析法、综合系数法等。培养学生及现场会计人员财务综合分析能力有利于对单位的财务状况进行全面的分析评价,有利于从总体上把握单位财务状况的本质,有利于培养学生综合解决问题的能力。

四是财务预测分析能力。财务预测分析是财务分析估计未来职能的延伸。它是根据单位过去一段时期财务活动所形成的历史资料,结合单位现在所处的内外部环境和自身状况,考虑单位的发展趋势,由专门人员通过主观判断或定量分析,对单位未来的财务状况和经营成果作出判断、预计和估计的行为,其核心是对单位未来的发展前景进行较为精确的估算。做好财务预测分析,能为单位进行财务决策提供依据,为编制财务预算、进行财务控制提供资料,为单位进行价值评估奠定基础。培养学生及现场会计人员财务预测分析能力有利于他们探索事物的发展规律,开发他们的智慧和能力,提高他们业务知识的应用水平。

四、财务分析的作用

(一)财务分析是企业管理的重要环节

工业企业管理是对建立在现代化科学技术和社会化大生产基础上的工业企业的生产经营活动所进行的决策、计划、组织、指挥、核算、监督、协调和分析等一系列活动的总称。这些活动在企业管理中环环紧扣,不可分离。

决策,是根据企业目标和自身条件,提出若干可供选择的方案,进行比较后选择优化方案,即决策是对最佳方案的选择。

计划,是在决策的基础上,制定具体的目标、要求,提出实施的步骤和方法。

核算,是把企业发生的各项经济业务记录下来,进行必要的计算,形成一定的会计核算指标体系,并检查计划执行的过程和结果。

分析,是以大量、丰富的经济资料为依据,对经济活动的各个组成部分、财务状况、经营成果、现金流量进行内在的联系分析和外部比较分析,从而得出分析结论,用于指导实践。

从以上四大环节看,决策和计划是提出目标和要求,是企业管理工作的起点,会计核算是反映生产经营活动的过程和结果,是企业管理的中间最关键的环节,而分析是考核效果、分析原因、提出措施,它既是会计核算工作的延伸和拓展,又是企业管理必不可少的终结环节,还是企业未来决策和计划的基础。

（二）财务分析是提高企业管理水平的重要手段

通过财务分析,能够认识企业的管理现状,总结企业管理的有效经验,揭示企业管理存在的问题,为提出改进措施和方案提供依据,指导生产经营,提高企业的管理水平。

（三）财务分析是提高企业经济效益的有力手段

财务分析是企业会计核算的继续、深入和提高;财务分析中进行指标对比能够直接衡量企业的经济效益;财务分析能够揭示相关责任人的责任,发挥人在提高经济效益中的作用;财务分析能够利用计划指标揭示企业的各种偏差,提高企业计划决策的科学性,并根据可预见到的主客观条件的变化及时调整生产经营活动,为取得最佳经济效益提供基础。

（四）财务分析是评价企业生存发展的钥匙

通过对企业偿债能力、发展能力、资金流动等情况进行分析,能够考察企业是否存在"三大风险"——经营风险、财务风险和破产风险,预测企业的财务危机和发展潜力。

第二节 财务分析的对象

财务分析的对象是社会再生产过程中能用货币表现的经济活动及其财务指标体系。

一、社会再生产过程中的经济活动

社会再生产过程是由生产、分配、交换和消费四个相互联系的环节所构成,它包括各种各样的经济活动,但就会计而言,它只衡量其中能用货币表现的经济活动。下面以工业企业为例予以说明。

工业企业通过吸收投资、取得借款等方式筹集资金后,就进入了正常的生产经营过程,其经济活动可以分为供应、生产和销售三个主要阶段。供应阶段是生产的准备阶段,主要是购买劳动对象,作为生产的储备。在供应过程中,购买单位购买材料,发生运输、装卸等费用,要向供货单位及其他有关单位支付货款。当购入的材料验收入库时,供应阶段结束。在这个阶段中,货币资金通过材料采购,转化为储备资金。生产阶段是工业企业最主要的经营阶段。在生产过程中,材料仓库储备的材料根据生产需要投入生产,工人借助于劳动资料把劳动对象（材料）加工成产品,一方面生产资料的价值（机器设备等固定资产的磨损价值和材料消耗价值）转入产品成本,另一方面支付工资、水电等费用也转入产品成本。当生产的产品完工验收入库时,生产阶段结束。在这个阶段中,储备资金随着生产的进行,转化为生产资金;待产品制造完成入库时,生产资金又转化为成品资金。销售阶段是把企业生产的产品销售出去,取得销售收入。在销售过程中,企业要发生销售费用,并要向国家缴纳税金;企业各种生产耗费及其支出都要从销售收入中得到补偿,补偿后要确定利润,进而进行利润分配。当产品库的产成品销售出去,并收回货款时,成品资金转化为货币资金,销售阶段结束。

企业在生产经营过程中,为了获取更大利益或为了达到其他目的,还将资金投放到其他单位,如购买其他单位的股票、债券或用货币、材料、产品、固定资产等直接向其他单位投资,以便获得投资收益、增加货币资金、这种投资收益同生产经营收益一样,构成了企业利润的组成部分。

对供、产、销过程的经济活动进行分析,就是要分析供应过程的材料采购成本、生产过程的生产成本、销售过程的销售成本和销售费用的发生情况,分析储备资金占用、生产资金占用、成品资金占用情况,分析材料存货的周转速度、在制品存货的周转速度、库存商品的周转速度及全部存货的周转速度,为降低成本、节省资金、加快资金周转提供依据。

二、企业的财务指标体系

(一)单项财务指标

单项财务指标是反映企业某个方面的财务指标,它分为静态指标和动态指标两类。静态指标是反映某个时点(如月末、季末、年终)的指标。例如,静止到某一天,企业有多少货币资金,有多少售出产品未收款(应收账款),有多少材料、产品存货,有多少固定资产价值,有多少对外投资的资金,有多少债务未还(负债)等,这些指标从静态反映了企业的资金分布状况。动态指标是反映企业一定时期(如一个月、一个季度、一年)生产经营状况的指标。例如,年度内取得的销售收入是多少,发生的成本费用是多少,实现的利润总额是多少等。企业利用单项财务指标可进行单方面分析、评价。例如,可进行货币资金分析、应收账款分析、存货分析、固定资产分析、对外投资分析、成本费用分析、经营成果分析等。

(二)综合财务指标

综合财务指标是利用多个单项财务指标进行计算得出的复合指标,它主要分为以下五类。

(1)反映资金结构的指标。资金结构是指某项资金占某类(或全部)资金的比例,如固定资产占用率,是固定资产价值合计占资产总额的比例。

(2)反映偿债能力的指标。例如,资产负债率是负债总额占资产总额的比例。此比例过大,超过承受能力,就存在还不起债的风险。

(3)反映盈利能力的指标。例如,资产利润率,是利润总额占资产总额的比例。此比例越大,表示企业资产的利用效率超高。

(4)反映营运能力的指标。例如,应收账款周转率,是赊销收入净额与应收账款平均余额的比例。此率越大,表示企业应收账款周转的速度越快。

(5)反映发展能力的指标。例如,营业收入增长率、资产总额增长率、资本保值增值率等,这些比率越大,表示企业的发展能力越强。

第三节 财务分析的依据

财务分析的主要依据是会计核算资料。会计核算提供的财务指标是否先进合理,主要依据于财务计划。分析财务计划和财务指标的完成情况,最根本的是要看同家的方针、政策和财经法规制度执行得如何。因此,财务分析要以国家财会法规制度、企业财务计划、会计核算信息和其他有关资料为依据。

一、财会法规制度

(一)会计法

会计法是会计工作的准绳、依据和总章程,是一切会计法规、制度的"母法"。1985年1月21日,第六届全国人民代表大会常务委员会第九次会议通过了《中华人民共和国会计法》,该法从1985年5月1日起施行。1993年12月29日第八届全国人民代表大会常务委员会第五次会议通过了《关于修改〈中华人民共和国会计法〉的决定》,对会计法部分条款进行了修改。1999年10月31日第九届全国人民代表大会常务委员会第十二次会议又对《会计法》进行了修订。2000年7月1日实施的1999年10月31日修订的会计法由总则、会计核算、会计核算的特别规定、会计监督、会计机构和会计人员、法律责任、附则共七章五十二条组成。

(二)会计准则

会计准则是进行会计工作的规范,是处理会计业务和评价会计资料质量的准绳,也称"会计标准"。会计准则可由政府主管会计工作的机关(如我国的财政部)制定,也可由法律授权制定会计法规机构支持的民间权威会计组织(如美国"证券交易委员会"支持的美国"财务会计准则委员会")制定。会计准则一般分为企业会计准则、非营利单位会计准则和政府会计准则等几类。企业会计准则分为企业基本会计准则和具体会计准则两个层次。我国企业会计准则体系由企业会计准则、企业会计准则应用指南(含会计科目和主要账务处理附录)和会计准则解释三部分组成。会计核算按会计六大要素——资产、负债、所有者权益、收入、费用、利润展开,我们要以会计准则为依据,评价和分析企业会计核算资料是否真实、可靠。

(三)财务通则

财务通则是开展财务活动、进行财务管理必须遵循的基本原则和规范,是财务制度体系中的基本法规,是制定企业内部财务管理制度的纲领性文件。我国的财务通则分别从企业、事业、金融企业的角度进行规范。1992年11月30日,财政部第4号令发布了《企业财务通则》,自1993年7月1日起施行。2006年12月4日,财政部又对《企业财务通则》进行了修订,从2007年1月1日起施行。1996年10月22日,财政部第8号令发布了《事业单位财务规则》,自1997年1月1日起施行。2012年2月7日,财政部对《事业单位财务规则》进行修订,由财政部第68号令发布,自2012年4月1日起施行。2006年12月7日,财政部第42号令发布了《金融企业财务规则》,从2007年1月1日起实施。

财务通则不同于规范会计核算行为的会计准则,它是加强财务管理、规范财务行为、保护企事业单位及其相关方的合法权益的规范。财务通则主要从资金筹集、资产营运、成本控制、收益分配、信息管理、财务监督六大财务要素上规范企业财务行为,促使企事业单位的财务管理走向规范化、科学化、法制化、信息化和效益化。

二、会计信息

会计是以货币计量为基本形式,采用专门方法,对经济活动进行核算和监督的一种管理活动。会计的主要目的是为各个信息使用者提供经济和财务决策的有用信息。会计信息是财务分析的直接依据。会计信息分布在会计账簿中,最终都集中在会计报表中体现。会计报表提供了企业财务状况、经营成果及其变动情况等方面的信息。会计人员还能够对会计核算资料进行加工整理,计算反映有关指标之间关系及变动趋势的信息。这种信息主要供会计信息使用者分析和预测之用,也称分析预测信息。

(一)对外报表反映的会计信息

企业对外提供的会计报表,称为"财务报表",通常有四种:一是资产负债表。它是反映企业在某一特定日期(如月末、季末、年末)财务状况的会计报表。二是利润表。它是反映企业在一定会计期间的经营成果情况的会计报表。三是现金流量表。它是反映企业一定会计时期现金和现金等价物流入和流出情况的报表。现金流量表的主要作用是帮助投资者、债权人和其他人士评估在未来创造有利的净现金流量的能力，评估企业偿还债务的能力、分配股利或利润的能力，并对企业资金筹措的情况作出评价，确定净利润与相关的现金收支产生差异的原因，评估当期的现金与非现金投资和理财事项对企业财务状况的影响。四是所有者权益变动表。它是反映构成所有者权益的各组成部分当期的增减变动情况的报表。其基本内容有：净利润；直接计入所有者权益的利得和损失项目及其总额；会计政策变更和差错更正的累积影响金额；所有者投入资本和向所有者分配利润等；按照规定提取的盈余公积；实收资本（或股本）、资本公积、盈余公积、未分配利润的期初和期末余额及其调节情况。利用所有者权益变动表的信息能够分析评价企业所有者权益的构成、所有者权益产生的来源、当期所有者权益增减变动情况和所有者权益保值增值情况。

（二）对内报表反映的会计信息

1. 一般企业对内会计报表的种类

企业编制对内会计报表的目的，是为企业内部管理提供决策的会计信息，所以又称"内部管理报表信息"。一般企业（非煤企业）对内会计报表的种类有：（1）产品生产成本表（月报表）；（2）主要产品单位成本表（季报表）；（3）产品生产、销售成本表（月报表）；（4）制造费用明细表（月报表）；（5）管理费用明细表（月报表）；（6）财务费用明细表（月报表）；（7）营业外收支明细表；（8）债权债务明细表；（9）在建工程明细表；（10）应交税费明细表等。

2. 煤炭企业对内会计报表的种类

煤炭企业对内会计报表的种类有：（1）原煤成本计算表（月报表）；（2）洗煤（分离前）成本计算表（月报表）；（3）洗煤（分离后）成本计算表（月报表）；（4）其他主营产品成本计算表（月报表）；（5）其他业务成本表（月报表）；（6）制造费用明细表（月报表）；（7）管理费用明细表（月报表）；（8）财务及销售费用明细表（月报表）；（9）营业外收支明细表；（10）库存商品收发结存表；（11）主营业务营业利润表；（12）其他业务营业利润表；（11）固定资产明细表；（12）在建工程明细表；（13）应付职工薪酬明细表；（14）应交税费明细表等。

三、财务计划

财务计划是运用科学的技术手段和数学方法，在对经营目标进行综合平衡后确定的计划期内有关资金筹集、使用、收入和分配等方面的预算额度，也称财务预算。企业财务计划主要包括资金筹集计划、资本支出计划、流动资金计划、成本计划、利润计划、对外投资计划等。财务计划是企业经营目标的系统化、具体化，不仅是控制财务收支活动的依据，也是检查、分析和评价财务状况和经营成果的依据。

四、其他有关资料

1. 企业的统计数据

企业的统计数据由企业统计部门提供，包括：产品产量、工业总产值、工业增加值（工业净产值）、销售产值、物价指数、税金总额、薪酬总额等。

2. 其他相关资料

其他相关资料包括：企业发展规划、各种定额资料、材料采购计划、煤炭生产计划、煤炭销售计划、材料耗用计划、职工薪酬计划等。

第四节 财务分析的种类和方法

一、财务分析的种类

财务分析的种类可按不同的标志进行划分。

(1) 按照分析在经济活动发生的前后,分为事前分析、事中分析、事后分析。

(2) 按照分析的时间是否固定,分为定期分析和不定期分析。

(3) 按照分析的人员,分为内部分析(从经营者的角度出发由企业内部经营管理人员对企业的生产经营和财务活动所作的分析,也称"诊断分析")和外部分析(企业外部有利害关系的集团或人员根据各自目的对企业财务状况和经营成果所作的分析)。

(4) 按照所要分析的是企业的一个时点的状况还是一个时期的状况,分为静态分析和动态分析。

(5) 按照分析的范围,分为会计要素内容专题分析和会计报表(告)综合分析。

(6) 按分析的内容,分为资金结构分析、风险程度分析、成本效益分析和经营绩效分析等。

(7) 按分析的主要目标,分为流动性分析(或称偿债能力分析)、盈利能力分析、营运能力分析、发展(成长)能力分析等。

(8) 按反映经济效益具体指标的内容分类分为以下五类。

① 反映经营成果的指标。首先,从使用价值上看,反映生产成果的指标有产量(如煤炭产量)、品种(原煤、洗煤)、质量(原煤灰分、含矸率)等;从价值上看,反映生产成果的指标有产总产值、增加值、商品产值、销售产值等。其次,反映销售成果的指标有销售量、销售收入、市场占有率等。再次,反映财务成果的指标有利润总额、净利润、综合收益总额、各种利润率等。

② 反映劳动消耗的指标。第一,反映物化劳动消耗的指标有:原材料、辅助材料、燃料和动力等属于劳动对象方面物质消耗指标和固定资产折旧等属于劳动手段方面物质消耗指标。第二,反映活劳动消耗的指标有:工时、工日、薪酬总额等。第三,反映劳动消耗的综合指标有:产品总成本、单位成本、营业成本等。

③ 反映劳动占用的指标。企业生产经营过程中,占用劳动资料和劳动对象用货币表现出来就是劳动占用的指标,如固定资产占有量、流动资产占有量等。

④ 反映劳动消耗经济效益的指标。企业职工的劳动是脑力劳动和体力劳动的结合,表现在会计账簿上是"直接人工",构成企业产品的成本,劳动的最终结果是提供总产值、增加值和利润总额,因此,反映劳动消耗经济效益的指标有:成本利润率、劳动生产率、产值利润率等。

⑤ 反映劳动占用经济效益的指标。企业劳动占用就是占用企业资金,企业资金的应用最终提供产值、收入和利润,因此,反映劳动占用的经济效益指标有:资金产值率、流动资金周转率、资金利润率等。

(9) 按反映煤炭产品生产特点的指标分为以下四类。

① 反映煤炭生产成果的指标。掘进进尺、掘进率、"三量"(开拓煤量、准备煤量和回采煤量),商品煤灰分、含矸率,原煤灰分、含矸率等。

② 反映资源及物资利用情况的指标。回采率,坑木回收复用率,等等。

③ 反映劳动生产率的指标。原煤全员效率(吨/工日)、井下工人劳动效率(吨/工日)、回采工人劳动效率(吨/工日)、掘进工人劳动效率(吨/工日)等。

④ 反映机械设备利用状况的指标。采煤机械化程度、掘进机械化程度等。

二、财务分析的技术方法

财务分析的方法包括财务分析的一般方法和技术方法。财务分析的一般方法是指财务分析的基本程序。包括:确定分析对象,拟订分析提纲;收集有关资料,掌握基本情况;进行对比分析,揭露存在问题;分析问题原因,抓住关键因素;提出具体措施,切实改进工作。财务分析的技术方法有业绩分析法和预测分析法。业绩分析法包括:比较分析法、比率分析法、因素分析法、平衡分析法、分组分析法、图示分析法等。预测分析法包括:调查研究预测法、时间数列预测法、因果关系预测法等。

(一)比较分析法

比较分析法(简称比较法),亦称对比分析法(简称对比法),是将两个或两个以上有内在联系的、可比的指标进行比较而揭示数量差异的一种方法。一般说来,数量上的差异反映了经营管理工作中存在着差距。比较法的重要作用在于揭示客观存在的差距以及形成这种差距的原因,帮助人们发现问题,挖掘潜力改进工作。比较分析法是各种分析方法的基础,不仅各种绝对数可以比较,而且各种比率或百分数等相对数也可以比较,因而它是最基本的分析方法。

运用比较分析法时,通常要进行三种比较。一是将本单位本期实际指标同计划指标(或预算指标)、中长期规划指标、定额指标、预测指标进行对比;二是将本单位本期实际指标同上期实际指标、上年同期实际指标、历史先进指标进行对比;三是将本单位本期实际指标国内平均水平比、与国内先进水平比、与同行业平均水平比、与同行业先进水平比、与世界平均水平比、与世界先进水平比。采用比较法应注意指标的可比性,对财务政策、会计方法以及计算方法发生变化的指标要调整换算,排除不可比因素,以便准确合理地揭示问题。

运用比较分析法时,可以采用绝对指标进行对比(如 2009 年全国煤炭工业大型企业在岗职工年平均工资 41 622 元/年,比 2009 年的 37 189 元/年增加了 4 433 元),也可以采用相对指标进行对比(如全国规模以上煤炭工业企业 2009 年成本费用利润率为 11.21%,比上年的 13.19%低 1.98 个百分点)。

(二)比率分析法

比率分析法是将两个或两个以上具有内在联系的项目指标进行对比求出比率来进行分析的一种方法。它是比较分析法的发展形式。它是将几个时期的同类指标进行对比,借以揭示增减变动趋势的一种分析方法。反映趋势的指标通常有发展速度和增长速度两种。发展速度等于报告期指标数值除以基期指标数值得出。发展速度按不同要求有定基发展速度(基期固定的速度)和环比发展速度(以上期指标数值作基数的速度)。增长速度等于增长量(报告期指标数值减去基期指标数值后的余额)除以基期指标数值得出,或等于发展速度减去 100%得出。现举例予以说明,全国煤炭开采和洗选业利润总额及其发展速度计算如表 1-1 所示。

表 1-1　　　　　　　　　　　　全国煤炭开采和洗选业利润总额表

项目＼年份	2005 年	2006 年	2007 年	2008 年	2009 年	2010 年	2005～2010 年平均每年递增率
利润总额(亿元)	561.00	690.54	1 022.18	2 348.5	2 208.31	3 446.52	43.8%
环比增长率	—	123.1%	148.0%	229.7%	94.1%	156.1%	—

注:表中数据取自 2006～2011 年《中国统计年鉴》。

(1)动态比率分析。根据表 1-1 数据计算有关动态比率指标的过程如下(定基基期为 2005 年):

① 2010 年利润总额定期发展速度＝3 446.52÷561.00×100%＝614.4%

② 2010 年利润总额环比发展速度＝3 446.52÷2 208.31×100%＝156.1%

③ 2010 年利润总额定期增长速度＝(3 446.52－561.00)÷561.00＝514.4%
$$或＝614.4\%－100\%＝514.4\%$$

④ 2010 年利润总额环比增长速度＝156.1%－100%＝56.1%

⑤ 2005 年至 2010 年利润总额平均发展速度
$$＝\sqrt[(2010-2005)]{3\ 446.52÷561.00}＝143.8\%$$

$$或＝\sqrt[5]{123.1\%×148.0\%×229.7\%×94.1\%×156.1\%}＝143.8\%$$

⑥ 2005 年至 2010 年利润总额平均每年递增率＝143.8%－100%＝43.8%

(2)结构比率分析。它是计算一个经济指标各个组成部分占总体的比重,借以分析指标的内部结构及其变化,从而掌握经济活动特点和变化趋势的分析方法。例如,全国煤炭采选业 2010 年主营业务收入 23 610 亿元,主营业务成本 16 789 亿元,主营业务税金及附加 410 亿元,主营业利润 6 411 亿元,则:

主营业务成本占收入的比例＝16 789÷23 610×100%＝71.1%

主营税金及附加占收入的比例＝410÷23 610×100%＝1.7%

主营业利润占收入的比例＝6 411÷23 610×100%＝27.2%。

(3)相关比率分析。它是两个不同项目或不同类别但又相关的数据进行对比求出比率进行分析的一种方法。这些比率涉及企业经营管理各个方面,大致分为以下几类:短期偿债能力指标,长期偿债能力指标,盈利能力指标,营运能力指标,发展能力指标,等等。从狭义的角度看,比率分析法一般指相关比率分析法。

例如,全国煤炭采选业 2010 年利润总额 3 447 亿元,资产总额 29 942 亿元,则:

资产利润率＝3 447÷29 942×100%＝11.5%

(三)因素分析法

因素分析法,亦称"因素替换法"、"连锁(环)替代法"、"顺序换算法",是将某综合指标分解为相互联系的若干因素,然后顺序地替换各项因素而测定出各因素差异对综合指标影响程度的方法。这种方法的计算程序是:先确定分析对象,计算出总的差异;然后,按组成因素建立关系式;再以计划数或上期数为基础,用实际数逐个替代,计算出各个因素的影响额度;最后汇总各个因素变动差异,检查是否和总差异(分析对象)一致。常用的因素分析法有连环替代法、差额计算法、总和因素法和指数分析法。

1. 连环替代法

例1：某煤矿某年度原煤生产消耗的木材情况如表1-2所示。

表1-2 某煤矿某年度原煤生产木材消耗情况表

项 目	计划	实际	差异
(1) 原煤产量(万吨)	20	22	+2
(2) 每万吨原煤消耗木材(立方米)	59	55	-4
(3) 每立方米木材单价(元)	1 200	1 300	+100
(4) 原煤木材费(元)＝(1)×(2)×(3)	1 416 000	1 573 000	157 000

(1) 分析对象(总差异)＝1 573 000－1 416 000＝157 000 元(超支)

(2) 建立关系式：

产品材料费＝产品产量×产品单位材料消耗量×材料单价

(3) 逐个替代。

① 材料计划费＝20×59×1 200＝1 416 000(元)

② 第一次替代后材料费＝22×59×1 200＝1 557 600(元)

③ 第二次替代后材料费＝22×55×1 200＝1 452 000(元)

④ 第三次替代后材料费＝22×55×1 300＝1 573 000(元)

(4) 确定各因素变动影响额度。

⑤ 产量变动影响材料费＝②－①＝1 557 600－1 416 000＝141 600(元)

⑥ 单耗变动影响材料费＝③－②＝1 452 000－1 557 600＝－105 600(元)

⑦ 单价变动影响材料费＝④－③＝1 573 000－1 452 000＝121 000(元)

⑧ 综合各因素影响总额＝⑤＋⑥＋⑦＝157 000(元)

2. 差额计算法

为了简化计算,可以将以上(3)、(4)步合起来,产生另一种计算方法——差额计算法。计算过程如下：

① 产量变动影响材料费＝(22－20)×59×1 200＝141 600(元)

② 单耗变动影响材料费＝22×(55－59)×1 200＝－105 600(元)

③ 单价变动影响材料费＝22×55×(1 300－1 200)＝121 000(元)

④ 综合各因素影响总额＝①＋②＋③＝157 000(元)

从以上分析中可见,由于产量增加使产品材料费增加 141 600 元,这是正常性增加;由于产品单位材料消耗量降低,使产品材料费减少 105 600 元,这是生产部门的成绩;由于材料单价提高,使产品材料费增加 121 000 元,这种不利差异应由材料采购供应部门负责,需进一步查找具体原因。

采用因素替代法,可以衡量各项因素影响程度的大小,分清原因和责任,但这种分析方法存在着一定的假定性:假设替代顺序(一般把最重要的因素排在前面先替代),一旦顺序变换,将得出不同的结果;同时,在逐个因素替代时,是假定一个因素变动,其他因素不变。事实上往往多种因素同时起作用。因此,在实际运用这种方法时,还要深入实际进一步调查研究,才能得出客观的分析结论。

3. 总和因素法

连环替代法经常用于综合指标的各组成因素为乘、除或乘除混合运算关系下的因素分析,但有些综合指标与其组成因素之间表现为加、减关系,分析这种因素变动对综合指标绝对差异影响时,除了可采用比较分析法外,还可以采用总和因素法。总和因素法是分析综合指标与其各组成因素之间表现为加减关系而分析其影响程度的分析方法,它分为比重分析法和差额分析法。

例 2:某煤矿某年度某采区原煤产量计划完成情况如表 1-3 所示。

表 1-3 　　　　　　　　**某煤矿某年度某采区原煤产量计划完成情况表**

采区	原煤产量			计划完成	
	计划(万吨)	计划比重	实际(万吨)	差异(万吨)	超计划
	1	2	3	4=3-1	5=4÷1
一	25.8	31.7%	26.3	0.5	1.94%
二	21.6	26.5%	22.0	0.4	1.85%
三	34.0	41.8%	35.0	1.0	2.94%
合计	81.4	100.0%	83.3	1.9	2.33%

（1）比重分析法。它是利用构成总体的各个因素占总体的比重与该因素数值变动率相乘计算出各因素影响程度的方法。

① 分析对象－三个采区原煤产量超计划完成 2.33%

② 建立关系式:

$$采区总产量 = 一区产量 + 二区产量 + 三区产量$$

③ 按组成因素计算计划完成率

= ∑(某采区计划产量比重 × 该采区计划产量完成率)

= 31.7% × 101.94% + 26.5% × 101.85% + 41.8% × 102.94%

= 32.3% + 27.0% + 43.0%

= 102.33%

计算结果表明,该煤矿全年三个采煤区队共计完成原煤计划产量 102.33%,其中,一采区计划完成总产量的 31.7%,实际完成了 32.3%;二采区计划完成总产量的 26.5%,实际完成了 27.0%,0.61%;三采区计划完成总产量的 41.8%,实际完成了 43.0%。

④ 按组成因素计划超额完成率

= ∑(某采区计划产量比重 × 该采区计划产量超额完成率)

= 31.7% × 1.94% + 26.5% × 1.85% + 41.8 × 2.94%

= 0.61% + 0.49% + 1.23%

= 2.33%

计算结果表明,该煤矿全年三个采煤区队共超额完成原煤产量计划 2.33%,其中,一采区影响程度为 0.61%,二采区影响程度为 0.49%,三采区影响程度为 1.23%。

（2）差额分析法

差额分析法是利用各因素报告期数值与基期数值的差额同总体基期数值的对比计算各因素影响程度的方法。计算公式如下：

$$\frac{某因素对总体计划}{完成率的影响程度}=\frac{该因素报告期数值-该因素基期数值}{总体的基期数值}\times100\%$$

现仍以上述例2为依据说明该方法的应用。

① 一采区对总产量超额完成率的影响程度

$$=\frac{26.3-25.8}{81.4}\times100\%=0.61\%$$

② 二采区对总产量超额完成率的影响程度

$$=\frac{22.0-21.6}{81.4}\times100\%=0.49\%$$

③ 三采区对总产量超额完成率的影响程度

$$=\frac{35.0-34.0}{81.4}\times100\%=1.23\%$$

④ 三个采区的综合影响程度$=0.61\%+0.49\%+1.23\%=2.33\%$

4. 指数分析法

指数分析法是利用指数反映经济现象发展水平和变动趋势的方法。指数是反映经济现象动态的特殊相对数，分为数量指数（如产品产量、产品销售数量等）和质量指数（单位产品成本、产品单位售价、劳动效率等），或总指数（如全部产品总产量）和个体指数（如某产品产量）。总指数又有两种计算形式：综合指数和平均指数。

（1）综合指数分析法

综合指数是总指数的基本形式，是由两个总量指数对比计算的指数，即将一个总量指标分解为两个或两个以上的因素指标时，将其中一个或一个以上的因素指标固定下来，观察其中一个指标的变动程度，这样计算的指数，称为综合指数。现举例说明如下。

例3：某煤矿机械厂某年度三种产品销售数量及单位售价情况如表1-4所示。

表1-4　　　　　　　　某煤矿某年度三种产品销售数量及单位售价情况表

产品名称	计量单位	销售数量		单位售价(元)		销售收入(元)	
		2010年	2011年	2010年	2011年	2010年	2011年
		1	2	3	4	5＝1×3	6＝2×4
甲	台	600	650	5 000	5 200	3 000 000	3 380 000
乙	件	100	110	150	150	15 000	16 500
丙	吨	200	210	3 000	2 900	600 000	609 000
合计	—	—	—	—	—	3 615 000	4 005 500

$$产品销售收入=\sum(某产品销售数量\times某产品销售单价)$$

2011年销售收入总额比2010年销售收入总额增加额

$=4\ 005\ 500-3\ 615\ 000=390\ 500(元)——分析对象$

① 各种产品销售数量变动影响额

$= \sum$（某产品2011年销售数量－某产品2010年销售数量）×该产品2010年销售单价

$= (650 - 600) \times 5\,000 + (110 - 100) \times 150 + (210 - 200) \times 3\,000 = 281\,500$（元）

② 各种产品销售单价变动影响额

$= \sum$ 某产品2011年销售数量×（该产品2011年销售单价－该产品2010年销售单价）

$= 650 \times (5\,200 - 5\,000) + 110 \times (150 - 150) + 210 \times (2\,900 - 3\,000) = 109\,000$（元）

③ 上述两因素变动对该煤矿机械厂销售收放的综合影响额

$= ① + ② = 281\,500 + 109\,000 = 390\,500$（元）＝分析对象390 500（元）

（2）平均数指数分析法

平均数指数是总指数的一种，是用个体指数加权平均计算的指数。它分为加权算术平均指数和加权调和平均指数两种。现以加权算术平均指数为例予以说明。

例4： 某煤矿某年度生产工人工资总额、平均职工人数情况如表1-5所示。

表1-5　　　　　　　　　　**某煤矿某年度生产工人工资总额、平均职工人数情况表**

人员类别	工资总额（元）		职工平均人数（人）		平均工资（元）	
	2010年	2011年	2010年	2011年	2010年	2011年
	1	2	3	4	5＝3÷1	6＝4÷2
井下工人	140 400 000	141 750 000	1 950	1 890	72 000	75 000
地面工人	330 000 000	340 300 000	8 250	8 300	40 000	41 000
合计	470 400 000	482 050 000	10 200	10 190	46 117.65	47 306.18

职工平均工资＝工资总额÷职工平均人数

2010年职工平均工资＝$470\,400\,000 \div 10\,200 = 46\,117.65$（元）

2011年职工平均工资＝$482\,050\,000 \div 10\,190 = 47\,306.18$（元）

该煤矿2011年职工平均工资比2010年职工平均工资增加额

$= 47\,306.18 - 46\,117.65 = 1\,188.53$（元）——分析对象

① 各组职工平均人数变动影响额

$$= \frac{\sum \text{某类人员2010年平均工资} \times \text{该类人员2011年平均人数}}{\text{2011年职工平均总人数}} - \frac{\sum \text{某类人员2010年平均工资} \times \text{该类人员2010年平均人数}}{\text{2010年职工平均总人数}}$$

$$= \frac{72\,000 \times 1\,890 + 40\,000 \times 8\,300}{10\,190} - \frac{72\,000 \times 1\,950 + 40\,000 \times 8\,250}{10\,200}$$

$= 45\,935.23 - 46\,117.65 = -182.42$（元）

② 各组职工平均工资变动影响额

$$= \frac{\sum \text{某类人员2011年平均工资} \times \text{该类人员2011年平均人数}}{\text{2011年职工平均总人数}} - \frac{\sum \text{某类人员2010年平均工资} \times \text{该类人员2011年平均人数}}{\text{2011年职工平均总人数}}$$

$$= \frac{75\,000 \times 1\,890 + 41\,000 \times 8\,300}{10\,190} - \frac{72\,000 \times 1\,890 + 40\,000 \times 8\,300}{10\,190}$$

$= 47\,306.18 - 45\,935.23 = 1\,370.95$（元）

③ 上述两因素变动对煤矿生产工人平均工资的综合影响额

$$=①+②=-182.42+1\ 370.95=1\ 188.53(元)——分析对象$$

（四）综合分析法

综合分析法是用来查明各项具有平衡关系的经济指标之间的依存关系,测定各项因素对经济指标变动影响程度的方法。这里所说的平衡有两层含义:一是指经济指标之间的比例关系和发展协调关系;二是指经济指标之间的相等关系。综合分析法又分为综合平衡法和具体指标平衡法。

1. 综合平衡法

综合平衡法是把企业各方面的经济活动联系起来,根据指标之间的相互关系,从整体上综合考察其比例关系和发展速度是否协调、平衡的方法。例如,工业企业供产销之间的平衡,劳动力、劳动资料、劳动对象之间的平衡,产值、销售收入与资金占用量之间的平衡,等等。例如,产品销售收入增长 1%,资产总额增长 0.66%。

2. 具体指标平衡法

具体指标平衡法是对具有平衡关系的指标进行有联系比较分析的方法。例如,固定资产原值-累计折旧=固定资产净值;本期产品销售数量+期初产品结存量+本期产品产量-期末产品结存量;等等。

（五）分组分析法

分组分析法是按照分析的目的和要求,结合分析对象的特征,按照一定的标志,把经济现象区分为不同的类型或不同的组进行分析研究的方法。例如,分析企业应收账款期末余额时,可将其分为六组进行分析:未到期的应收账款余额、1 年期以上低于 2 年的应收账款余额、2 年期以上低于 3 年的应收账款余额、3 年期以上低于 4 年的应收账款余额、4 年期以上低于 5 年的应收账款余额、超过 5 年期以上的应收账款余额,再根据各组余额的大小,确定不同应收账款的管理对策。

（六）图示分析法

图示分析法是用图形的方式直观地揭示分析对象之间关系的一种分析方法。常用的图示有:动态图、因果分析图、柱形图、折线图、饼图等。现以饼图为例予以说明。

例 5:2009 年全国原煤产量如表 1-6 所示。

表 1-6   **2009 年全国原煤产量情况表**

	全国重点煤矿	地方国有煤矿	乡镇煤矿	合计
产量(万吨)	152 634	39 426	109 191	301 251
比重	51%	13%	36%	100%

将表 1-6 内容输入 Excel 表,选择国有重点煤矿原煤产量、地方国有煤矿原煤产量、乡镇煤矿原煤产量文字和产量 152 634 万吨、9 426 万吨和 109 191 万吨,用鼠标点"图表向导"图标,选择"饼图",在子图表类型中选择第一种图形,点"下一步"、再点"下一步",在数据标志处选择"显示百分比及数据标志",点"下一步",点"完成",形成图 1-1。

（七）调查研究预测法

调查研究预测法是指用调查、研究、类比等方法推断未来事件的发展性质和发展程度的预测方法。主要有:主观判断法、预期调查法、调查会议法、专家调查法(特尔裴法)、类比法。

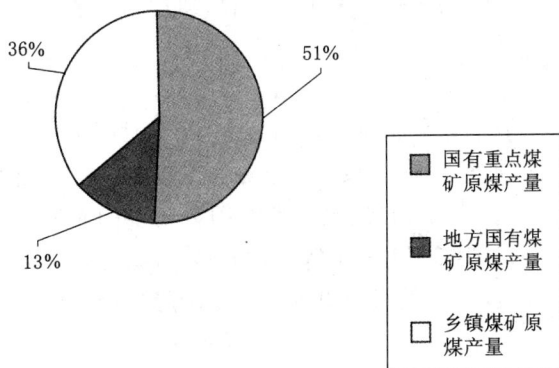

图 1-1　2009 年全国原煤产量构成图

（八）时间数列预测法

时间数列预测法是根据历史资料组成的时间数列，从中找出发展趋势和变化规律，并将趋势延伸来推断未来的一种预测方法，亦称历史延伸法或外推法。

1. 直接外推法

直接外推法是利用时间数列中所反映的平均发展速度直接推算预测值的一种方法，亦称等速预测法。其预测公式如下：

$$预测值＝最近观察值×平均发展速度$$

例 6：2005～2011 年，我国原煤产量逐年上升情况如表 1-7 所示。

表 1-7　　　　　　　　　　全国原煤产量情况表

项目＼年份	2005 年	2006 年	2007 年	2008 年	2009 年	2010 年	2011 年	2005～2010 年平均每年递增率
全国原煤产量（亿吨）	23.5	23.73	25.26	28.02	29.73	32.35	33.85	6.3%
发展速度	—	101.0%	106.4%	110.9%	106.1%	108.8%	104.6%	—

注：表中数据取自 2006～2011 年《中国统计年鉴》。

2012 年全国煤炭预测值＝2010 年全国原煤产量×（1＋6.3%）

＝33.85×106.3%＝36（亿吨）

如果我们对过去的原煤产量进行加权，且权数随着期限越远越小，总权数为1，如例6，2005～2011 年的权数分别是 0.05、0.05、0.2、0.2、0.3、0.3，则：

2012 年全国煤炭预测值＝2010 年全国原煤产量×（101.0%×0.05＋106.4%×0.05＋110.9%×0.2＋106.1%×0.2＋108.8%×0.3＋104.6%×0.3）＝33.85×106.7%＝36（亿吨）

2. 移动平均法

移动平均法是以移动平均数推算未来数值的一种预测方法，分为简单移动平均法和加权移动平均法。

3．指数平滑法

指数平滑法是对整个时间序列中的全部资料,通过指数进行加权平均来预测未来趋势值的预测方法。

4．趋势外推法

趋势外推法是运用最小二乘法原理,建立一个配合时间数列变动趋势的直线议程或曲线方程进行预测的方法,亦称最小二乘法。它分为直线方程法和曲线方程法两种。

（1）直线预测法。它是根据历史资料,把时间数列中的时期作为自变量(x),把观察值作为因变量(y),用最小二乘法求出一个倾向性直线,使此直线上各点与实际资料线上各对应点偏差平方和最小,此直线即代表历史资料的变动趋势。该直线方程如下:

$$y=a+bx$$

式中,y 为预测值;x 为时间序列中的序数;a、b 为常量。

例7:某煤矿某年度1～9月份煤炭实际销售量见表1-8。

表 1-8　　　　　　　　　　　　某煤矿某年度1～9月份煤炭实际销售量

月份	1	2	3	4	5	6	7	8	9
煤炭实际销量(万吨)	28.3	28.5	28.4	28.8	29.9	28.9	29.2	29.2	29.5
序数(组距=1)	−4	−3	−2	−1	0	1	2	3	4

将表1-8前两行内容输入 Excel 表,选择"煤炭实际销量"及1～9月份销量数据,用鼠标点"图表向导"图标,选择"折线图",在子图表类型中选择第一种图形,点"下一步"、再点"下一步",在"网格线"下将"主要网络线"的"√"点掉,再点"下一步",点"完成"。把鼠标光标放在灰色的"绘图区"内点右键,选择"绘图区格式",在"区域"内选择"无"颜色,点"确定"。再把鼠标光标放在"绘图区"内的曲线上点右键,选择"添加趋势线",在"类型"下选择第一个"线性"图形,点"确定",就出现了趋势直线图。把鼠标光标放在"趋势线"上点右键,选择"趋势线格式",在"选项"下选择"显示公式",点"确定",就形成图1-2。

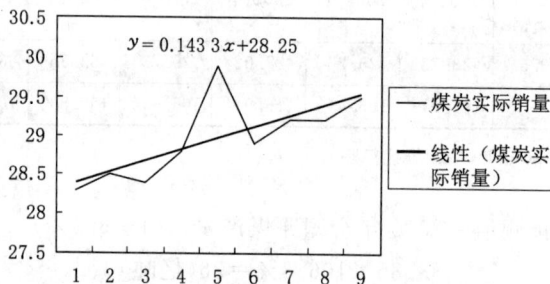

图 1-2　某煤矿某年度1～9月份煤炭实际销售直线趋势图

根据图 1-2 中预测方程 $y=28.25+0.1433x$,预测10～12月煤炭销售量时:

当组距=1时,第9个月的组距序数为4(见表1-8),则10～12月的组距序数分别为5、6、7,则:

预计10月份煤炭销量$=28.25+0.1433×5=28.97$(万吨)

预计11月份煤炭销量$=28.25+0.1433×6=29.11$(万吨)

预计 12 月份煤炭销量＝28.25＋0.143 3×7＝29.25(万吨)

(2) 曲线方程法。它是根据历史资料变动趋势趋向于曲线(如抛物线)时,用最小二乘法原理建立一个描述抛物线的二次方程进行预测的一种方法。抛物线二次方程如下:

$$y＝a＋bx＋cx^2$$

式中,y 为预测值;x 为时间序列中的序数;a、b、c 为常量。

现仍以上述例 7 为例,说明曲线方程法的应用。

将表 1-8 前两行内容输入 Excel 表,选择"煤炭实际销量"及 1～9 月份销量数据,用鼠标点"图表向导"图标,选择"XY 散点图",在子图表类型中选择第三种图形,点"下一步",再点"下一步",在"网格线"下将"主要网络线"的"√"点掉,再点"下一步",点"完成"。把鼠标光标放在灰色的"绘图区"内点右键,选择"绘图区格式",在"区域"内选择"无"颜色,点"确定"。再把鼠标光标放在"绘图区"内的曲线上点右键,选择"添加趋势线",在"类型"下选择第三个"多项式"图形(2 阶数),点"确定",就出现了趋势曲线图。把鼠标光标放在"趋势线"上点右键,选择"趋势线格式",在"选项"下选择"显示公式",点"确定",就形成图 1-3。

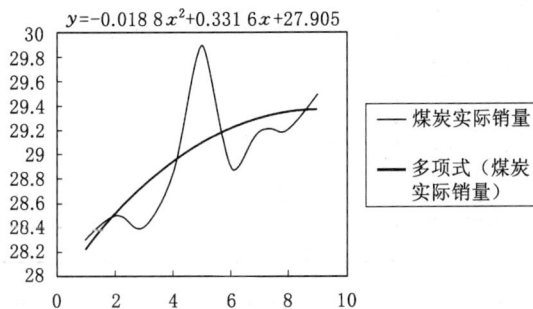

图 1-3　某煤矿某年度 1～9 月份煤炭实际销售曲线趋势图

根据图 1-3 中预测方程 $y＝－0.018\,8x^2＋0.331\,6x＋27.905$,预测 10～12 月煤炭销售量时:

当组距＝1 时,第 9 个月的组距序数为 4(见表 1-8),则 10～12 月的组距序数分别为 5、6、7,则:

预计 10 月份煤炭销量＝－0.018 8×5²＋0.331 6×5＋27.905＝29.09(万吨)

预计 11 月份煤炭销量＝－0.018 8×6²＋0.331 6×6＋27.905＝29.22(万吨)

预计 12 月份煤炭销量＝－0.018 8×7²＋0.331 6×7＋27.905＝29.31(万吨)

(九)因果关系预测法

因果关系预测法是确定变量之间因果关系,找出变化规律的预测方法。有回归预测法(一元线性回归预测法和多元线性回归预测法)、本量利预测法等。下面介绍回归预测法。

1. 一元线性回归预测法

一元线性回归是处理一个自变量(x)与因变量(y)之间线性关系的一种方法。一元线性回归预测法的数学模型如下:

$$y＝a＋bx$$

例 8:某煤矿某年度 1～12 月份原煤实际产量和动力费用如表 1-9 所示。

表 1-9　　　　　　　　某煤矿某年度 1～12 月份原煤实际产量和动力费用表

月　　份	1	2	3	4	5	6	7	8	9	10	11	12
原煤产量(吨)	9	8	9	10	12	14	11	11	13	8	6	7
动力费用(元)	300	250	290	310	340	400	320	330	350	260	200	220

　　将表 1-9 中的内容输入 Excel 工作表,选择表中第 2、第 3 行文字和数据(即全部变为黑色区)。在"工具"菜单下,选择"数据分析"项目,出现"数据分析"框,选其中"回归"项目(若 Excel"数据分析"项目下没有"回归"内容,要在"工具"菜单下选取"加载宏"项目,再选"分析工具库",将"回归"内容点一下即可),点"确定",出现"回归"框,在"Y 值输入区域"长方形方框内输入"b3:m3",在"X 值输入区域"长方形方框内输入"b2:m2",点"确定",则在另一个工作表中出现回归分析结果如表 1-10 所示。

表 1-10　　　　　　　　　　　　一元回归结果表

回归统计	
Multiple R	0.978 502 68
R Square	0.957 467 495
Adjusted R Square	−1.2
标准误差	12.378 341 98
观测值	1

方差分析

	df	SS	MS	F	Significance F
回归分析	12	34 492.77	2 874.4	225.114	♯NUM!
残差	10	1 532.234	153.22		
总计	22	36 025			
	Coefficients	标准误差	t Stat	P-value	Lower 95%
Intercept					
X Variable 1					
X Variable 2					
X Variable 3					
X Variable 4	1.500 001 193	1.500 001	1	0.340 89	−1.842 210 325
X Variable 5					
X Variable 6					
X Variable 7					
X Variable 8					
X Variable 9					
X Variable 10					
X Variable 11	72.131 979 7	15.439 9	4.671 8	0.000 88	37.729 723 16
X Variable 12	22.918 781 73	1.527 531	15.004	3.5E−08	19.515 230 29

根据表 1-10 最下面两行第二列数据,回归分析的方程式如下:

$$y = 22.919x + 72.132$$

如果该煤矿预测下一年度 1 月份原煤产量为 10 吨,则:

下一年度 1 月份预测原煤生产的动力费用 $= 22.919 \times 10 + 72.132 = 301.32$(元)

2. 多元线性回归预测法

多元线性回归是研究一个因变量与几个自变量之间线性关系的方法。在多元线性回归中,最基本、最常用的是二元线性回归。其数学模型如下:

$$y = a + bx_1 + cx_2$$

例 9:某煤矿机械厂在预测制造费用时发现,制造费用(y)的发生与直接人工小时(x_1)、直接材料成本(x_2)相关。该机械厂某年度 1～12 月份实际发生的制造费用与直接人工小时、直接材料成本见表 1-11。

表 1-11　　某煤矿机械厂某年度 1～12 月直接人工小时、直接材料及制造费用表

月份	直接人工小时(x_1)	直接材料成本(x_2)	制造费用(y)
1	9	270	300
2	8	210	250
3	9	200	290
4	10	260	310
5	12	250	340
6	14	310	400
7	11	260	320
8	11	240	330
9	13	300	350
10	8	180	260
11	6	170	200
12	7	190	220

将表 1-11 中的内容输入 Excel 工作表,将 b1:d13 中的文字和数据全部变为反白区(即全部变为黑色区)。在"工具"菜单下,选择"数据分析"项目,出现"数据分析"框,选其中"回归"项目,点"确定",出现"回归"框,在"Y 值输入区域"长方形方框内输入"d2:d13",在"X 值输入区域"长方形方框内输入"b2:c13",点"确定",则在另一个工作表中出现回归分析结果如表 1-12 所示。

根据表 1-12 最下面两行第二列数据,多元回归分析的方程式如下:

$$y = 62.149 + 20.499x_1 + 0.143x_2$$

如果该机械厂预测下一年度 1 月份直接人工小时为 10 小时、直接材料成本为 255元,则:

下一年度 1 月份预测该厂制造费用 $= 62.149 + 20.499 \times 10 + 0.143 \times 255$

$$= 303.60(元)$$

表 1-12   **多元回归结果表**

回归统计	
Multiple R	0.979 885 884
R Square	0.960 176 345
Adjusted R Square	0.951 326 644
标准误差	12.625 578 85
观测值	12

方差分析

	df	SS	MS	F	Significance F
回归分析	2	34 590.4	17 295	108.498	5.01921E−07
残差	9	1 434.65	159.41		
总计	11	36 025			
	Coefficients	标准误差	t Stat	P-value	Lower 95%
Intercept	62.148 760 33	20.268 4	3.066 3	0.013 43	16.298 375 31
X Variable 1	20.499 046 41	3.462 9	5.919 6	0.000 22	12.665 406 73
X Variable 2	0.142 720 915	0.182 41	0.782 4	0.454 06	−0.269 915 479

第二章 流动资产分析

第一节 货币资金分析

一、货币资金合理占用率分析

货币资金是指企业暂时停留在货币形态的资金,按其存放地点的不同,分为库存现金、银行存款和其他货币资金。其他货币资金包括外埠存款、银行汇票存款、银行本票存款、信用证保证存款、信用卡存款和存出投资款等。煤矿、煤机厂等单位在矿业集团资金结算中心储存的"资金结算中心存款"(原称"内部银行存款"),是集团与所属单位往来结算性质的款项,不属于货币资金范畴,但从煤矿、煤机厂等单位来看,是这些单位的内部存款,可视同货币资金来分析。

所谓货币资金占用率,是指货币资金在流动资产中所占的比率。要确定合理的货币资金占用率,必须考虑"合理的现金占用率"和"合理的短期证券投资占用率"两个比率。这两个比率的分母都是"流动资产","合理的现金占用率"的分子——"现金",包括"货币资金"和"短期证券投资"两项内容,则:

合理的货币资金占有率=合理的现金占用率—合理的短期证券投资占用率

所谓现金占用率,是指货币资金和交易性金融资产(亦称短期证券投资)在流动资产中所占的比率。用公式表示如下:

$$现金占用率=\frac{货币资金+交易性金融资产}{流动资产}$$

现金占用率的含义是:企业流动资产中应保持多少现金才能使企业的生产经营正常地进行下去。企业合理的现金占用率、合理的短期证券投资占用率、合理的货币资金占用率确定方法如下。

(一)用西方公认的数据推算合理的现金占用率

西方企业常用"现金比率"衡量企业短期偿债能力,并认为,现金比率大于20%为好。即:

$$现金比率=\frac{货币资金+交易性金融资产}{流动负债}\geq20\% \quad (暂取20\%)$$

$$流动负债=(货币资金+交易性金融资产)\div20\% \quad (2-1)$$

又因为西方企业常用"流动比率"衡量企业短期偿债能力,并认为,流动比率大于2为好。即:

$$流动比率=\frac{流动资产}{流动负债}\geq2 \quad (暂取2)$$

$$流动负债=流动资产\div2 \quad (2-2)$$

将公式(2-2)代入公式(2-1)得:

$$流动资产\div2=(货币资金+交易性金融资产)\div20\%$$

方程两边同除以"流动资产",并自乘以20%,得:

$$\frac{货币资金＋交易性金融资产}{流动资产}\geq\frac{20\%}{2}$$

即:现金占用率≥10%为好。

(二)用我国实际研究成果推算合理的现金占用率

笔者1995年结合我国实际情况,揭示了我国流动比率的合理标准是1.6[①]。即:

$$流动比率=\frac{流动资产}{流动负债}\geq1.6 \quad (暂取1.6)$$

$$流动负债=流动资产\div1.6 \qquad\qquad (2-3)$$

将公式(2-3)代入公式2-1得:

$$流动资产\div1.6=(货币资金＋交易性金融资产)\div20\%$$

方程两边同除以"流动资产",并自乘以20%,得:

$$\frac{货币资金＋交易性金融资产}{流动资产}\geq\frac{20\%}{1.6}$$

即:现金占用率≥12.5%为好。

从以上分析可见,中西方合理的现金占用率在10%或12.5%以上为好。

(三)用上市公司实际数据确定合理的短期证券投资占用率

短期证券投资占用率,是指短期证券投资占用流动资产的比率。在2006年及以前,我国《企业会计制度》规定设置"短期投资"科目核算短期证券投资,但从2007年1月1日实施新的《企业会计准则》后,我国规定设置"交易性金融资产"科目核算短期证券投资,则短期证券投资占用率改称为交易性金融资产投资占用率。

20×0年至20×2年,我国1 304家上市公司累计三年短期投资占流动资产的比例为1.55%(数据取自中国矿业大学朱学义教授上市公司数据库,下同)。考虑到企业短期投资以保证企业正常生产经营资金的流动性为基准和资本市场上的投资风险,短期证券投资占用率取1.5%为好。

(四)合理的货币资金占用率的确定

综合以上分析,我国企业"合理的现金比率"在12.5%以上为好,扣除"合理的短期证券投资占用率"1.5%后,我国合理的货币资金占有率应大于11%为好。

事实上,20×0年至20×2年,我国1 304家上市公司累计三年货币资金占流动资产的比例为23.4%,13家煤业上市公司累计三年货币资金占流动资产的比例为39.9%。日本1988~1991年累计现金比率为29.9%,其中货币资金占用率为24.5%。由此分析可见,我国上市公司[②]的货币资金占用率的经验数据维持在24%左右为好,最低不得低于11%。

二、经营现金留存率的分析

企业的生产经营是一个源源不断的过程。企业投入货币G用于生产经营过程,收回的货币正好等于G,企业只能进行简单再生产;企业投入货币G用于生产经营过程,收回的货币为$G'(G'>G)$,企业就能进行扩大再生产。马克思说:"$G'=G+\Delta G$,即等于原预付货币额加上一个增值额。我把这个增值额或超过原价值的余额叫做剩余价值。可见,原预付价值

---

① 参见朱学义:《论我国流动比率的合适标准》,载于《财务与会计》1995年第9期。
② 我国家上市公司在20×0年至20×2年阶段,属于健康发展的阶段,此阶段的财务指标有其典型性。

不仅在流通中保存下来,而且在流通中改变了自己的价值量,加上了一个剩余价值,或者说增值了。正是这种运动使价值转化为资本。"资本家的"目的不是取得一次利润,而只是谋取利润的无休止的运动","以谋求价值的无休止的增值,而精明的资本家不断地把货币重新投入流通,却达到了这一目的"[①]。根据马克思这一原理,企业在生产经营过程中投入货币 G 用于各种耗费,在会计编制的现金流量表中"经营活动现金流出"项目反映,企业在生产经营过程中收回货币 G' 存于银行,在会计所编制的现金流量表中"经营活动现金流入"项目反映,"经营活动现金流入小计"G'＞"经营活动现金流出小计"G,得出"经营活动产生的现金流量净额"$\Delta G(G'-G)$。ΔG 是企业经过一定生产经营周期的货币增值。企业为了扩大再生产,将这一部分货币增值留在企业作资金储备,产生了"经营现金留存额"。则:

$$\frac{\Delta G}{G}=\frac{经营现金净流量}{经营活动现金流出小计}=经营现金留存率$$

20×0 年至 20×2 年,我国 1 304 家上市公司累计三年经营活动产生的现金流量净额占经营活动现金流出小计的比例为 11.67%,867 家工业上市公司累计三年经营现金留存率为 11.45%,13 家煤业上市公司累计三年经营现金留存率为 23%。这说明,我国上市公司在经营活动中,每流出 100 元,留存 11.67 元(煤炭企业留存 23%)作扩大再生产的资金准备。笔者认为,恰当的经营现金留存率应在 12% 以上。

三、现金再投资率分析

现金再投资比率,或称现金再投资率,是指经营活动现金净流量扣除发放现金股利后的余额与资本化额之间的比例。用公式表示如下:

$$现金再投资比率=\frac{经营活动现金净流量-现金股利}{固定资产+长期投资+其他资产+营运资金}$$

$$=\frac{经营活动现金净流量-现金股利}{非流动资产+流动资产-流动负债}$$

$$=\frac{经营活动现金净流量-现金股利}{资产-流动负债}$$

$$=\frac{经营活动现金净流量-现金股利}{资本化额}$$

现金再投资比率反映企业产生的经营现金净流量在扣除发放的现金股利之后所余现金量和企业的资本性支出配合的情况,它揭示了企业为资产重置及经营成长所保留与再投资相适应的资金百分比。企业经营产生的现金流量在扣除了发放的现金股利之后可用于企业的再投资,如购买固定资产以扩大企业的再生产规模、进行长期投资以及维持生产经营周转等。企业如果进行过多的现金分红,必然导致企业再投资现金的不足,影响企业的未来盈利能力。西方会计界认为,企业现金再投资比率达到 8%～10% 为理想的水平。20×0 年至 20×2 年,我国 1 304 家上市公司累计三年现金再投资率为 9.72%,867 家工业上市公司累计三年现金再投资率为 8.68%,13 家煤业上市公司累计三年现金再投资率为 12.03%。这说明,我国上市公司在经营活动中都比较注重扩大再生产的资金准备。

四、现金流量结构分析

现金流量结构分析是以现金流量表为依据分析各类现金流量在现金总流量中的比例。

---

① 参见马克思:《资本论》第一卷,人民出版社 1975 年版,第 172 页、第 174 页、第 175 页。

它通过编制以下分析表予以反映,如表 2-1 所示。

表 2-1 　　　　　　　　　　**环宇工厂现金流量结构分析表**

项　目	流入量		流出量		净流量	
	金额(元)	比重	金额(元)	比重	金额(元)	比重
	1	2＝1/流入量总计	3	4＝3/流出量总计	5＝1－3	6＝5/净流量总计
1. 经营活动现金流量	8 834 184	88.1%	7 840 240	81.7%	993 944	229.0%
2. 投资活动现金流量	862 190	8.6%	856 651	8.9%	5 539	1.3%
3. 筹资活动现金流量	330 600	3.3%	896 138	9.3%	－565 538	－130.3%
现金流量总计	10 026 974	100.0%	9 593 029	100.0%	433 945	100.0%

从表 2-1 分析可见,环宇工厂经营活动的现金流入量和流出量分别点总流量的88.1%、81.7%,反映了该企业现金流量主要依靠经营活动,这是财务状况良好的标志。再查现金流量表,从流出量看,本年度,环宇工厂偿还债务付出现金 569 641 元,分配股利、利润或偿付利息付出现金 310 257 元,支付其他与筹资活动有关的现金 16 240 元;从流入量看,取得借款收到的现金仅有 310 600 元,收到其他与筹资活动有关的现金 20 000 元,致使筹资活动产生的现金净流量为－565 538 元,表明环宇工厂存在着巨大的偿债压力。幸好环宇工厂本年经营活动产生现金净流量为 993 944 元,有能力承担到期债务。一旦环宇工厂经营活动产生的现金流量不足,则企业偿债就会存在的很大的风险。

五、现金支付能力分析

1. 每股经营现金流量分析

每股经营现金流量是指企业每股所拥有的经营现金净流量。对非股份制企业而言,每股经营现金流量是指企业每元资本金所拥有的经营现金净流量。计算公式如下:

$$每股每元资本金现金流量＝\frac{经营现金净流量}{发行在外的普通股股数或实收资本}$$

$$环宇工厂每元资本金经营现金流量＝\frac{993\ 944}{2\ 814\ 000}＝0.35(元)$$

计算结果表明,环宇工厂每元资本金本年度拥有的经营现金净流量为 0.35 元。20×0 年至 20×2 年,我国 1 304 家上市公司累计三年每元股本所拥有的经营活动现金流量净额为 0.46 元,其中 13 家上市公司累计三年每股所拥有的经营活动现金流量净额为 0.51 元。这说明,环宇工厂的现金实力没有全国上市公司强。

2. 到期债务本息偿付比率分析

到期债务本息偿付比率,亦称现金到期债务比,是指企业本期取得的经营现金净流量是本期偿还到期债务本息的倍率。计算公式如下:

$$到期债务本息偿付比率＝\frac{经营现金净流量}{本期偿还债务本金＋本期偿还债务利息}$$

公式分母中"本期偿还债务本金"取自现金流量表中"偿还债务支付的现金"数额(环宇工厂为 569 641 元),"本期偿还债务利息"取自现金流量表中"分配股利、利润或偿付利息支付的现金"数额(环宇工厂为 310 257 元)扣除"应付股利"账户借方支付的现金股利或利润(环宇工厂为 262 100 元),得出"本期偿还债务利息"数额(环宇工厂为 48 157 元)。

$$环宇工厂到期债务本息偿付比率 = \frac{993\ 944}{569\ 641 + 48\ 157} = 1.61(倍)$$

计算结果表明,环宇工厂本期取得的经营现金净流量是本期偿还到期债务本息的 1.61 倍。

3. 待还债务本息偿付比率分析

待还债务本息偿付比率是指企业本期取得的经营现金净流量是期末已经确定的在未来一年内需要偿还的债务本息的倍率。计算公式如下:

$$待还债务本息偿付比率 = \frac{经营现金净流量}{本期期末确定的流动负债本息额}$$

本期期末确定的流动负债本息额=短期借款+应付票据+一年内到期的非流动负债

$$环宇工厂待还债务本息偿付比率 = \frac{993\ 944}{495\ 000 + 175\ 500 + 30\ 000} = 1.42(倍)$$

计算结果表明,环宇工厂本期取得的经营现金净流量是未来一年内待还债务本息的 1.42 倍。

4. 现金负债比率分析

现金负债比率,亦称现金到期债务总额比,是经营现金净流量与负债总额的比例。计算公式如下:

$$现金负债比率 = \frac{经营现金净流量}{负债总额} \times 100\%$$

$$环宇工厂现金负债比率 = \frac{993\ 944}{2\ 162\ 098} \times 100\% = 45.97\%$$

计算结果表明,环宇工厂本期取得的经营现金净流量是期末负债总额的 45.97%。

现金负债比率是从负债总额来分析所拥有的经营活动产和现金流量净额。它还可以从流动负债和长期负债两方面进行补充分析。

$$现金流动负债比率 = \frac{经营现金净流量}{流动负债} \times 100\%$$

$$环宇工厂现金流动负债比率 = \frac{993\ 944}{1\ 327\ 701} \times 100\% = 74.86\%$$

$$现金长期负债比率 = \frac{经营现金净流量}{长期负债} \times 100\%$$

$$环宇工厂现金长期负债比率 = \frac{993\ 944}{834\ 397} \times 100\% = 119.124\%$$

20×0 年至 20×2 年,我国 1 304 家上市公司累计三年现金负债比率为 12.62%,其中,现金流动负债比率为 15.99%,现金长期负债比率为 59.77%。其中,13 家煤业上市公司累计三年现金负债比率为 37.93%,其中,现金流动负债比率为 45.03%,现金长期负债比率为 239.87%。2007 年 1 521 家上市公司现金负债比率为 16.36%,其中,现金流动负债比率为 22.00%,现金长期负债比率为 63.81%(数据取自 CCER 经济金融研究数据库)。

环宇工厂取得的经营现金净流量用于偿还债务的实力远远强于我国全部上市公司,就现金负债比率而言,其相对比率是 1 304 家上市公司的 3.6 倍(45.97% ÷ 12.62%)。

5. 现金股利支付率分析

现金股利支付率是企业本期支付的现金股利或分配的利润上经营现金净流量的比例。

计算公式如下：

$$现金股利支付率 = \frac{现金股利或分配的利润}{经营现金净流量} \times 100\%$$

$$环宇工厂现金股利支付率 = \frac{262\ 100}{993\ 944} \times 100\% = 26.40\%$$

公式分子中"现金股利或分配的利润"查找"应付股利"账户借方支付的现金股利或利润 262 100 元得出。

20×0 年至 20×2 年，我国 1 304 家上市公司累计三年现金股利支付率为 27.9%，其中，13 家煤业上市公司累计三年现金股利支付率为 23.37%。

6. 现金股利保障倍数分析

现金股利保障倍数是企业本期每股经营现金净流量与每股现金股利的比例。计算公式如下：

$$现金股利保障倍数 = \frac{每股经营现金净流量}{每股现金股利}$$

20×0 年至 20×2 年，我国 1 304 家上市公司累计三年现金股利保障倍数为 3.26，其中，13 家煤业上市公司累计三年现金股利保障倍数为 4.28。

7. 现金流量适度比率分析

现金流量适度比率是经营现金净流量与长期资金支付额的比例。计算公式如下：

$$现金流量适度比率 = \frac{经营现金净流量}{\underset{偿付额}{长期负债} + \underset{购置额}{固定资产} + \underset{分配额}{股利}} \times 100\%$$

20×0 年至 20×2 年，我国 1 304 家上市公司累计三年现金流量适度比率为 20.48%，其中，13 家煤业上市公司累计三年现金流量适度比率为 71.60%。

六、现金效率比率分析

1. 营业收入现金含量分析

营业收入现金含量是指销售商品、提供劳务收到的现金与营业收入的比例。计算公式如下：

$$营业收入现金含量 = \frac{销售商品提供劳务收到的现金}{营业收入} \times 100\%$$

$$环宇工厂营业收入现金含量 = \frac{8\ 737\ 294}{7\ 298\ 385} \times 100\% = 119.72\%$$

计算结果表明，环宇工厂本期销售商品、提供劳务收到的现金是本期营业收入的 119.72%。

20×0 年至 20×2 年，我国 1 304 家上市公司累计三年营业收入现金含量为 62.37%，其中，13 家煤业上市公司累计三年营业收入现金含量为 109.49%。煤业上市公司该比例超过 100%，说明煤业上市公司不仅把本期的销售商品、提供劳务的款项收到，还收到以前的客户欠款。

2. 总资产现金含量分析

总资产现金含量，也称"资产现金回收率"，是指销售商品、提供劳务收到的现金与资产总额的比例。计算公式如下：

$$总资产现金含量 = \frac{经营现金净流量}{资产总额} \times 100\%$$

$$环宇工厂总资产现金含量 = \frac{993\ 944}{5\ 892\ 863} \times 100\% = 16.86\%$$

计算结果表明,环宇工厂每百元资产总额含有经营现金净流量 16.86 元。

20×0 年至 20×2 年,我国 1 304 家上市公司累计三年资产现金回收率为 7.84%,其中,13 家煤业上市公司累计三年资产现金回收率为 11.64%。这说明,我国全部上市公司要收回账面的资产总额要 12.76 年(100÷7.84),而煤业上市公司则需 8.59 年(100÷11.64)。

3. 营业收入现金比率分析

营业收入现金比率,也称"销售现金比率",是指经营现金净流量与营业收入的比例。计算公式如下:

$$营业收入现金比率 = \frac{经营现金净流量}{营业收入} \times 100\%$$

$$环宇工厂营业收入现金比率 = \frac{993\ 944}{7\ 298\ 385} \times 100\% = 13.62\%$$

计算结果表明,环宇工厂每百元营业收入含有经营现金净流量 13.62 元。

20×0 年至 20×2 年,我国 1 304 家上市公司累计三年营业收入现金比率为 6.63%,其中,13 家煤业上市公司累计三年营业收入现金比率为 22.09%。

4. 货币资金周转率分析

货币资金周转率是指销售商品、提供劳务收到的现金与货币资金平均余额的比例。计算公式如下:

$$货币资金周转率 = \frac{销售商品提供劳务收到的现金}{货币资金平均余额}$$

$$环宇工厂货币资金周转率 = \frac{8\ 737\ 294}{(256\ 500 + 690\ 445) \div 2} = 18.5(次)$$

计算结果表明,环宇工厂本年度货币资金周转了 18.5 次,平均每资需要 19.5 天。

20×0 年至 20×2 年,我国 1 304 家上市公司累计三年平均货币资金周转率为 4.86 次(74.1 天),其中,13 家煤业上市公司累计三年平均货币资金周转率为 3.38 次(106.4 天)。

七、具体企业货币资金存量的技术分析

货币资金是企业全部资产中流动性最强的资产。企业可随时用它来购买商品、清偿债务等。企业持有货币资金量的多少,直接影响着企业的支付能力和货币使用效率。企业货币资金存量过多,会使企业失去利用货币获取更大利润的机会,而存量过少,又会导致企业出现货币资金短缺,影响企业的生产经营。因此,有必要确定企业货币资金的最佳存量。常用的技术方法有以下几种。

(一)用存货模式确定企业货币资金的最佳存量

货币资金管理的存货模式是利用存货管理的经济批量公式确认最佳货币资金存量的模式。它由(美)威廉·杰克·鲍莫尔(William Jack Baumol)在 1952 年提出,又称鲍莫尔现金模型(有的译成鲍摩尔模型)。在这一模式中,假设货币资金的收入是相隔一段时间发生的,而支出则是在一定时期内均匀发生的。收入的货币置存在银行或企业财务部门等待支付,使失去了将这些货币投放到可得到更大利息的项目,如购买股票、债券等有价证券,这种获息机会的丧失,是企业的一种机会成本,称为保持货币存量的置存成本;同时,企业一旦货币发生短缺,必须变卖手头上的有价证券,变卖证券要发生经纪人费用、支付手续费等,这称为交易成本。置存成本和交易成本同货币资金存量的关系是:存量越大,置存成本越大,交易成本越小。因此,确定货币资金最佳存量,就是确定货币资金总成本最小的货币资金存量数额。借鉴存货管理的经济批量模式,用公式表示如下:

$$货币资金总成本＝货币资金置存成本＋货币资金交易成本$$

$$=\frac{N}{2}i+\frac{T}{N}b \tag{2-4}$$

式中　b——有价证券每次交易的成本;

　　　T——一定时期内企业货币资金交易所需的货币总量;

　　　N——该期间内货币资金的最高余额;

　　　$\frac{N}{2}$——该期间货币资金的平均余额;

　　　i——持有货币资金的机会成本(短期有价证券的利率)。

总成本、置存成本和交易成本的关系如图 2-1 所示。

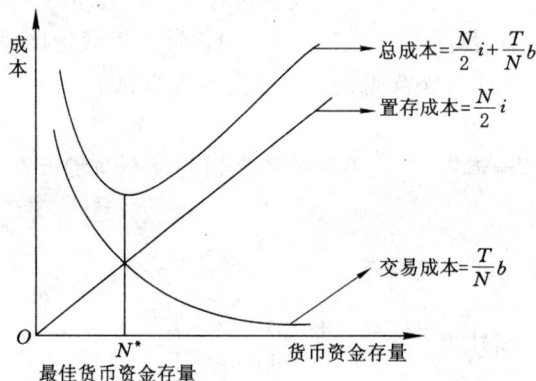

图 2-1　最佳货币资金存量图

对上述公式用导数方法求最小值可得:

$$N^*=\sqrt{\frac{2Tb}{i}} \tag{2-5}$$

根据公式 2-5 即可求出最佳货币资金存量。

例 1:某企业预计全年需要货币资金 100 000 元,货币资金与有价证券的每次交易成本为 200 元,有价证券的利息率为 15%,由公式 2-5 可求得最佳货币资金存量:

$$N^*=\sqrt{\frac{2\times100\ 000\times200}{15\%}}=16\ 330(元)$$

最佳点上货币资金总成本$=\frac{N}{2}i+\frac{T}{N}b=\frac{16\ 330}{2}\times15\%+\frac{100\ 000}{16\ 330}\times200=2\ 450$

全年有价证券转换为货币资金的变现次数$=100\ 000\div16\ 330\approx6(次)$

(二)用随机模式确定企业货币资金的最佳存量

随机模式是假定货币资金收支的波动是偶然的,而不是均匀的或确定不变的情况下来确定定额现金余额的模型,由美国金融专家米勒(Miller)和奥尔(Orr)1966 年提出,又称"米勒—奥尔模型"。他们假设每日现金净流量分布接近于正态分布,每日现金净流量可能低于或高于期望值,是一种随机的数值。企业可确定一个期望值,当企业现金富余时,就购买有价证券,当企业货币资金不足时,就变卖有价证券,由此来调节现金的余缺。由此,他们建立的模型如下:

$$Z=\sqrt[3]{\frac{3b\delta^2}{4(i\div360)}}+L \qquad (2-6)$$

式中 Z——目标货币资金存量;

      b——有价证券与货币资金每次交易的成本;

      i——有价证券利息率;

      δ——每天货币资金存量变化的标准离差;

      L——最低的货币资金余额(货币资金下限)。

$$最高货币资金余额=3Z-2L \qquad (2-7)$$

$$平均货币资金余额=\frac{4Z-L}{3} \qquad (2-8)$$

随机模式的图形如图 2-2 所示。

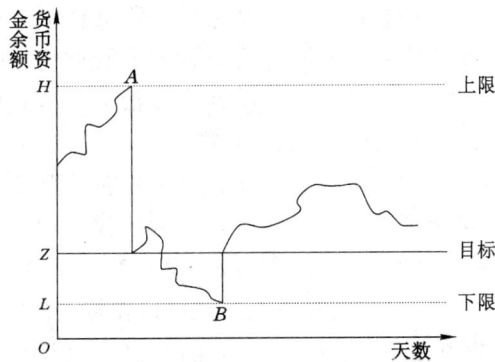

图 2-2 米勒—奥尔模型图

    例 2:某企业货币资金存量的标准离差为 4 000 元,企业每次买卖有价证券的交易成本为 600 元,有价证券的年利率为 10%,企业确定的最低货币资金余额为 0,则:

$$Z=\sqrt[3]{\frac{3\times600\times4\ 000^2}{4(10\%\div360)}}+0=29\ 595(元)$$

最高货币资金余额=$3\times29\ 595-2\times0=88\ 785$(元)

平均货币资金余额=$(4\times29\ 595-0)\div3=39\ 460$(元)

上述计算中"平均货币资金余额"39 460 元为该企业最佳货币资金存量。

    随机模式的意义在于:当企业货币资金达到最高限额 A 点 88 785 元时,企业可将多于目标货币资金存量以上的货币 59 190(88 785－29 595)元用于购买有价证券;当企业的货币资金余额低于最低限额 B 点时(此题为 0,一般应考虑保险储备、补偿性余额等需要而大于 0),应变卖证券补充货币资金达到目标量 29 595 元。这样,一定时期平均货币资金余额 39 460 元为最理想的货币资金存量。

（三）用因素分析法确定企业货币资金的最佳存量

因素分析法是以上年合理的货币资金存量为基础，考虑本年销售收入变动等因素来估算货币资金存量的方法。公式如下：

$$\text{货币资金存量} = \left(\text{上年货币资金平均余额} - \text{不合理占用额}\right) \times \left(1 + \text{预计本年销售收入的变动率}\right)$$

例 3：某企业上年货币资金平均余额为 123 000 元，其中，不合理占用额 2 000 元，预计本年销售收入比上年增 5%，则：

本年货币资金存量＝(123 000－2 000)×(1＋5%)＝127 050(元)

企业货币资金的期末余额与理想存量有差额，需要进一步分析和处理。如果前者大于后者过多，可考虑用货币资金进行投资或归还债务等。如果前者小于后者过多，应尽快采用弥补措施：一是增加货币资金收入，可通过组织销售、出售有价证券、借入资金及尽快收回应收账款等方法来实现；二是减少各种非必要的支出。

第二节　交易性金融资产分析

交易性金融资产是指为交易而持有的、准备近期出售的金融资产。交易性金融资产分为交易性股票投资、交易性债券投资、交易性基金投资和交易性权证投资四类。交易性股票投资是指企业购买的、准备近期出售的股票所进行的投资；交易性债券投资是指企业购买的、准备近期出售的债券票所进行的投资；交易性基金投资是指企业购买的、准备近期出售的基金所进行的投资；交易性权证投资是指企业购买的、准备近期出售的认股权证所进行的投资。认股权证是公司在发行公司债券或优先股股票或进行股权分置改革时发出的给予购买其债券或优先股票的人或流通股东享有购买普通股票权利的一种证券。认股权证，又称"认股证"或"权证"或"认沽权证"（"沽"是"售"的意思），其英文名称为 warrant，故在香港又俗译"窝轮"。它是由发行人发行的、能够按照约定价格在特定的时间内购买或沽出"相关资产"（如股份、指数、商品、货币等）的选择权凭证，实质上它类似于普通股票的看涨期权。认股权证的应用范围包括股票配股、增发、基金扩募、股份减持等。

煤炭企业是否购买交易性金融资产，在煤炭企业货币资金富余且证券市场走旺时购买交易性金融资产，不仅为了调节生产经营资金的流动性，而且也为了获取一定的收益。煤业上市公司交易性金融资产占流动资产的比例在 3% 左右。

交易性金融资产作为货币资金的替代品，具有较高的流动性。当企业货币资金多余时，通常是将货币资金兑换成有价证券；当企业货币资金不足时，企业则立即出售有价证券获得货币资金。在对交易性金融资产的流动性进行分析时，应结合货币资金存量进行。一方面，看其是否保证了理想的货币资金需要；另一方面，看其存量是否合适。此外，应结合市场行情，对流动性较差的有价证券着重分析其是否根据其经营状况及时进行了处理。

对交易性金融资产进行分析，除了分析它的流动性外，更重要的还要分析它的收益率。

一、交易性股票投资收益率分析

交易性股票投资收益率是交易性股票投资净收益与交易性股票投资余额的比率。由于交易性金融资产投资一般在近期内变现，其余额计算有以下三种方法。

1. 按初始投资额计算

$$\frac{交易性股票}{投资收益率}=\frac{交易性股票投资净收益}{交易性股票初始投资额}\times\frac{12}{累计月份}\times100\%$$

例3：华能企业1月10日购入益侨公司普通股票3 000股作交易性金融资产入账，每股付款20元，另付各项交易费用450元。3月25日，华能企业又购入益侨公司普通股票4 000股仍作交易性金融资产入账，每股价格22元，另付已宣告但尚未发放的现金股利4 000元和各项交易费用660元。4月26日，华能企业将拥有益侨公司的7 000股股票全部出售，每股24元，另付各种交易费用1 260元，实际收款166 740元。要求按交易性金融资产初始投资额计算投资收益率。

① 益侨股票初始投资额＝（3 000×20＋450）＋（4 000×22＋660）

        ＝60 450＋88 660＝149 110（元）

需要说明的是，初始投资额包括股票买价和支付的交易费用，但不包括支付的已宣告发放尚未支付的股利。因为交易费用虽然在会计处理上冲减"投资收益"，但它却是企业初始投资时的资金占用；垫付的"宣告股利"是暂付性债权，不是企业的"股票投资"。

② 益侨股票投资净收益＝166 740－149 110＝17 630（元）

③ 交易性股票投资收益率＝17 630÷149 110×12÷4×100%＝35.5%

2. 按简单平均投资额计算

$$\frac{交易性股票}{投资收益率}=\frac{交易性股票投资净收益}{交易性股票投资简单平均余额}\times\frac{12}{累计月数}\times100\%$$

上述公式有两个假设：一是假设资金的全年占用，即购买股票所占用的资金在购买股票之前和退出来之后，仍以相同的方式购买类似股票占用同样的资金；二是假设全年取得的净收益，即将年度中间某段时间取得的净收益换算成全年相同阶段都能取得类似的净收益。

依例3，按简单平均投资额计算的交易性股票投资收益率计算过程如下：

① 益侨股票初始投资额＝（3 000×20＋450）＋（4 000×22＋660）

        ＝60 450＋88 660＝149 110（元）

② 益侨股票投资简单平均余额＝1～4月各月平均余额之和÷4

        ＝[（0＋60 450）÷2＋（60 450＋60 450）÷2＋

        （60 450＋60 450＋88 660）÷2＋

        （60 450＋88 660＋0）÷2]÷4

        ＝（30 225＋60 450＋104 780＋74 555）÷4

        ＝67 502.50（元）

③ 益侨股票投资净收益＝（166 740－149 110）＝17 630（元）

④ 交易性股票投资收益率＝17 630÷67 502.50×12÷4×100%＝78.4%

3. 按精确投资额计算

$$\frac{交易性股票}{投资收益率}=\frac{交易性股票投资净收益}{交易性股票投资精确平均余额}\times\frac{365}{累计天数}\times100\%$$

依例1，按精确投资额计算的交易性股票投资收益率计算过程如下：

① 益侨股票初始投资额＝（3 000×20＋450）＋（4 000×22＋660）

        ＝60 450＋88 660＝149 110（元）

② 益侨股票投资精确平均余额＝每日余额之和÷实际天数

$$=[(60\ 450\times74)+(60\ 450+88\ 660)\times32]\div106$$

$$=(4\ 473\ 300+4\ 771\ 520)\div106$$

$$=87\ 215.28(元)$$

③ 益侨股票年度投资净收益＝(166 740－149 110)＝17 630(元)

④ 交易性股票投资收益率＝17 630÷87 215.28×365÷106×100%＝69.6%

以上三种方法计算的结果各不相同：按初始投资额计算投资收益率为35.5%，显得偏低，原因在于两次购买股票的时间都不相同，却都将其作为1月1日一次购入；按简单平均投资额和精确投资额计算的收益率分别为78.4%、69.6%。三种方法相比较而言，精确投资额计算法更准确。

交易性基金投资收益率和交易性权证投资收益率的计算方法和交易性股票投资收益率的计算方法相同。

二、交易性债券投资收益率分析

交易性债券投资收益率的计算公式如下：

$$\text{交易性债券投资收益率}=\frac{\text{交易性债券投资净收益}\times\left(1-\frac{\text{所得税率}}{}\right)}{\text{交易性债券初始投资额或平均或精确余额}}\times\frac{12\text{个月或365天}}{\text{累计月数或天数}}\times100\%$$

例4：华能企业10月1日购入海洋债券作交易性金融资产入账，付款50 640元，其中，面值48 000元，溢价570元，利息1 920元(按年利率8%计算6个月的利息)，佣金150元。10月2日，该企业收到债券利息1 920元。12月31日，该企业计算海洋债券10月1日至12月31日的利息960元(48 000×8%×3/12)；12月31日，该企业持有的海洋公司债券公允价值变为47 570元。次年2月1日，该企业将海洋债券全部售出，售价49 890元，另付手续费140元。要求按三种方法计算该交易性债券投资收益率。

1. 按交易性债券初始投资额计算收益率

① 交易性债券初始投资额＝50 640－1 920＝48 720(元)

② 债券出售净收入＝49 890－140＝49 750(元)

③ 取得的投资净收益＝49 750－48 720＝1 030(元)

④ 交易性债券投资收益率$=\dfrac{1\ 030\times(1-25\%)}{48\ 720}\times\dfrac{12}{4}=4.76\%$

有四点说明：一是购买债券时支付的利息1 920元是已到付息期尚未领取的暂付性债权，不作购买单位债券初始投资额处理。事实上，该债权在10月2日就收回。二是在债券处置时(出售或到期收回或其他转移所有权的情况)确认收益，其间，若收到利息存入银行，还要将其利息折算成处置时的终值确认投资收益，因此，其间计息不作投资收益处理。三是会计确认入账的公允价值变动损益在计算投资收益率时不作投资收益处理，因为它是"未得利润"[①]，等债券处置时才转化为"实得利润"。四是计算投资收益率重在考核投资部门从购买证券到处置债券为止的经营业绩，可以跨年度(但仍以年度投资收益率为计算口径)，这和会计人员为了和纳税期吻合必须要在年末计息入账不一样。

[①] 参见李涵、朱学义：《短期投资的重新划分及会计处理的演变》，载于《财务与会计》(综合版)2007年第9期。

2. 按交易性债券简单平均余额计算收益率

① 交易性债券初始投资额 = 50 640 - 1 920 = 48 720(元)

② 交易性债券简单平均余额 = 10月至次年1月末各月平均余额之和÷4

= (48 720 + 48 720 + 48 720 + 48 720)÷4 = 48 720(元)

③ 取得的投资净收益 = 49 750 - 48 720 = 1 030(元)

④ 交易性债券投资收益率 = $\dfrac{1\ 030 \times (1 - 25\%)}{48\ 720} \times \dfrac{12}{4}$ = 4.76%

3. 按交易性债券精确平均余额计算收益率

① 交易性债券初始投资额 = 50 640 - 1 920 = 48 720(元)

② 交易性债券简单平均余额 = 10月1日至次年1月31日每天余额之和÷123

= (48 720 × 123)÷123 = 48 720(元)

③ 取得的投资净收益 = 49 750 - 48 720 = 1 030(元)

④ 交易性债券投资收益率 = $\dfrac{1\ 030 \times (1 - 25\%)}{48\ 720} \times \dfrac{365}{123}$ = 4.71%

以上三种方法计算结果都相近,原因在于10月1日购买债券,次年2月1日出售债券,时间正好4个月整,只有精确法计算4个月时不是120天,而是123天,收益率分母多了3天,才使收益率由4.76%降为4.71%。

三、交易性金融资产投资总收益率的计算

交易性金融资产投资总收益率以个别投资收益率为基础,考虑个别投资比重而确定。其个别投资额选择精确投资额最好,但为了简化,可按初始投资额作权数。交易性金融资产投资总收益率的计算公式如下:

$$\text{交易性金融资产投资资总收益率} = \sum \left(\text{个别投资收益率} \times \text{个别投资比重} \right)$$

例5:根据上述例3、例4的精确法计算结果计算交易性金融投资总收益率(以初始投资额作权数)。

(1) 初始投资额总计 = 交易性股票初始投资额149 110 + 交易性债券初始投资额48 720 = 197 830(元)

(2) 交易性股票投资比重 = 149 110÷197 830 = 75.37%

(3) 交易性债券投资比重 = 48 720÷197 830 = 24.63%

(4) 交易性金融投资总收益率 = 69.6% × 75.37% + 4.71% × 24.63% = 53.62%

由于交易性基金投资和交易性权证投资的会计处理同交易性股票投资相近,下面仅阐述交易性股票投资和交易性债券投资的业务处理。

四、市盈率分析

市盈率是上市公司股票每股市价与普通股每股收益的比例。计算公式如下:

$$\text{市盈率} = \frac{\text{每股市价}}{\text{每股收益(每股净利)}} \tag{2-9}$$

公式2-9中"每股收益"就是会计利润表中"基本每股收益",即归属于普通股东的当期净利润与当期发行在外的普通股的加权平均数(注:用时间作权数)。市盈率反映了投资者为获取企业利润的要求权所愿付出的代价,发展前景较好的企业市盈率较高,反之,市盈率较低。

据《证券日报》市场研究中心和 WIND 数据统计显示,2008 年 10 月 27 日 A 股整体市盈率为 13.3 倍,2011 年 6 月 9 日 A 股市场的动态市盈率为 17.3 倍,2011 年 12 月中旬 A 股整体动态市盈率为 13.11 倍。

分析上市公司的市盈率,要考虑与市盈率关联的企业生存、发展的因素,如企业股权成本率、企业净利润增长率、企业稳定增长的股利支付率(每股现金股利与每股净利的比率)等。

根据股利折现模型,处于稳定状态企业的股权价值计算公式如下:

$$股权价值 = \frac{股利}{股权成本率 - 股利增长率} \quad (2\text{-}10)$$

上述公式两边同除以"每股净利"得:

$$\frac{股权价值}{每股净利} = \frac{股利 \div 每股净利}{股权成本率 - 股利增长率} \quad (2\text{-}11)$$

在考虑本期实际股利较上年增长的情况下,上述公式中的"股利"应该是一个含有增长因素的股利,即:

$$本期股利 = 每股现金股利 \times (1 + 股利增长率)$$

$$= \frac{每股现金股利}{每股净利} \times 每股净利 \times (1 + 股利增长率)$$

$$= 股利支付率 \times 每股净利 \times (1 + 股利增长率)$$

将"本期股利"公式代入公式 2-11 中"股利"得:

$$\frac{股权价值}{每股净利} = \frac{[股利支付率 \times 每股净利 \times (1 + 股利增长率)] \div 每股净利}{股权成本率 - 股利增长率}$$

$$本期市盈率 = \frac{股利支付率 \times (1 + 股利增长率)}{股权成本率 - 股利增长率} \quad (2\text{-}12)$$

企业在本期市盈率的基础上预测下期市盈率,且保持本期股利支付水平不变,则预期市盈率(也称内在市盈率)的计算公式如下:

$$预期市盈率 = \frac{股利支付率}{股权成本率 - 股利增长率} \quad (2\text{-}13)$$

公式 2-12、2-13 中的"股权成本率"按下列公式计算:

$$股权成本率 = \frac{无风险}{报酬率} + \beta 系数 \times \left(\frac{市场投资}{组合收益率} - \frac{无风险}{报酬率} \right)$$

$$= 无风险报酬率 + \beta 系数 \times 风险附加率$$

从上述分析可见,市盈率的基本公式是每股市价与每股净利的比率(见公式 2-9),市盈率的扩展公式分为"本期市盈率"(见公式 2-12)和"预期市盈率"(见公式 2-13)两种。

例 6:M 公司今年每股净利 0.60 元,每股现金股利 0.45 元,其股利增长率为 5%,β 系数为 0.8,政府长期债券利率 6%,股票的风险附加率 5.6%。计算本期市盈率和预期市盈率。

M 公司股利支付率 = 每股现金股利 ÷ 每股净利 = 0.45 ÷ 0.60 = 75%

M 公司股权成本率 = 无风险报酬率 + β 系数 × 风险附加率

$$= 6\% + 0.8 \times 5.6\% = 10.48\%$$

M 公司本期市盈率 $= \dfrac{股利支付率 \times (1 + 股利增长率)}{股权成本率 - 股利增长率}$

$$= \frac{75\% \times (1 + 5\%)}{10.48\% - 5\%} = 14.37$$

$$M 公司预期市盈率 = \frac{股利支付率}{股权成本率 - 股利增长率}$$

$$= \frac{75\%}{10.48\% - 5\%} = 13.69$$

例7：N公司与M公司是类似企业。今年N公司实际每股净利为0.90元，预计明年每股净利为1.06元，N公司今年年底股票市价每股13元。要求：根据M公司本期市盈率确定N公司的股票价值（元/股），并对N公司今年年底的股票市价进行评价；根据M公司预期市盈率对N公司进行估价，确定M公司预计明年的股票价值（元/股）。

N公司本期股票价值 = N公司本期每股净利 × M公司本期市盈率

= 0.90 × 14.37

= 12.93（元/股）

计算结果表明，N公司本期股票价值为12.93（元/股），低于今年年底股票市价每股13元，说明N公司股市走向较好。

N公司预期股票价值 = 目标企业预期每股净利 × 可比企业预期市盈率

= 1.06 × 13.69

= 14.51（元/股）

计算结果表明，N公司预计明年股票价值为14.51（元/股），比今年年底股票市价每股13元增加1.51元，说明N公司股市的未来前景较好。

五、市净率分析

市净率是上市公司每股市价与每股净资产的比例。计算公式如下：

$$市净率 = \frac{每股市价}{每股净资产} \tag{2-14}$$

市净率用来评价企业资产质量，反映企业发展的潜在能力。

据WIND资讯系统的数据显示，2008年6月27日，沪深市两市加权平均市净率为3.18倍，2011年5月30日，剔除净资产为负的上市公司之后，2 132家A股上市公司的平均市净率为2.44倍。后一个指标表明，A股上市公司平均每股市价是其账面每股净资产价值的2.44倍。分析上市公司的市净率，要考虑与市净率关联的企业股权成本率、企业股东权益收益率、企业稳定增长的股利支付率等因素。

根据股利折现模型，处于稳定状态企业的股权价值计算公式如下：

$$股权价值 = \frac{股利}{股权成本率 - 股利增长率}$$

上述公式考虑本期情况，其"股利"是包含股利增长因素的"本期股利"，同时，等式两边同除以"本期股权账面价值"得：

$$\frac{股权市价}{本期股权账面价值} = \frac{股利 \times 1 + 股利增长率 \div 本期股权账面价值}{股权成本率 - 股利增长率}$$

$$= \frac{\frac{每股现金股利}{每股收益} \times \frac{每股收益}{本期股权账面价值} \times (1 + 股利增长率)}{股权成本率 - 股利增长率}$$

$$= \frac{股利支付率 \times 股东权益收益率 \times (1 + 股利增长率)}{股权成本率 - 股利增长率}$$

$$= 本期市净率 \tag{2-15}$$

如果上述公式中的"本期股权账面价值"换成"预计下期股权账面价值",且保持本期股利支付水平不变,则可得出"预期市净率",也称"内在市净率"。即:

$$\frac{股权市价}{预计下期股权账面价值}=\frac{股利支付率\times预计下期股东权益收益率}{股权成本率-股利增长率}$$

$$=预期市净率 \qquad (2\text{-}16)$$

例 8:"浦东金桥"上市公司是地处上海主要从事房地产开发、经营、销售、出租和中介的企业,20××年每股净资产为 3.74 元。表 2-2 列示了 20××年房地产业 5 家上市公司的财务数据。要求按平均市净率计算浦东金桥的股票价值,同时,现按平均市盈率确定该上市公司股票价值,并指出哪一种方法更接近于股票实际价格。

表 2-2 　　　　　　　　　20××年房地产业 5 家上市公司财务指标表

序号	股票简称	平均市价(元)	每股收益(元)	每股净资产(元)	市盈率	市净率
		1	2	3	4=1÷2	5=1÷3
1	新湖创业	8.02	0.84	2.69	9.55	2.98
2	空港股份	4.63	0.26	2.29	17.81	2.02
3	合肥城建	7.68	0.28	4.46	27.43	1.72
4	滨江集团	9.05	0.62	2.77	14.60	3.27
5	华丽家族	7.06	0.44	2.26	16.05	3.12
	5 家平均				17.09	2.62
6	浦东金桥	8.55	0.27	3.74		

浦东金桥按市净率估价=3.74×2.62=9.80(元/股)

浦东金桥按市盈率估价=0.27×17.09=4.61(元/股)

通过计算,"浦东金桥"上市公司按市净率确定的股票价值每股 9.80 元,更接近该股票全年平均市价每股 8.55 元。同时,计算结果也表明,"浦东金桥"上市公司按市净率计算的内在价值 9.80 元,高于市价 8.55 元,其股市走势并不是太好。

六、收入乘数分析

收入乘数是股权每股市价与每股销售收入的比率。计算公式如下:

$$收入乘数=\frac{每股市价}{每股销售收入} \qquad (2\text{-}17)$$

收入乘数的驱动因素有销售净利率、股利支付率、股利增长率和股权成本率等。根据股利折现模型,按公司六推导方法推导收入乘数的驱动因素公式如下:

$$\frac{股权市价}{本期每股收入}=\frac{股利支付率\times本期销售净利率\times1+股利增长率}{股权成本率-股利增长率}$$

$$=本期收入乘数 \qquad (2\text{-}18)$$

$$\frac{股权市价}{预计下期每股收入}=\frac{股利支付率\times预计下期销售净利率}{股权成本率-股利增长率}$$

$$=预期收入乘数 \qquad (2\text{-}19)$$

例 9:R 公司股票今年全年平均市价每股 3.66 元,每股销售收入为 6 元,每股净利润 0.282 元。公司近几年来固定的股利支付率为 70%。预期利润和股利的长期增长率为

5%。该公司的 β 系数为 0.8,该时期无风险利率(政府长期债券利率)为 6.5%,市场投资组合收益率(市场平均报酬率)为 12%。要求:(1) 计算 R 公司本期收入乘数;(2) 按本期收入乘数确定 R 公司的价值;(3) 对 R 公司股市价值进行评价。

(1) R 公司本期收入乘数=每股市价÷每股销售收入×100%

$$=3.66÷6×100\%=0.61$$

(2) R 公司销售净利润率=每股净利润÷每股销售收入×100%

$$=0.282÷6×100\%=4.7\%$$

R 公司股权成本率=无风险报酬率+β 系数×(市场投资组合收益率-无风险报酬率)

$$=6.5\%+0.8×(12\%-6.5\%)=10.9\%$$

$$本期收入乘数=\frac{70\%×4.7\%×(1+5\%)}{10.9\%-5\%}=0.585\ 5$$

R 公司按本期收入乘数估价=6×0.585 5=3.51(元/股)

(3) 对 R 公司股市价值进行评价:R 公司股票今年全年平均市价每股 3.66 元,大于按本期收入乘数计算的内在每股市价 3.51 元,表明 R 公司股市走势较好。

第三节　应收账款分析

应收账款是指企业因销售商品或提供劳务等经营活动而形成的债权。应收账款同应收票据、预付款项、应收股利、应收利息、其他应收款一起合称为应收款项。应收账款是应收款项的主体内容,是进行财务分析的重点。

一、应收账款构成及发展趋势分析

分析应收账款的构成,主要是看正常的应收账款和不正常的应收账款各与应收账款总额的比重。应收账款正常与否的划分标准主要有二:一是看应收账款的发生是否符合国家结算制度的规定,凡违反规定的赊销款项为不正常的应收账项;二是看应收账款是否超过了结算期限,凡超过银行转账结算凭证传递的正常期限或企业约定的赊销期限的应收账款为不正常的应收账款。对于不正常的应收账款尤其是长期应收未收的账款,应采取切实有力的措施催收,防止坏账损失的发生。

例 10:某企业连续五年的应收账款及其构成见表 2-3。

表 2-3　　　　　　　　　　　　　应收账款及其构成表

项　目	20×1 年	20×2 年	20×3 年	20×4 年	20×5 年	每年递增
1. 应收账款总额(元)	112 000	155 000	207 000	280 000	330 000	31%
2. 其中:不正常应收账款(元)	11 200	17 670	33 120	47 600	82 500	64.70%
3. 不正常应收账款比例(%)=2÷1	10	11.4	16	17	25	—

由表 2-3 可见,该企业应收账款数额逐年上升,其中不正常的应收账款也逐年上升,其比例由 20×1 年的 10% 上升到 20×5 年的 25%。

在分析应收账款的基础上,可从两个方面分析其发展趋势:首先,考察应收账款本身的变动趋势。根据表 2-3,该企业应收账款总额 20×1 年至 20×5 年平均每年递增 31% ($\sqrt[4]{33\,000 \div 112\,000} - 1$),不正常的应收账款平均每年递增 64.7% ($\sqrt[4]{82\,500 \div 11\,200} - 1$),不正常应收账款的比例平均每年升高 3.75 个百分点[(25−10)÷4],说明该企业的商业信用规模在不断扩大,不正常的应收账款越来越严重。其次,考察应收账款占流动资产比重的变动趋势。如果比重逐渐加大,则进一步验证了企业的商业信用规模越来越大。

二、应收账款回款率分析

应收账款回款率,是一定期间应收账款回款额与本期和前期应收账款之和的比例。计算公式如下:

$$应收账款回款率 = \frac{应收账款贷方回款额}{期初应收账款余额 + 本期应收账款借方发生额} \times 100\%$$

公式分子不包括对应收账款进行重组、出售、坏账核销等转销额。现举例说明该公式的应用。

例 11:华达煤机厂 1~6 月份应收账款情况及回款率计算见表 2-4。

表 2-4   **华达煤机厂 1~6 月份应收账款情况及回款率计算表**

月份	期初余额	借方发生额	贷方发生额	期末余额	回款率
	1	2	3	4=1+2−3	5=3÷(1+2)
1	55 000	85 000	75 000	65 000	53.6%
2	65 000	90 000	105 000	50 000	67.7%
3	50 000	76 000	84 000	42 000	66.7%
4	42 000	54 000	95 000	1 000	99.0%
5	1 000	87 000	68 000	20 000	77.3%
6	20 000	86 500	48 500	58 000	45.5%
合计	233 000	478 500	475 500	236 000	66.8%

表 2-4 中回款率计算过程是:

1 月份应收账款回款率 = 75 000 ÷ (55 000 + 85 000) × 100% = 53.6%(其余月类推)

1~6 月应收账款回款率 = 475 500 ÷ (233 000 + 478 500) × 100% = 66.8%

由于应收账款期初期末一般都有相关不大的数额存在,有的单位在计算回款时就直接用本期应收账款贷方比借方作为企业本期回款率,笔者称"本期应收账款借贷对比率"。计算公式如下:

$$本期应收账款借贷对比率 = \frac{应收账款贷方回款额}{本期应收账款借方发生额} \times 100\%$$

1 月份应收账款借贷对比率 = 75 000 ÷ 85 000 × 100% = 88.2%(其余月类推)

1~6 月应收账款借贷对比率 = 475 500 ÷ 478 500 × 100% = 99.4%

需要说明的是,有的实际工作者将以上"应收账款回款率"称为"销售回款率",并将公式分母中"本期应收账款借方发生额"改成"本期销售收入"。笔者认为这不妥。因为应收账款包括销售收入、应向客户收取的增值税和向客户代垫的运杂费在内,单纯用"销售收入"反映,就和收回款项的内容不匹配了。

还需要要说明的是,应收账款回款率不等于"销售收款率"。销售收款率不仅包括赊销额,而且包括现销款。计算公式如下:

$$\text{销售收款率} = \frac{\text{本期现销收款额+应收账款贷方回款额}}{\text{期初应收账款余额+本期应收账款借方发生额+本期现销收款额}} \times 100\%$$

三、应收账款账龄和实际坏账率分析

应收账款账龄分析是将应收账款按欠款时间长短(如拖欠一个月、三个月、半年、一年、二年、三年等)归类排队并列表反映,使人一目了然。应收账款账龄分析表可分为总表和附表两类。应收账款账龄分析总表分"账龄"、"应收账款余额"、"估计坏账损失率"、"估计坏账损失金额"四栏列示应收账款和坏账计提情况。应收账款账龄分析附表,一是按欠款单位列示,二是按推销人员及其欠款单位列示,以考核推销人员业绩,组织催收工作。

实际坏账率是实际坏账损失占平均应收账款的比率,它是考察账龄同实际坏账关系,决定信用规模和期限以及计提坏账准备的一个依据。企业可计算全部应收账款实际坏账率和各信用期限实际坏账率。

四、应收账款回收速度分析

(一)反映应收账款回收速度的基本指标

应收账款回收速度分析主要是计算应收账款周转率或应收账款周转天数。

(1)应收账款周转率的计算

应收账款周转率的计算公式如下:

$$\text{应收账款周转率} = \frac{\text{计算期营业收入}}{\text{应收账款平均余额}}$$

应收账款平均余额等于期初应收账款余额与期末应收账款余额之和除以2得出。

(2)应收账款周转天数的计算

应收账款周转天数的计算公式如下:

$$\text{应收账款周转天数} = \frac{\text{应收账款平均余额} \times \text{计算期天数}}{\text{计算期营业收入}}$$

或

$$= \frac{\text{计算期天数}}{\text{应收账款周转率}}$$

公式中"计算期天数"是指从年初累计到当期期末的天数。一个月选用30天,一个季选用90天,一年选用360天。公式中"计算期营业收入",从理论上讲,是指计算期赊销收入净额,即计算期赊销收入扣除相应的商业折扣、销售折让及销货退回后的余额。但由于赊销收入是商业秘密,企业外部人无法获得,则计算该指标时,"计算期赊销收入净额"就用"计算期营业收入净额"(利润表上"营业收入")代替。需要说明的是,在2006年以前,企业利润表中仅揭示"主营业务收入",不反映"其他业务收入"。从2007年1月1日起,我国变革利润表,仅揭示"营业收入"(由主营业务收入和其他业务收入加总得出),不再揭示"主营业务收入"。因此,不同年度应收账款指标的计算口径不一样。

应收账款周转天数也称应收账款回收期或应收账款平均收账期,收账期越短越好。

(二)应收账款回收速度的基本指标计算与分析

例12:我国大型煤炭工业企业应收账款周转率计算见表2-5。

表 2-5　　　　　　　　　我国大型煤炭工业企业应收账款周转率计算表

项　目	2005 年	2006 年	2007 年	2008 年	2009 年	五年累计	每年递增
1. 年末应收账款净额(亿元)	366.1	413.63	414.22	684.74	714.84	2 593.53	18%③
2. 主营业务收入(亿元)	4 635.42	5 611.73	7 103.43	10 672.44	11 978.1	40 001.12	27%
3. 应收账款周转率=2÷1	—	14.39①	17.16	19.42	17.12	15.42②	—
4. 应收账款周转天数=360÷3	—	25.0	21.0	18.5	21.0	23.3	—

数据来源:中国煤炭工业协会统计与信息部编《煤炭工业统计年报摘要》。

注:①=5 611.73÷[(366.10+413.63)÷2]=14.39 次;

②=40 001.12÷2 593.53=15.42 次;

③=$\sqrt[4]{714.84\div366.1}-1=18\%$。

从表 2-5 计算可见,2005～2009 年我国大型煤炭工业企业应收账款周转速度不断加快。就应收账款周转天数分析,2006 年应收账款周转天数为 25 天,2009 年降到 21 天,五年累计平均 23.3 天。2004～2007 年,我国全部国有及规模以上非国有工业企业应收账款周转天数四年累计平均 9.4 次(38.2 天),国务院国资委统计评价局制定的《企业绩效评价标准值》中国有工业企业应收账款周转率 2004～2007 年四年简单平均约为 9.1 次(39.9 天)。20×0 年至 20×2 年,我国 1 304 家上市公司应收账款周转率三年累计平均为 7.33 次(49.1 天)(数据取自中国矿业大学朱学义教授上市公司数据库),2007 年 1 521 家上市公司应收账款周转率(仅当年数据)为 14.9 次(24.2 天)(数据取自 CCER 经济金融研究数据库)。我国大型煤炭工业企业应收账款周转速度都比全国水平好。

2009 年煤炭机械制造企业"应收账款"152.10 亿元,"产品销售收入"665.59 亿元,应收账款周转天数为 82.3 天(152.10×360÷665.59)。

(三) 应收账款回收期精确计算法

应收账款回收期精确计算法是按应收账款实际占用资金的天数计算回收期的方法。会计人员计算应收账款平均余额时,往往是按会计制度规定采用简化的计算方法,即用月初应收账款余额加上月末应收账款余额再除以 2,得出应收账款月平均余额;应收账款季平均余额用三个月应收账款月平均余额除以 3 得出;应收账款年平均余额用 12 个月的应收账款月平均余额除以 12 得出。这里存在的问题是:各项应收账款的发生与收回并不正好在月初或月末这一天,按简化方法的应收账款回收期就不太准确。如果企业给推销人员的薪酬是同应收账款回收期挂钩,势必造成不公平。因此,掌握应收账款回收期精确计算法很有必要。

1. 单个客户一笔交易应收账款精确回收期的计算

例 13:甲单位推销员张葵 1 月 1 日向西南地区客户 A 销售煤炭产品一批,价款 10 万元,增值税 1.7 万元,共计 11.7 万元款未收;1 月 29 日收回 40% 的款 4.68 万元(价 4 万+税 0.68 万),2 月 21 日收回余款 7.02 万元(价 6 万元+税 1.02 万元)。要求按精确法计算应收账款回收期。

(1) 1 月 1 日至 1 月 28 日,应收账款每天余额累计之和=每天余额 11.7 万元×28 天=327.6(万元)

(2) 1 月 29 日至 2 月 20 日,应收账款每天余额累计之和=每天余额 7.02 万元×23 天=161.46(万元)

（3）该项应收账款平均余额＝（327.6＋161.46）÷（28＋23）＝9.589（万元）

（4）$\dfrac{\text{应收账款回收期}}{\text{（或应收账款周转天数）}}=\dfrac{\text{按精确法计算的应收账款平均余额×实际占用天数}}{\text{当期赊销收入×（1＋增值税率）}}$

$$=\frac{9.589\times51}{10\times(1+17\%)}=41.8（天）$$

上述公式分子包括增值税的原因是：企业考核推销人员收回货款时不仅要考核推销人员收回商品的"价款"，还要收回"增值税"[①]。这样计算评价推销人员业绩才公正。考虑到计入"应收账款"账户借方的金额除了货款、增值税外还有给客户代垫的运杂费，则公式分母可直接取"应收账款明细账"户的借方发生额（见例14）。

2. 单个客户多笔交易应收账款精确回收期的计算

例14：接例4，甲单位有关客户A的应收账款明细账如表2-6所示。

表2-6　　　　　　　　　　　　　　**应收账款——客户A明细账**

××年		凭证号数	摘要	借方	贷方	借或贷	余额
月	日						
1	1	略	销售应收	117 000		借	117 000
1	29		收回欠款		46 800	借	70 200
2	10		销售应收	234 000		借	304 200
2	21		收回欠款		70 200	借	234 000
8	10		收回欠款		105 300	借	128 700
9	15		销售应收	175 500		借	304 200
11	20		收回欠款		163 800	借	140 400
12	31		全年年结	526 500	386 100	借	140 400

注：该年度共365天，2月份不闰月。

根据表2-6"应收账款——客户A"明细账，应收账款精确回收期计算过程如下：

（1）1月1日至1月28日累计应收账款余额＝每天余额117 000×28天＝3 276 000（元）

（2）1月29日至2月9日累计应收账款余额＝每天余额70 200×12天＝842 400（元）

（3）2月10日至2月20日累计应收账款余额＝每天余额304 200×11天＝3 346 200（元）

（4）2月21日至8月9日累计应收账款余额＝每天余额234 000×170天＝39 780 000（元）

（5）8月10日至9月14日累计应收账款余额＝每天余额128 700×36天＝4 633 200（元）

（6）9月15日至11月19日累计应收账款余额＝每天余额304 200×66天＝20 077 200（元）

（7）11月20日至12月31日（含31日）累计应收账款余额＝每天余额140 400×42天＝5 896 800（元）

（8）应收账款平均每天余额＝[（1）＋（2）＋（3）＋（4）＋（5）＋（6）＋（7）]÷365＝213 292.60（元）

---

① 参见朱学义、耿占明：《应收账款回收期计算公式的改进》，载于《财会通讯》2005年第3期。

（9）应收账款借方合计＝526 500（元）

（10）应收账款回收期＝213 292.60×365÷526 500＝147.9（天）

说明，如果某个客户一年中就做了一、两笔交易，应收账款余额并未持续 365 天，则按实际持有时间和相应应收账款计算回收期，计算方法见上述例 4。

3. 多个客户应收账款精确回收期的计算

多个客户应收账款精确回收期可采用以下公式计算：

$$多个客户应收账款精确回收期 = \sum \left(某个客户应收账款精确回收期 \times 该客户应收账款精确平均余额比重 \right)$$

例 15：接例 14，甲单位推销员张癸负责西南地区的产品销售。20×9 年度，张癸共管理 4 个客户：

客户 A 全年应收账款精确平均余额为 213 292.60 元，应收账款精确回收期 147.9 天；

客户 B 全年应收账款精确平均余额为 1 156 400 元，应收账款精确回收期 84.9 天；

客户 C 全年应收账款精确平均余额为 258 000 元，应收账款精确回收期 38.5 天；

客户 D 全年应收账款精确平均余额为 1 863 000 元，应收账款精确回收期 34.3 天。

要求按精确法计算推销员张癸全部客户综合的应收账款回收期。

（1）应收账款精确平均余额总计＝213 292.60＋1 156 400＋258 000＋1 863 000
    ＝3 490 692.60（元）

（2）客户 A 应收账款精确平均余额比重＝213 292.60÷3 490 692.60×100％＝6.11％

（3）客户 B 应收账款精确平均余额比重＝1 156 400÷3 490 692.60×100％＝33.13％

（4）客户 C 应收账款精确平均余额比重＝258 000÷3 490 692.60×100％＝7.39％

（5）客户 D 应收账款精确平均余额比重＝1 863 000÷3 490 692.60×100％＝53.37％

（6）推销员张癸全部客户精确法下综合的应收账款回收期＝147.9×6.11％＋84.9×33.13％＋38.5×7.39％＋34.3×53.37％＝58.31（天）

五、应收账款合理性分析

（一）应收账款占用率

应收账款占用率是应收账款净额占流动资产的比例。其计算公式如下：

$$应收账款占用率 = \frac{应收账款}{流动资产} \times 100\%$$

上述公式中分子、分母通常是期末数。应收账款占用率反映每 100 元流动资产被客户占用的应收账款净额是多少。

例 16：我国大型煤炭工业企业应收账款占用转率计算见表 2-7。

表 2-7　　　　我国大型煤炭工业企业应收账款占用率计算表

项　目	2005 年	2006 年	2007 年	2008 年	2009 年	五年累计	每年递增
1. 年末应收账款净额（亿元）	366.1	413.63	414.22	684.74	714.84	2 593.53	18％
2. 年末流动资产合计（亿元）	3 103.35	3 594.73	4 537.47	6 524.53	8 364.64	26 124.72	28％
3. 应收账款占用率＝1÷2	11.8％	11.5％	9.1％	10.5％	8.5％	9.9％	

数据来源：中国煤炭工业协会统计与信息部编《煤炭工业统计年报摘要》。

从表 2-7 计算可见，2005～2009 年我国大型煤炭工业企业应收账款占用率不断降低。

2005 年应收账款占用率为 11.8％,2009 年降到 8.5％,五年累计平均 9.9％。2004～2007 年,我国全部国有及规模以上非国有工业企业应收账款占用率四年累计平均为 25.4％。20×0 年至 20×2 年,我国 1 304 家上市公司应收账款占用率三年累计平均为 19.7％(数据取自中国矿业大学朱学义教授上市公司数据库),2007 年 1 521 家上市公司应收账款占用率为 13.2％(数据取自 CCER 经济金融研究数据库)。我国大型煤炭工业企业应收账款占用率都比全国水平低,其客观原因是煤炭产品是卖方市场,煤炭企业现款交易多,销售货款回笼快。

2009 年煤炭机械制造企业"应收账款"152.10 亿元,"流动资产"527.84 亿元,应收账款占用率为 28.8％(152.10÷527.84×100％)。

（二）应收账款占营业收入的比率

应收账款占营业收入的比率称为营业收入应收账款率。它反映企业每 100 元营业收入常年被客户占用的应收账款净额是多少。其计算公式如下:

$$营业收入应收账款率 = \frac{应收账款}{营业收入} \times 100\%$$

上述公式中"应收账款"是期初应收账款净额与期末应收账款净额之和除以 2 得出。

例 17:我国大型煤炭工业企业应收账款占主营业务收入的比例计算见表 2-8。

表 2-8 　　　　　　　　　我国大型煤炭工业企业应收账款占用率计算表

项　　目	2005 年	2006 年	2007 年	2008 年	2009 年	五年累计	每年递增
1. 年末应收账款净额(亿元)	366.1	413.63	414.22	684.74	714.84	2 593.53	18％
2. 全年主营业务收入(亿元)	4 635.42	5 611.73	7 103.43	10 672.44	11 978.1	40 001.12	27％
3. 应收账款占主营业务收入的比例＝1÷2	7.9％	7.4％	5.8％	6.4％	6.0％	6.5％	

从表 2-8 计算可见,2005～2009 年我国大型煤炭工业企业应收账款占主营业务收入的比例不断下降。2005 年为 7.9％,2009 年降到 6.0％,五年累计平均 6.5％。2004～2007 年,我国全部国有及规模以上非国有工业企业应收账款占营业收入的比例四累计平均为 10.6％。20×0 年至 20×2 年,我国 1 304 家上市公司应收账款占主营业务收入的比率三年累计平均为 16.2％(数据取自中国矿业大学朱学义教授上市公司数据库),2007 年 1 521 家上市公司应收账款占营业收入的比率为 6.7％(数据取自 CCER 经济金融研究数据库)。我国大型煤炭工业企业应收账款占主营业务的比例都比全国水平好(低)。

2009 年煤炭机械制造企业"应收账款"152.10 亿元,"产品销售收入"665.59 亿元,应收账款占营业收入的比率为 22.9％(152.10÷665.59×100％)。

（三）应收账款技术分析法

企业赊销可以扩大销售,增加利润,但企业赊销则被客户占用了资金。企业为了保证生产经营的正常进行不得不筹措资金,包括取得借款等。这就是说企业被其他单位占用资金是要花费代价的(筹资利息),而且企业随着应收账款的增加,会增加收账费用,增加坏账损失。应收账款占用资金的利息、收账费用以及资金被客户占用就失去了其他获益机会,这些都是应收账款的成本。企业如果减少赊销款,则企业减少了市场占有率,减少了获利机会,同样给企业带来损失。因此,对应收账款合理额度进行分析,首先要检查增加应收账款带来的利润是否超过应收账款的成本,是否带来预期的收益净额;其次,应计算企业应收账款成本最低、利润最大点的应收账款占用额度,这个额度是应收账款的合理额度。企业采用一定的技术方法确定赊销收益最大化,同时应收账款总成本最低的应收账款合理额度,分析应收账款实际占用水平的方法称谓应收账款技术分析法。

1. 应收账款持有成本

企业为了促销而采用赊销政策,意味着企业不能随时收回货款,而相应的要为客户垫付一笔相当数量的资金。由于这笔垫付的资金丧失了其他投资赢利的机会,便形成了应收账款的机会成本,称为应收账款持有成本。

企业的资金被客户占用后必须另外筹集资金,如向银行取得借款等,故应收账款的持有成本一般可以用银行借款利率计算。应收账款的持有成本与应收账款的持有额度呈正比例关系。设应收账款平均余额为 X,银行借款利率为 I,应收账款的持有成本为 Y_1,则应收账款持有成本的数学模型如下:

$$Y_1 = X \times I$$

例 18:甲企业应收账款平均余额见表 2-9,如果银行借款年利率为 10%,则不同的应收账款余额产生了不同的应收账款持有成本,如表 2-9 所示。

表 2-9　　　　　　　　　　　甲企业应收账款持有成本计算表

企业应收账款平均余额 X(元)	100 000	300 000	500 000	700 000	900 000	1 100 000
应收账款持有成本 $Y_1 = 0.1X$(元)	10 000	30 000	50 000	70 000	90 000	110 000

根据表 2-9 所作的"应收账款持有成本图"见图 2-3。

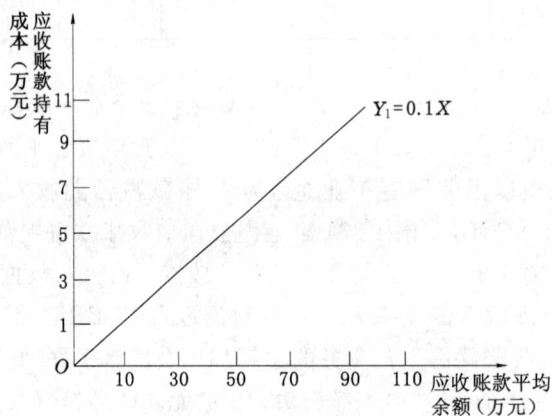

图 2-3　应收账款持有成本图

2. 应收账款管理成本

应收账款管理成本是指企业管理应收账款所花费的代价。它包括以下三部分:

(1)收款成本。收款成本包括货款推销人员和财务人员的工资、簿记费用、办公费、通讯费、文具用品费、收集信用资料费等。这些费用比较固定,与应收账款的多少不成比例关系。

(2)延付成本。延付成本是指客户拖欠货款,为了催讨货款而发生的各种费用,如电话费、电报费、出差费、诉讼费等。它一般与应收账款额度成正比例关系。

（3）拒付成本。拒付成本是指欠款客户因拒付货款给企业带来的拒付损失。它一般与应收账款额度呈正比例关系。

设应收账款收款成本为 F，延付成本为 P_1，拒付成本为 P_2，应收账款平均余额为 X，应收账款管理成本为 Y_2，则应收账款管理成本的数学模型如下：

$$Y_2 = F + (P_1 + P_2) \times X$$

例 19：甲企业应收账款平均余额、收款成本、延付成本（ $P_1 = 0.008$ ）、拒付成本（ $P_2 = 0.005$ ）分别见表 2-10，则不同的应收账款余额产生了不同的应收账款管理成本，见表 2-10。

表 2-10　　　　　　　　　　　甲企业应收账款管理成本计算表

1. 应收账款平均余额 X（元）	100 000	300 000	500 000	700 000	900 000	1 100 000
2. 收账成本 F（元）	30 000	30 000	30 000	30 000	30 000	30 000
3. 延付成本 $P_1 X$（元）	800	2 400	4 000	5 600	7 200	8 800
4. 拒付成本 $P_2 X$（元）	500	1 500	2 500	3 500	4 500	5 500
5. 应收账款管理成本（元）＝1＋2＋3	31 300	33 900	36 500	39 100	41 700	44 300

根据表 2-10 所作的"应收账款管理成本图"见图 2-4。

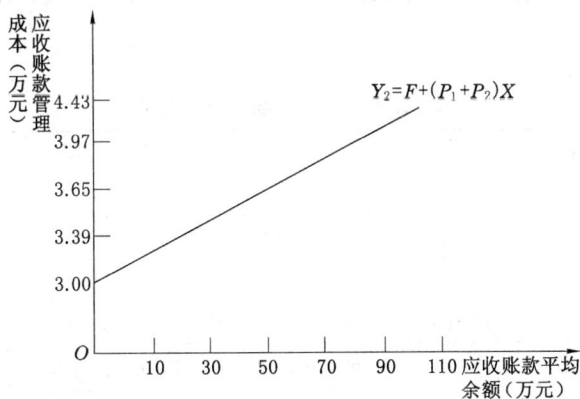

图 2-4　应收账款管理成本图

3. 应收账款短缺成本[①]

应收账款的短缺成本是指企业如果少做或不做赊销交易而使原有客户转向竞争对手而使企业蒙受的销售损失。短缺成本随着应收账款的增加而减少，即它与应收账款额度成反比例关系。

应收账款短缺成本的计量，在中外教科书上很少涉及。笔者经过研究分析，认为确定该计量模型必须考虑下列因素：

（1）考虑企业赊销额、赊销收益和应收账款余额。企业缩小赊销范围，必然要失去一些客户使企业蒙受损失。企业赊销额既反映收入实现额，又反映应收账款发生额。缩小赊销

---

① 参见朱学义、吴欣：《企业应收账款短缺成本确定方法》，载于《四川会计》2001 年第 2 期。

额必然影响应收账款余额。应收账款余额越少,企业失去的赊销收益越大,两者成反比例关系。设 X 代表应收账款余额,T 代表赊销额,r 代表赊销收入净利率,Y_3 代表应收账款短缺损失,则应收账款短缺损失的数学模型如下:

$$Y_3 = (T \times r)/X$$

该公式的含义是:每一元应收账款余额提供多少赊销收益。

(2)考虑市场占有率。市场占有率是企业销售收入占全行业销售收入的比率。在一定时期内,市场对企业某种产(商)品的需求量总是一定的,则该产(商)品的社会平均净利润也总是一定的。在这种条件下,某企业缩小赊销额,该企业的市场占有率必然降低,该企业分得的社会平均净利润也相应减少。设企业原有市场占有率为 M_1,缩小赊销额后的市场占有率为 M_2,社会平均净利润 R,则市场占有率降低引起的应收账款短缺损失的数学模型如下:

$$Y_3 = (M_1 - M_2) \times R$$

综合上述两个因素,抵消其中相同的净利润因素,应收账款短缺成本的综合数学模型如下:

$$Y_3 = T/X \times (M_1 - M_2) \times R$$

例20:甲企业目前应收账款全年发生额为 120 万元(T=120 万元)。由于回款极度困难,致使应收账款全年账面平均余额为 110 万元,而同行业应收账款全年账面平均余额为 1 375 万元。社会平均净利润率为 10%。如果将该企业应收账款平均余额(X)分别缩减为 90 万元、70 万元、50 万元、30 万元、10 万元五种情况,则应收账款的短缺成本有关计算见表 2-11。

表 2-11　　　　　　　　　　　甲企业应收账款短缺成本计算表

1. 应收账款平均余额 X(元)	100 000	300 000	500 000	700 000	900 000	1 100 000
2. 同行业应收账款余额(元)	13 750 000	13 750 000	13 750 000	13 750 000	13 750 000	13 750 000
3. 企业市场占有率(%)=1/2	0.727	2.182	3.636	5.091	6.545	8.000
4. 企业分享行业净利润*(元)	110 000	110 000	110 000	110 000	110 000	110 000
5. 应收账款短缺成本(元)	96 000①	25 600②	11 520③	5 486④	2 133⑤	0⑥

注:* = 行业应收账款余额 13 750 000×赊销净利率 10%×甲企业目前市场占有率 8%=110 000 元。

① = 120 000/100 000×(8%−0.727%)×110 000 = 96 000(元)

② = 120 000/300 000×(8%−2.182%)×110 000 = 25 600(元)

③ = 120 000/500 000×(8%−3.636%)×110 000 = 11 520(元)

④ = 120 000/700 000×(8%−5.091%)×110 000 = 5 486(元)

⑤ = 120 000/90 000×(8%−6.545%)×110 000 = 2 134(元)

⑥ = 120 000/100 000×(8%−8%)×110 000 = 0(元)

根据表 2-11 所作的"应收账款短缺成本图"见图 2-5。

综上所述,应收账款总成本由应收账款持有成本 Y_1、应收账款管理成本 Y_2 和应收账款短缺成本 Y_3 三部分组成,其综合数学模型如下:

$$Y = (X \times I) + [F + (P_1 + P_2) \times X] + [T/X \times (M_1 - M_2) \times R]$$

例21:依例18、19、20,甲企业应收账款总成本的计算有以下六种方案可供选择,见表 2-12。

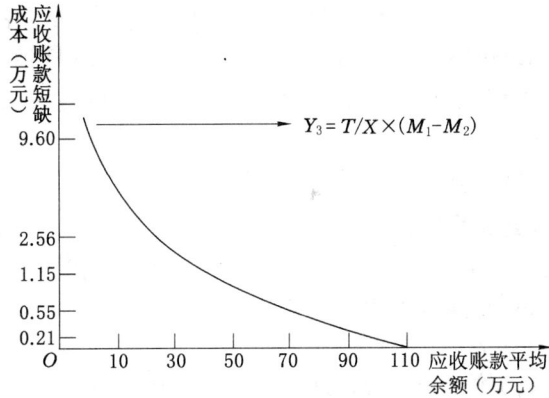

图 2-5　应收账款短缺成本图

表 2-12	甲企业应收账款现状及其合理额度确定方案					
1. 应收账款平均余额(元)	100 000	300 000	500 000	700 000	900 000	1 100 000
2. 应收账款持有成本(元)	10 000	30 000	50 000	70 000	90 000	110 000
3. 应收账款管理成本(元)	31 300	33 900	36 500	39 100	41 700	44 300
4. 应收账款短缺成本(元)	96 000	25 600	11 520	5 486	2 133	0
5. 应收账款总成本(元) ＝2＋3＋4	137 300	89 500	98 020	114 586	133 833	154 300

根据表 2-12 所作的"应收账款总成本图"见图 2-6。

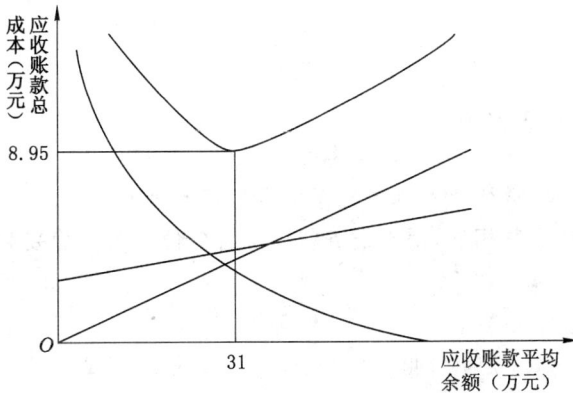

图 2-6　应收账款总成本图

　　从表 2-12 和图 2-6 中可见,甲企业应收账款合理额度在 300 000 元至 500 000 元之间,经过进一步计算为 310 000 元,此时,应收账款总成本最低,为 89 498 元,和 300 000 元应收账款的成本 89 500 元相近,则甲企业赊销收益最大、成本最低的应收账款合理额度为 310 000 元。

　　企业应收账款最佳额度确定后,应根据销售客户的信誉决定相应的信用政策。对销售客户进行信誉排队的方法有多种,如直接调查法、五 C 评估法[分析客户的 Capital(资本)、Character(特点)、Condition(条件)、Capacity(能力)、Collateral(抵押品)]、信用评分法和回款期评价法等。结合我国情况,采用回款期评价法(即根据销售客户以往回款的期限来确定信用政策)的方法较恰当。

六、应收账款的"流动价值"分析法[①]

(一)流动价值法的基本原理

流动价值法是约翰·克劳沙最早提出来的。1997 年,英国波特·爱德华对它的应用进行了深化。所谓流动价值,是指资本中用于流动资金循环周转的价值,它在数量上等于营运资金加上净资产的平均数。

营运资金也称营运资本,是流动资产减去流动负债后的余额;净资产是资产减去负债后的余额,也称业主权益(或所有者权益),或自有资本。流动价值法的基本原理是:企业的赊销程度由企业的财务状况好坏所决定,财务状况好坏的衡量,既可以利用相对数,如偿债能力比率等,也可以利用绝对数,如现金流量等。但对某个企业来讲,首先考虑的是有没有充裕的资金,尤其是流动资金。营运资金是企业在生产经营周转过程中实际可以运用的流动资金净额。营运资金充足,表明企业自我支配资金的能力强,让客户占用资金也无关紧要。但当企业赊销达到一定额度而使企业正常生产经营难以维持时,企业不得不另外筹措资金,包括向银行贷款,增加新的负债。然而,负债有风险,还有种种条件的限制,企业只能适度把握。企业不能无限制地赊销而不断增大负债,这就使企业不得不考虑赊销同自有资本(资产扣除负债后的净资产)之间的关系。约翰·克劳沙以流动价值(营运资本和自有资本)作赊销的度量因素,是充分考虑了资本在提供赊销方面的可靠性。

(二)流动价值法的应用步骤和具体做法

1. 确定财务状况比率系数和综合分值

流动价值法确定了以下四个反映财务状况比率的系数:

$$流动比率 = 流动资产 \div 流动负债$$

$$速动比率 = 速动资产 / 流动负债 = (流动资产 - 存货) \div 流动负债$$

$$债权人保证比率 = 净资产 \div 流动负债$$

$$净资产对负债比率 = 净资产 \div 负债总额$$

将以上四个比率的系数相加,得出财务状况综合分值。为了稳妥起见,上述四个指标应用最近三年的数据。

2. 计算流动价值

$$流动价值 = (营运资金 + 净资产) \div 2$$

公式中,营运资金和净资产也应该用近三年的数据为好。

3. 确定流动价值赊销率

流动价值赊销率是赊销额占流动价值的比率。它根据企业的赊销政策、财务状况和赊销管理经验确定。企业赊销常有收不回款的现象发生,这就是企业的赊销风险。赊销风险的级别可分为低度风险、中度风险和高度风险三个级别。企业据自己的赊销政策和赊销人员的管理胆量确定风险级别。企业不同的财务状况综合分值应该有不同的赊销额度。一般

---

① 参见朱学义:《控制赊销的流动价值法》,载于《企业管理》2002 年第 3 期。

说来,企业财务状况综合分值高,企业提供的赊销额度就应大些,即流动价值赊销率应该高些;相反,企业财务状况综合分值低,甚至很差,则企业提供的赊销额度就相对小些,甚至可以不赊销,即流动价值赊销率可以低到零。这样,在某种赊销风险等级下,企业不同的财务状况综合分值就产生了不同的流动价值赊销率。

4. 确定赊销决策额

$$企业赊销决策额=流动价值×流动价值赊销率$$

(三)流动价值法的应用实例

例 22:ABC 公司有关财务数据见表 2-13。

表 2-13 ABC 公司有关财务数据表

项 目	20×7 年	20×8 年	20×9 年	三年累计
1. 流动资产(万元)	600 321	585 910	622 183	1 808 414
2. 存货(万元)	151 037	154 772	150 072	455 881
3. 速动资产(万元)=1-2	449 284	431 138	472 111	1 352 533
4. 流动负债(万元)	508 494	626 339	511 664	1 646 497
5. 长期负债(万元)	9 807	8 171	2 702	20 680
6. 负债总额(万元)=4+5	518 301	634 510	514 366	1 667 177
7. 资产总额(万元)	718 254	728 263	735 517	2 182 034
8. 净资产(万元)=7-6	199 953	93 753	221 151	514 857
9. 营运资金(万元)=1-4	91 827	-40 429	110 519	161 917
10. 流动价值(万元)=(8+9)÷2	145 890	26 662	165 835	112 796*

注:* =(8+9)÷2÷3;或=(145 890+26 662+165 835)÷3。

(1) 根据表 2-13 三年累计数据计算有关财务比率系数。

① 流动比率=1 808 414÷1 646 497=1.1

② 速动比率=1 352 533÷1 646 497=0.8

③ 债权人保证比率=514 857÷1 646 497=0.3

④ 净资产对负债比率=514 857÷1 667 177=0.3

⑤ 财务状况综合分值=1.1+0.8+0.3+0.3=2.5

(2) 确定 ABC 公司流动价值赊销率(见表 2-14)。

表 2-14 流动价值赊销率表(在中度风险级别下)

档 次	一	二	三	四	五	六
财务状况综合分值	-4.5 以下	-4.5~-3.2	-3.2~-1.8	-1.8~-0.4	-0.4~+0.3	+0.3 以上
流动价值赊销率	0%	5%	10%	15%	17.5%	20%

(3) 确定 ABC 公司赊销决策额。

ABC 公司财务状况综合分值为 2.5,大于 0.3,处于第六档次,其流动价值赊销率取

20%,则:

ABC 公司赊销决策额＝三年平均的流动价值×流动价值赊销率

＝112 796×20%＝22 559(万元)

(4) 分析 ABC 公司当前应收账款余额是否合理。

ABC 公司近两年全部应收账款平均余额均在 24 000 万元左右,比按流动价值法确定的合理赊销额 22 559 万元高 1 441 万元,该公司应采取措施降低应收账款的占用水平。

七、赊销标准决策分析法

赊销标准是企业在赊销过程中对客户赊销额度、赊销期限所确定的控制基准。对赊销标准进行重新决策必须考虑的基本原则是:增加赊销额所取得的收益应该超过增加应收账款所支出的成本。

1. 赊销标准对比分析法

例 23:W 公司目前向客户提供的赊销量 24 万件(每件售价 20 元,每件单位变动成本 15 元)、赊销额为 480 万元、赊销期 30 天。现有一个新方案提议:本公司由于有剩余生产能力,应将赊销量增加到 30 万件(每件售价 20 元,每件单位变动成本 15 元)、赊销额增加到 600 万元、赊销期扩展为 60 天。增加赊销的资金成本率为 20%。要求采用赊销标准对比法进行决策。赊销标准对比法的计算过程见表 2-15。

表 2-15　　　　　　　　　　　　　　　赊销标准对比分析法

序号	项 目	目前方案	建议方案	差异
1	售价	24 万件×20 元＝480 万元	30 万件×20 元＝600 万元	＋120 万元
2	边际利润	(20−15)元×24 万件＝120 万元	(20−15)元×30 万件＝150 万元	＋30 万元
3	应收账款平均余额	480 万元÷(360÷30)＝40 万元	600 万元÷(360÷60)＝100 万元	＋60 万元
4	应收账款机会成本	40 万元×20%＝8 万元	100 万元×20%＝20 万元	＋12 万元
5	边际利润与机会成本比较	边际利润差额 30 万元−应收账款机会成本差额 12 万元		＋18 万元

从表 2-15 计算结果可见,W 公司扩展赊销标准带来的边际利润超过应收账款边际成本 18 万元,扩展赊销的方案可行。

2. 净现值现金流量法

例 24:X 公司现行 A 方案的情况是:日赊销量 200 件(每件售价 500 元,每件单位成本 350 元)、赊销期 30 天、坏账损失率 2%、平均收账期 40 天、资金年利率 18%。现有一个新建议方案,B 方案:日赊销量 250 件(每件售价 500 元,每件单位成本 350 元)、赊销期 45 天、坏账损失率 3%、平均收账期 45 天、资金年利率仍为 18%,但增加赊销会导致现金、存货等营运资本增加,其追加成本为销售收入的 25%。该公司有剩余生产能力。要求采用净现值现金流量法进行决策(资金年利率 18%化成日利率为 0.05%)。

(1) A 方案净现值＝$\dfrac{200 \text{件}×\text{单价} 500×(1-\text{坏账率} 2\%)}{(1-\text{日利率} 0.05\%)^{40\text{天}}}$－200 件×单位成本 350

＝26 060(元)

(2) B 方案净现值＝$\dfrac{250 \text{件}×\text{单价} 500×(1-\text{坏账率} 3\%)}{(1-\text{日利率} 0.05\%)^{50\text{天}}}$－250 件×单位成本 350

$$=30\ 756(元)$$

（3）A 方案追加成本 $=\left(200\ 件\times 单价\ 500-\dfrac{200\ 件\times 单价\ 500}{(1-日利率\ 0.05\%)^{40天}}\right)\times 25\%$

$$=495(元)$$

（4）B 方案追加成本 $=\left(250\ 件\times 单价\ 500-\dfrac{250\ 件\times 单价\ 500}{(1-日利率\ 0.05\%)^{50天}}\right)\times 25\%$

$$=771(元)$$

（5）A 方案扣除追加成本后的净现值 $=26\ 060-495=25\ 565(元)$

（6）B 方案扣除追加成本后的净现值 $=30\ 756-771=29\ 985(元)$

计算结果表明,X 公司 B 赊销方案净现值 29 985 元高于 A 方案净现值 25 565 元,B 赊销方案可行。

第四节　存 货 分 析

一、存货占用率分析

存货占用率是指存货占流动资产的比率。生产经营特点相近的企业或行业,存货占用率的水平一般应相差不大,则可以建立存货占用率的较优评价标准。存货占用率计算公式如下:

$$存货占用率=\frac{存货}{流动资产}\times 100\%$$

上述公式中分子、分母通常是期末数。存货占用率反映每 100 元流动资产有多少是存货占用的资金。

例 25:我国大型煤炭工业企业、13 家煤业上市公司存货占用转率计算见表 2-16、表 2-17。

表 2-16　　　　　　　　　　　我国大型煤炭工业企业存货占用率计算表

项　　目	2005 年	2006 年	2007 年	2008 年	2009 年	五年累计	每年递增
1. 存货(亿元)	342.41	498.4	633.51	979.34	941.87	3 395.53	29%
2. 流动资产合计(亿元)	2 803.42	3 594.73	4 537.47	6 524.53	8 364.64	25 824.79	31%
3. 存货占流动资产=1÷2	12.2%	13.9%	14.0%	15.0%	11.3%	13.1%	

数据来源:中国煤炭工业协会统计与信息部编《煤炭工业统计年报摘要》。2005 年为年产原煤 500 万吨以上的煤炭工业企业的数据,2006～2009 年为大型煤炭工业企业的数据。

我国 13 家煤业上市公司 20×0～20×2 年存货占用率计算见表 2-16。

表 2-17　　　　我国 13 家煤业上市公司 20×0～20×2 年存货占用率计算表

指　　标	20×0 年	20×1 年	20×2 年	20×0～20×2 年
1. 存货(元)	1 212 208 542	1 234 925 771	1 484 777 445	3 931 911 757
2. 流动资产合计(元)	11 141 280 512	13 122 155 472	15 142 372 736	39 405 808 720
3. 存货占流动资产=1÷2	10.6%	9.4%	9.8%	10.0%

数据来源:中国矿业大学朱学义教授上市公司数据库。

从表 2-16、表 2-17 计算可见,2005～2009 年我国大型煤炭工业企业存货占用率五年累计平均 13.1%,我国 13 家煤业上市公司存货占用率三年累计平均为 10%,低于我国 1 304 家上市公司三年累计平均 20.0% 的水平。2004～2007 年,我国全部国有及规模以上非国有工业企业存货占用率四年累计平均为 30.1%。国务院国资委统计评价局制定的《企业绩效评价标准值》中国有工业企业存货占用率 2004～2007 年四年累计平均约为 24.7%。2007 年 1 521 家上市公司存货占用率为 35.3%(数据取自 CCER 经济金融研究数据库)。我国煤炭工业企业存货占用率水平低的原因主要是煤炭在产品和库存商品占用水平低。

2009 年煤炭机械制造企业"存货"183.91 亿元,流动资产平均余额 483.26 亿元,存货占用率为 38.1%(183.91÷483.26×100%)。

二、存货占营业收入的比率分析

存货占营业收入的比率称为营业收入存货率。它反映企业每创造 100 元营业收入需要占用多少存货资金。其计算公式如下:

$$营业收入存货率 = \frac{存货}{营业收入} \times 100\%$$

上述公式中"存货"是年初存货与年末存货之和除以 2 得出。营业收入是全年营业收入,在 2006 年及以前用全年"主营业务收入"代替。

例 26:我国大型煤炭工业企业、13 家煤业上市公司存货占主营业务收入的比率的计算见表 2-18、表 2-19。

表 2-18　　　　我国大型煤炭工业企业存货占主营业务收入的比率计算表

项　目	2005 年	2006 年	2007 年	2008 年	2009 年	五年累计	每年递增
1. 存货(亿元)	342.41	498.4	633.51	979.34	941.87	3 395.53	29%
2. 主营业务收入(亿元)	4 180.5	5 611.73	7 103.43	10 672.44	11 978.1	39 546.2	30%
3. 存货占主营业务收入的比率 ＝1÷2	8.2%	8.9%	8.9%	9.2%	7.9%	8.6%	

数据来源:中国煤炭工业协会统计与信息部编《煤炭工业统计年报摘要》。2005 年为年产原煤 500 万吨以上的煤炭工业企业的数据,2006～2009 年为大型煤炭工业企业的数据。

表 2-19　　　我国 13 家煤业上市公司 20×0～20×2 年存货占营业收入的比率计算表

指　标	20×0 年	20×1 年	20×2 年	20×0～20×2 年
1. 存货(元)	1 212 208 542	1 234 925 771	1 484 777 445	3 931 911 757
2. 主营业务收入合计(元)	12 585 509 424	16 420 584 544	19 573 319 936	48 579 413 904
3. 存货占流动资产＝1÷2	9.6%	7.5%	7.6%	8.1%

数据来源:中国矿业大学朱学义教授上市公司数据库。

从表 2-18、表 2-19 计算可见,2005～2009 年我国大型煤炭工业企业存货占主营业务收入的比率五年累计平均 8.6%,我国 13 家煤业上市公司存货占主营业务收入的比率三年累计平均为 8.1%,低于我国 1 304 家上市公司三年累计平均 13.8% 的水平。2004～2007 年,我国全部国有及规模以上非国有工业企业存货占主营业务收入的比率四年累计平均为 12.54%。国务院国资委统计评价局制定的《企业绩效评价标准值》中国有工业企业存货占主营业务收入的比率 2004～2007 年四年简单平均为 14.6%。2007 年 1 521 家上市公司存货占主营业务收入的比率为 18.0%（数据取自 CCER 经济金融研究数据库）。

2009 年煤炭机械制造企业"存货"183.91 亿元，主营业务收入 665.59 亿元，存货占主营业务收入的比率为 27.6%（183.91÷665.59×100%）。

三、存货周转速度分析

存货周转速度是存货资金流动的时间或效率，常用存货周转率和存货周转天数表示。存货周转率是存货周转额与存货平均占用额之间的比率；存货周转天数是存货资金周转一次所需要的天数。

存货周转额，从整体看是存货总周转额。存货总周转额是指一定时期内存货资金在川流不息的周转过程中所完成的累积数额。它可以用一定时期内的主营业务收入或主营业务成本来反映。表 2-20 中反映了存货总周转额的形成情况。

表 2-20　　　　　　　　　　　　W 煤机厂存货周转额表

项　目	年初结存	本年增加	本年减少	年末结存
存货合计（万元）	807.82	12 719.524	12 361.254	1 166.09
其中：库存商品存货（万元）	238.9	3 947.494	3 885.624	300.77

从表 2-20 中可见，W 煤机厂全年存货总周转额就是库存商品存货"本年减少"栏数额，它是本年销售阶段库存商品资金向货币资金转化的数额，也就是转入"主营业务成本"的数额 3 885.624 万元。这是存货总周转额最恰当的数额。有时，我们用"主营业务收入"来反映存货总周转额，虽然也能说明问题，但它由于包括商品盈利额在内，故是一个近似数。

（一）存货总周转天数的计算和评价

存货（总）周转天数计算公式如下：

$$存货总周转天数 = \frac{平均存货 \times 计算期天数}{计算期主营业务成本总额}$$

$$平均存货 = （期初存货余额 + 期末存货余额）÷ 2$$

根据表 2-20 存货周转额资料，该煤机厂存货（总）周转天数计算如下：

平均存货 =（807.82+1 166.09）÷2=986.955（万元）

$$存货总周转天数 = \frac{986.955 \times 360}{3885.624} = 91.4（天）$$

计算结果表明，W 煤机厂存货周转天数为 91.4 天，即该煤机厂从购买材料入库开始，经过生产，再到售出产品为止共持续了 91.4 天，存货周转率为 3.9 次（360÷91.4）。评价存货周转速度可同全国煤炭企业平均水平比较。分以下三种情况比：

（1）同全国煤炭机械制造企业平均水平比。2009 年煤炭机械制造企业"存货"183.91 亿元，主营业务成本 556.84 亿元，存货周转天数为 118.9 天（183.91×360÷556.84）。W 煤机厂存货周转天数为 91.4 天，比全国煤炭机械制造企业平均水平低 27.5 天。

（2）同全国大型煤炭工业企业平均水平比。我国大型煤炭工业企业存货周转天数的计算见表 2-21。

表 2-21 我国大型煤炭工业企业存货占主营业务收入的比率计算表

项 目	2005 年	2006 年	2007 年	2008 年	2009 年	五年累计	每年递增
1. 存货(亿元)	342.41	498.4	633.51	979.34	941.87	3 395.53	29%
2. 主营业务成本(亿元)	2 810.19	4 021.84	4 990.50	7 433.91	9 048.53	28 304.97	34%
3. 存货周转率(次)=2÷1	8.2	8.1	7.9	7.6	9.6	8.3	
4. 存货周转天数=360÷3	43.9	44.6	45.6	47.4	37.5	43.4	

数据来源:中国煤炭工业协会统计与信息部编《煤炭工业统计年报摘要》。2005 年为年产原煤 500 万吨以上的煤炭工业企业的数据,2006~2009 年为大型煤炭工业企业的数据。

从表 2-21 计算可见,2005~2009 年我国大型煤炭工业企业存货周转天数五年累计平均 43.4 天,比 W 煤机厂存货周转天数为 91.4 天快 48.0 天。

(3)同全国煤业上市公司平均水平比。我国 13 家煤业上市公司 20×0~20×2 年存货周转速度计算见表 2-22。

表 2-22 我国 13 家煤业上市公司 20×0~20×2 年存货周转速度计算表

指 标	20×0 年	20×1 年	20×2 年	20×0~20×2 年
1. 存货(元)	1 212 208 542	1 234 925 771	1 484 777 445	3 931 911 757
2. 主营业务成本合计(元)	8 922 243 728	6 708 123 120	10 642 746 928	26 273 113 776
3. 存货周转天数=平均存货×360÷2	—	65.7	46.0	53.9
4. 存货周转率(次)=360/3	—	5.5	7.8	6.7

数据来源:中国矿业大学朱学义教授上市公司数据库。

从表 2-22 计算可见,我国 13 家煤业上市公司存货周转天数三年累计平均为 53.9 天,低于我国 1 304 家上市公司三年累计平均 62.8 天的水平。2004~2007 年,全部国有及规模以上非国有工业企业存货周转天数四年累计平均 53.3 天。国务院国资委统计评价局制定的《企业绩效评价标准值》中国有工业企业平均存货周转率 2004~2007 年简单平均为 5.5 次(65.8 天)。2007 年 1 521 家上市公司存货周转率为 3.91 次(92.1 天)(数据取自 CCER 经济金融研究数据库)。W 煤机厂存货周转天数均比全国平均水平多。

存货周转天数越少,周转速度越快,企业资金利用的效率越高。企业分析存货周转速度时,不仅要将本期实际周转天数同上期实际周转天数进行比较,还要同计划、同行业先进水平对比,以便作出正确的评价。

(二)存货资金节约额的计算

企业为了进一步分析存货周转速度加快给企业带来的效益,还需要计算存货资金相对节约额。公式如下:

$$\text{存货资金节约额} = \left[\text{实际或计划周转天数} - \text{实际周转天数} \right] \times \frac{\text{计算期主营业务成本}}{\text{计算期天数}}$$

例 27:甲企业上年存货(总)周转天数为 95 天,本年存货(总)周转天数为 91.4 天,全年存货实际周转额(主营业务成本)为 3 885.624 万元。计算加速存货周转所带来的存货资金节约额。

$$存货资金节约额 = (95 - 91.4) \times \frac{3\ 885.624}{360} = 38.856(万元)$$

计算结果表明,甲企业实际周转大数比上年加快 3.6 天(95−91.4),使企业全年存货占用的资金相对节约了 38.856 万元。如果计算结果为负数,则表示由于周转天数减慢,企业相对多占用(浪费)了多少资金。

四、存货阶段周转速度分析

由于存货周转额分为存货阶段周转额和存货总周转额两部分,与此相适应,存货周转率也分为存货阶段周转率和存货总周转率两大指标。前面我们已经阐述了存货总周转速度的分析,这里,我们重点阐述存货阶段周转速度分析。

(一)存货阶段周转额的概念

存货阶段周转额是指各种存货在其周转历程中从本阶段向下一阶段过渡的数额。

例 28:W 煤机厂存货阶段周转额情况见表 2-23。

表 2-23　　　　　　　　　　**W 煤机厂存货阶段周转额基础数据表**

项　目	年初结存	本年增加	本年减少	年末结存
材料存货(万元)	466.22	3 951.32	3 662.82	754.72
在制品存货(万元)	102.7	4 820.71	4 812.81	110.6
库存商品存货(万元)	238.9	3 947.494	3 885.624	300.77
存货合计(万元)	807.82	12 719.524	12 361.254	1 166.09

从表 2-23 中可见,W 煤机厂全年生产消耗材料 3 662.82 万元,这是供应阶段的储备资金向生产阶段的生产资金转化,材料存货周转额为 3 662.82 万元。W 煤机厂全年产品制造完工入库的制造成本总额为 4 812.81 万元,这是生产阶段的生产资金向成品资金过渡的数额,在制品存货周转额为 4 812.81 万元。W 煤机厂全年主营业务成本为 3 885.624 万元,这是销售阶段的成品资金向货币资金过渡的数额,产成品存货周转额或库存商品存货周转额为 3 885.624 万元。

从表 2-23 还可以看出,W 煤机厂本年度存货资金在川流不息的周转过程中所完成的累积数额——存货资金总周转额就是主营业务成本 3 885.624 万元。

(二)存货阶段周转天数的计算

反映存货周转天数的指标分为阶段周转天数和总周转天数两类。存货阶段周转天数具体指标计算如下。

1. 材料存货周转天数的计算

材料存货周转天数计算公式如下:

$$材料存货周转天数 = \frac{材料存货平均余额 \times 计算期天数}{计算期材料耗用总额}$$

$$材料存货平均余额 = (期初材料存货余额 + 期末材料存货余额) \div 2$$

根据表 2-23 材料存货周转额资料,W 煤机厂材料存货周转天数计算如下:

$$材料存货平均余额 = (466.22 + 754.72) \div 2 = 610.47(万元)$$

$$材料存货周转天数 = \frac{610.47 \times 360}{3\ 662.82} = 60(天)$$

计算结果表明,该企业材料存货周转一次需要 60 天,则材料存货周转率为 6 次(360÷60)。

2. 在制品存货周转天数的计算

在制品存货周转天计算公式如下:

$$在制品存货周转天数 = \frac{在制品存货平均余额×计算期天数}{计算期产品制造成本总额}$$

在制品存货平均余额=[("生产成本"账户期初余额+"生产成本"账户期末余额)÷2]+

[("自制半成品"账户期初余额+"自制半成品"账户期末余额)÷2]

根据表 2-23 在制品周转额资料,W 煤机厂在制品存货周转天数计算如下:

在制品存货平均余额=(102.70+110.60)÷2=106.65(万元)

$$在制品存货周转天数=\frac{106.65×360}{4\ 812.81}=8(天)$$

计算结果表明,该企业在制品周转一次需要 8 天,则在制品存货周转率为 45 次(360÷8)。

3. 库存商品存货周转天数的计算

库存商品存货周转天数,简称库存商品周转天数,亦称产成品存货周转天数,或产成品可供销售天数。计算公式如下:

$$库存商品存货周转天数 = \frac{库存商品存货平均余额×计算期天数}{计算期主营业务成本总额}$$

库存商品存货平均余额=("库存商品"账户期初余额+"库存商品"账户期末余额)÷2

根据表 2-23 库存商品存货周转额资料,W 煤机厂库存商品存货周转天数计算如下:

库存商品存货平均余额=(238.90+300.77)÷2=269.835(万元)

$$库存商品存货周转天数=\frac{269.835×360}{3\ 885.624}=25(天)$$

计算结果表明,该企业库存商品周转一次需要 25 天,则库存商品存货周转率为 14.4 次(360÷25)。

需要说明的是,计算全部存货周转天数的分母不能用表 2-22 中的"本年减少栏"中"存货合计"12 361.254 万元,而是用其中"库存商品存货"减少额 3 885.624 万元,存货总周转天数为 91.4 天[(807.82+1 166.09)÷2×360÷3 885.624]。

(三)存货阶段周转天数的评价

评价存货阶段周转天数应分别材料、在制品、库存商品三大内容进行评价。在外部市场导向下,企业应重点评价库存商品存货周转天数。评价库存商品周转天数快慢有以下三种比较方法:

① 按国家经贸委控制标准评价。1993 年国家经贸委考核规定,企业界产成品可供销售天数年平均不要超过 35 至 40 天。W 煤机厂产成品可供销售天数仅有 25 天,没有超过国家经贸委控制标准。

② 按煤炭机械制造企业的平均水平评价。2009 年煤炭机械制造企业"产成品"49.52 亿元,产品销售成本 556.84 亿元,产成品周转天数为 32.0 天(49.52×360÷556.84)。W 煤机厂产成品可供销售天数仅有 25 天,比煤炭机械制造企业的平均 32 天低 5 天。

③ 按全国工业企业平均水平评价。我国全部国有及规模以上非国有工业企业产成品

周转天数和产成品周转率计算见表 2-24。

表 2-24　　　　我国全部国有及规模以上非国有工业企业产成品周转速度计算表

项　目	2006 年	2007 年	2008 年	2009 年	2010 年	五年累计	每年递增
1. 年末产成品(亿元)	14 524	18 335	23 114	23 636	24 368	103 977	13.8%
2. 主营业务成本(亿元)	261 975	300 846	377 145	440 527	529 245	1 909 737	19.2%
3. 产成品周转天数=平均产成品×360÷2	—	19.7①	19.8	19.1	16.3	19.6②	—
4. 产成品周转率(次)=360÷3	—	18.3	18.2	18.8	22.0	18.4	—

注：以上引用数据来源于 2007～2011 年各年《中国统计摘要》；① =(14 524＋18 335)÷2×360÷300 846＝19.7 天（其余类推）；② =103 977×360÷1 909 737＝19.6 天。

从表 2-24 计算可见,我国全部国有及规模以上非国有工业企业产成品周转天数逐年减少,由 2007 年的 19.7 天减少到 2010 年的 16.3 天,五年累计平均为 19.6 天,即全国工企业产成品从入库到售出持续了 19.6 天,全年周转了 18.4 次。

结合 W 煤机厂进行评价：W 煤机厂库存商品周转天数 25 天,超过了全国平均水平 19.6 天。说明该企业在加速库存商品资金周转方面还要继续努力。

五、库存商品资金占用分析

(一)库存商品资金占用率分析

库存商品资金占用率是库存商品资金占用流动资产资金的比例。计算公式如下：

$$库存商品资金占用率＝\frac{库存商品资金}{流动资产或流动资金}×100\%$$

例 29：我国全部国有及规模以上非国有工业企业库存商品资金占用率情况见表 2-25。

表 2-25　　　　我国全部国有及规模以上非国有工业企业库存商品资金占用率情况表

项　目	2006 年	2007 年	2008 年	2009 年	2010 年	五年累计	每年递增
1. 产成品(亿元)	14 524	18 335	23 114	23 636	24 368	103 977	13.8%
2. 流动资产平均余额(亿元)	125 433	152 125	183 525	210 243	278 191	949 517	22.0%
3. 产成品占用率=1÷2	11.6%	12.1%	12.6%	11.2%	8.8%	11.0%	—

表中数据来源于 2007～2011 年各年《中国统计摘要》。

从表 2-25 计算结果可见,我国全部国有及规模以上非国有工业企业 2006～2010 年累计库存商品资金占用流动资产资金的比率为 11.0%。

2009 年煤炭机械制造企业"产成品"49.52 亿元,流动资产平均余额 483.26 亿元,库存商品资金占用率为 10.2%(49.52÷483.26×100%)。

(二)收入库存商品率分析

收入库存商品率是库存商品资金占营业收入的比例。计算公式如下：

$$收入库存商品率＝\frac{库存商品资金}{营业收入}×100\%$$

例 30：我国全部国有及规模以上非国有工业企业收入库存商品率情况见表 2-26。

表 2-26　　　　　我国全部国有及规模以上非国有工业企业收入库存商品率情况表

项　目	2006 年	2007 年	2008 年	2009 年	2010 年	五年累计	每年递增
1. 产成品(亿元)	14 524	18 335	23 114	23 636	24 368	103 977	13.8%
2. 主营业务收入(亿元)	308 424	354 518	439 464	517 755	624 451	2 244 612	19.3%
3. 收入库存商品=平均产成品÷2	—	4.6%①	4.7%	4.5%	3.8%	4.6%②	—

表中数据来源:2007~2011 年各年《中国统计摘要》;① =(14 524+18 335)÷2÷354 518=4.6%(其余类推);② =103 977÷2 244 612=4.6%。

从表 2-26 计算结果可见,我国全部国有及规模以上非国有工业企业 2006~2010 年累计产成品资金占主营业务收入的比例为 4.6%。

2009 年煤炭机械制造企业"产成品"49.52 亿元,主营业务收入 655.59 亿元,库存商品资金占用率为 7.55%(49.52÷655.59×100%)。

六、存货结构及其变动分析

存货结构是指各类存货占全部存货的比重。对存货结构进行分析就是分析材料存货比重(也称储备资金比重)、在制品存货比重(和生产资金比重相类似)和商品产品存货比重(也称成品资金比重)的合理性。其方法主要是将期末各类存货比重同其计划或定额比重、期初存货比重进行对比,观察结构的变化情况,重点是检查存货有无超储积压的现象。现仍以例 28 予以说明。根据例 28(表 2-20)整理下列 W 煤机厂存货结构变动分析表见表 2-27。

表 2-27　　　　　　　　　W 煤机厂某年度存货结构变动分析表

项目	年初实际		年末实际		年末比年初	
	金额(万元)	比重(%)	金额(万元)	比重(%)	增加额(万元)	增长(%)
材料存货	466.22	57.71	754.72	64.72	288.50	61.88
在制品存货	102.70	12.71	110.60	9.48	7.90	7.69
库存商品存货	238.9	29.57	300.77	25.79	61.87	25.90
存货合计	807.82	100	1 166.09	100.00	358.27	44.35

从表 2-27 可见,W 煤机厂年末材料存货比重比年初升高 2.29(64.72−57.71)个百分点,是否存在着超储积压现象有待进一步调查。年末库存商品存货比重比年初降低 3.78 (29.57−25.79)个百分点;而年末在制品存货比重比年初降低了 3.23(12.71−9.48)个百分点,是投产不足还是缩短了生产周期有待进一步调查。

从表 2-27 可见,W 煤机厂年末存货比年初增加了 358.27 万元,增长率为 44.35%。其中,材料存货增加最多,比年初增长 61.88%,应进一步调查,超储现象是否合理。一般说,凡因企业生产经营的季节性原因、市场供求变化原因以及非企业本身责任原因(如供货方提前发货等)造成的超储,属于合理因素;凡计划失误或管理失调或盲目采购等原因造成的超储,属于不合理因素。同时还要具体检查哪些材料超储,哪些材料储备不足;检查材料买价、采购资金的升降情况。

七、营业周期的分析

营业周期是指企业从取得存货开始到销售存货并收回货币为止的这段时间。营业周期的长短取决于存货周转天数和应收账款周转天数。营业周期的计算公式如下：

营业周期＝存货周转天数＋应收账款周转天数

把存货周转天数和应收账款周转天数加在一起计算的营业周期,指的是需要多长时间能将期末存货全部转变为货币。一般情况下,营业周期短,说明流动资金周转速度快,因为存货和应收账款构成流动资产的主体。主体资金周转快,整体流动资金周转也快;反之,营业周期长,说明流动资金周转速度慢。

例31:全国国有工业企业营业周期指标的计算过程见表2-28。

表2-28　　　　　　　　　全国国有工业企业营业周期指标

项目	2004年	2005年	2006年	2007年	四年简单平均
1. 应收账款周转率(次)					
优秀值	17.4	23.2	23.5	24.5	22.2
良好值	12.6	15.1	15.4	15.4	14.6
平均值	9.3	9.4	9.7	7.9	9.1
2. 应收账款周转天数＝360÷1					
优秀值	20.7	15.5	15.3	14.7	16.6
良好值	28.6	23.8	23.4	23.4	24.8
平均值	38.7	38.3	37.1	45.6	39.9
3. 存货周转率(次)					
优秀值	11.0	18.7	18.9	20.4	17.3
良好值	7.6	11.4	11.6	13.3	11.0
平均值	5.2	5.8	6.0	5.0	5.5
4. 存货周转天数＝360÷3					
优秀值	32.7	19.3	19.0	17.6	22.2
良好值	47.4	31.6	31.0	27.1	34.3
平均值	69.2	62.1	60.0	72.0	65.8
5. 营业周期(天数)＝2＋4					
优秀值	53.4	34.8	34.4	32.3	38.7
良好值	75.9	55.4	54.4	50.4	59.1
平均值	107.9	100.4	97.1	117.6	105.7

表中数据来源于2005～2008年国务院国资委统计评价局制定的各年《企业绩效评价标准值》,经济科学出版社出版

从表2-28可知,我国国有工业企业2004～2007年三年累计应收账款周转天数平均值为39.9天,三年累计存货周转天数平均值为65.8天,三年累计营业周期平均值为105.7天。它表明,我国国有工业企业从取得存货开始到销售存货并收回货币为止这一营业周期平均要花费105.7天,而良好水平是59.1天,优秀水平是38.7天。

第三章　非流动资产分析

第一节　非流动资产投资分析

企业在其生产经营本身业务之外,可以利用富余的资金向其他单位进行投资。投资不仅包括对内投资,如企业自身购买固定资产等,还包括对外投资,如对外投出流动资产、固定资产等。对外投资如果按投资目的及变现能力分,分为短期投资和长期投资两类;如果按其性质分,分为权益性投资、债权性投资和混合性投资三类;如果按资产负债表归类属性分,分为"归作流动资产类的投资项目"(交易性金融资产)和"归作非流动资产类的投资项目"两类。

"归作非流动资产类的投资项目",简称"非流动资产投资"。它是指企业对外进行的、不准备在一年内或长于一年的一个营业周期内变现的投资。投资目的是为了实现长期战略目标(如为了获取新的货源,为了开拓新的市场,为了扩大企业影响提高声誉等),谋求长期经济利益,影响和控制其他企业的重大经营决策,获取较高的投资收益。它同调节企业现金流量、借以提高资金使用效益的短期投资行为截然不同,具有投资金额大、回收期限长、投资报酬率高等特点。进行非流动资产投资时,要以不影响本企业正常资金周转和本企业信誉为基本原则。

非流动资产投资按会计核算项目分类,分为可供出售金融资产、持有至到期投资、长期股权投资、投资性房地产、拨付所属资金等。

一、非流动资产投资占用率分析

非流动资产分为四大类:非流动资产投资、固定资产、无形资产、其他长期资产(商誉、长期待摊费用、长期应收款和其他资产)。非流动资产投资占用率是指非流动资产投资占用资产总额的比例。计算公式如下:

$$非流动资投资占用率=\frac{非流动资产投资合计}{资产总计}\times100\%$$

例1:13家煤业上市公司20×0~20×2年非流动资产投资占用率计算表见表3-1。

表3-1　　　　　　　　13家煤业上市公司非流动资产投资占用率计算表

指　　标	20×0 年	20×1 年	20×2 年	20×0~20×2 年
1. 长期股权投资(元)	275 886 270.1	295 233 029	379 075 885.1	950 195 184.3
2. 持有至到期投资净额(元)	23 938.8	14 016 295.0	6 824 000.0	20 864 233.7
3. 非流动资产投资(元)=1+2	275 910 208.9	309 249 324	385 899 885.1	971 059 418
4. 资产总计(元)	25 740 902 176	30 919 649 280	35 535 539 200	92 196 090 656
5. 非流动资产投资占用率 =3÷2	1.07%	1.00%	1.09%	1.05%

数据来源:中国矿业大学朱学义教授上市公司数据库。

从表 3-1 计算结果可见,20×0~20×2 年 13 家煤业上市公司非流动资产投资占用率三年累计平均为 1.05%。其中,长期股权投资占用率为 1.03%(950 195 184.3÷92 196 090 656× 100%),持有至到期投资占用率为 0.02%(20 864 233.7÷92 196 090 656×100%)。

2009 年煤炭机械制造企业"长期投资"(包括长期股权投资和持有至到期投资)13.15 亿元,资产总计 741.63 亿元,非流动资产投资占用率为 1.8%(13.15÷741.63×100%)。

二、非流动资产投资收益分析

非流动资产投资分析的基本内容有二:一是分析企业对外进行非流动资产投资后的资金实力,以是否影响本企业生产经营活动和资金周转的正常进行为评价标准;二是分析投资收益率,以考察是否高于对内投资收益率。

投资收益率是一定时期内投资净利润与投资额的比率,也称投资报酬率。投资净利润是投资净收益扣除其所得税后的余额。投资净利润有两种核算方法:(1)企业设置"投资收益"账户核算企业对外投资取得的投资收益扣除投资损失后的投资净收益。投资净收益由投资回报(债息、股利、利润)和资本损益(投资收回或转让时产生的损益)构成,分为可供出售金融资产净收益、长期股权投资净收益、持有至到期投资净收益三部分。其中,长期股权投资净收益就是长期股权投资净利润,因为被投资企业在交纳所得税后分出股利或利润,因而投资企业一般不再交纳所得税(除分进股利或利息的单位所得税率高于分红企业要补交差额外);持有至到期投资净收益是被投资企业在交纳所得税之前支付的债息,投资企业收到债券利息要交纳所得税,其投资净收益扣除所得税后的余额为投资净利润。可供出售金融资产净收益具有双重性质:如果是股权投资产生的净收益则不交所得税;如果是债权投资产生的净收益则要交所得税。(2)企业通过收支账户核算产生的投资净利润。投资性房地产净利润有两部分组成:一是投资性房地产公允价值变动(房地产价值升值或贬值)产生的公允价值变动损益;二是投资性房地产出租、转让产生的净利润(收入扣除成本、税金及附加和所得税后的余额)。鉴于以上分析,非流动资产投资收益率应分投资种类分别计算。

(一)个别投资收益率的计算

1. 长期股权投资收益率

长期股权投资收益率的计算公式如下:

$$\text{长期股权投资收益率} = \frac{\text{全年长期股权投资净收益}}{\text{全年长期股权投资平均余额}} \times 100\%$$

2. 持有至到期投资收益率

持有至到期投资收益率的计算公式如下:

$$\text{持有至到期投资收益率} = \frac{\text{全年持有至到期投资净收益} \times (1 - \text{所得税率})}{\text{全年持有至到期投资平均余额}} \times 100\%$$

3. 可供出售金融资产收益率

可供出售金融资产收益率的计算公式如下:

$$\text{可供出售金融资产收益率} = \frac{\text{全年股权性可供出售金融资产净收益} + \text{全年债权性可供出售金融资产净收益} \times (1 - \text{所得税率})}{\text{全年可供出售金融资产平均余额}} \times 100\%$$

4. 投资性房地产收益率

投资性房地产收益率的计算公式如下:

$$投资性房地产\atop 收益率 = \frac{全年房地产公允\atop 价值变动损益 + 全年房地产\atop 经营利润 \times (1-所得税率)}{全年投资性房地产平均余额}$$

（二）对外投资总收益率的计算

对外投资总收益率以个别投资收益率为基础，考虑个别投资比重而确定。计算公式如下：

$$对外投资\atop 总收益率 = \sum \left({个别投资\atop 收益率} \times {个别投\atop 资比重} \right)$$

（三）对内投资总收益率的计算

$$对内投资\atop 总收益率 = \frac{全年净利润 - 对外投资净利润}{全年资产平均余额 - 对外投资年平均余额} \times 100\%$$

$$对外投\atop 资年平\atop 均余额 = {交易性金\atop 融资产年\atop 平均余额} + {可供出售金\atop 融资产年\atop 平均余额} + {持有至到\atop 期投资年\atop 平均余额} + {长期股权\atop 投资年平\atop 均余额} + {投资性房\atop 地产年平\atop 均余额}$$

公式中"对外投资净利润"应该与"对外投资年平均余额"计算公式中的各项目对应。

（四）非流动资产投资收益率计算举例

例 2：B 公司某年度非流动资产投资有关资料见表 3-2（所得税率 25%）。

表 3-2 　　　　　　　　　B 公司某年度非流动资产投资情况表

对外投资种类及比重	"可供出售金融资产"年平均余额	"持有至到期投资"年平均余额	"投资性房地产"年平均余额	"长期股权投资"年平均余额	非流动资产年平均余额合计
股票投资（元）	38 500			85 000	123 500
债券投资（元）	21 500	70 000			91 500
其他投资（元）				75 000	75 000
房地产投资（元）			140 000		140 000
合计（元）	60 000	70 000	140 000	160 000	430 000
投资比重	13.95%	16.28%	32.56%	37.21%	100.00%
投资净收益（元）	4 200	5 600	28 000①	19 900	57 700
其中：债券收益（元）	1 720	5 600			

注：①=公允价值变动损益 22 000+利润净额 6 000=28 000（元）。

根据表 3-2，B 公司非流动资产投资有关指标计算如下：

（1）长期股权投资收益率=19 900÷160 000×100%=12.44%

（2）持有至到期投资收益率=5 600×（1-25%）÷70 000×100%=6%

（3）可供出售金融资产收益率=[（4 200-1 720）+1 720×（1-25%）]÷60 000×100%=6.28%

（4）投资性房地产收益率=[22 000+6 000×（1-25%）]÷140 000×100%=18.93%

（5）对外投资总收益率=（12.44%×37.21%）+（6%×16.28%）+（6.28%×13.95%）+（18.93%×32.56%）=12.65%

例3：依例2，B公司全当年净利润282 200元，其中，对外投资净利润为54 370元[19 900＋5 600×（1－25%）＋（4 200－1 720）＋1 720×（1－25%）＋22 000＋6 000×（1－25%）]；全年平均资产总额2 297 000元，其中，非流动资产年平均余额430 000元，该公司未进行"交易性金融资产"投资。则：

$$对内投资总收益率＝（282 200－54 370）÷（2 297 000－430 000）$$
$$＝227 830÷1 867 000＝12.20\%$$

（五）投资收益率的评价

评价对外投资总收益率要同对内投资总收益率进行比较。B公司对外投资总收益率12.65%比对内投资总收益率12.20%高0.45个百分点，证明对外投资方案总体上是可行的。

评价对外投资收益率要逐个进行分析。B公司对外投资收益率中最好的指标是投资性房地产收益率，为18.93%，它主要是房地产市场价格上升的缘故；其次是长期股权投资收益率，为12.44%，处于较好水平。持有至到期投资收益率为6%，可供出售金融资产收益率为6.28%，这两个指标虽然低些，但均高于银行长期借款利率。此外，企业还可将持有至到期投资收益率同企业发行长期债券的利率（排除所得税因素）进行比较，将长期股权投资收益率同本企业股权（票）分红率进行比较，以便作出正确评价。

投资性房地产是指为赚取租金或资本增值，或两者兼有而持有的房地产。包括：已出租的土地使用权、持有并准备增值后转让的土地使用权、已出租的建筑物。但不包括自用房地产（即为生产商品、提供劳务或者经营管理而持有的房地产）和作为存货的房地产。

投资性房地产按照成本进行初始计量，会计上设置"投资性房地产——成本"会计科目进行核算。投资性房地产后续计量可采用成本计量模式，也可以采用公允价值计量模式。在公允价值计量模式下，会计设置"投资性房地产——公允价值变动"会计科目核算。因此，对投资性房地产进行分析，重点是投资性房地产购置决策分析、投资性房地产价值增值分析。

三、投资性房地产购置决策分析

企业在生产经营正常进行的前提下，可以动用一部分资金进行房地产投资。当企业在购买房地产时，房地产商往往给出一些投资优惠条件，如一次付清全部款项可优惠4%的价格等。当企业资金并不十分充裕又要进行房地产投资时，房地产商允许分期付款，企业还可以选择贷款方式购买房地产。这就需要进行投资房地产购置决策分析。

（一）不考虑通货膨胀的投资性房地产购置决策分析

例4：W企业决定在市区康佳园购一套房屋，房价300万元。房屋开发商提供两种付款方式：一是一次付全部房款，可享受房价4%的优惠，即只需付款288万元；二是采用分期付款方式，购房时必须先付50%的款计150万元，其余150万元分5年支付，但需要承担6%的利息，1年计复利一次，五年中每年要等额偿付本息。该企业预计未来五年现金流量的贴现率为8%。要求采用净现值法对该项投资进行决策分析。

（1）$未来五年每年末\atop 等额还本付息额$ $＝\dfrac{150}{\dfrac{1-（1+6\%）^{-5}}{6\%}}＝\dfrac{150}{4.212\ 364}＝35.609\ 46（万元）$

（2）编制未来五年等额还本付息计划表（见表3-3）

表 3-3		分期付款购买房产未来五年等额还本付息计划表			单位:元
年份	当年偿付房款本息			当年应偿付的本息	当年未偿付的本息
	当年付息（利率6%）	当年偿还本金	偿付本息合计		
	1＝上年5×6%	2＝3－1	3	4＝上年4－2	5＝上年5－2
0					1 500 000
1	90 000	266 094	356 094	1 590 000(年末本利)	1 233 906
2	74 034	282 060	356 094	1 307 940	951 846
3	57 111	298 983	356 094	1 008 957	652 863
4	39 172	316 922	356 094	692 035	335 941
5	20 156	335 941	356 097①	356 094	0
合计	280 473	1 500 000	1 780 473	—	—

注:①小数误差3元列于末年。

$$（3）分期付款现值 = 150 + 35.609\,4 \times \frac{1 - (1 + 8\%)^{-5}}{8\%}$$

$$= 150 + 35.609\,4 \times 3.992\,71$$

$$= 292.178（万元）$$

（4）结论:分期付款现值292.178万元大于购房一次付款288万元,则选择一次性付款为优化方案。

（二）考虑通货膨胀的投资性房地产购置决策分析

1. 利率和通货膨胀率的关系

如果你现在有100元钱,可以买100瓶矿泉水(每瓶1元钱)。如果你不买矿泉水,而是将100元存入银行,银行年利率9.14%,一年后你得到本金和利息共109.14元。此时,你再去买矿泉水,每瓶价格涨到1.07元,你花109.14元买了102瓶矿泉水,比一年前多了2瓶矿泉水。这2瓶矿泉水就是你的实际利率,按一年前1元钱1瓶,实得2元利息,实际利率为2%(2÷100)。这一年内物价上涨了7%(1.07÷1－100%)。实际利率2%和通货膨胀率7%与银行名义利率9.14%形成了以下关系:

$$（1＋实际利率）×（1＋通货膨胀率）＝（1＋名义利率）$$

$$（1＋2\%）×（1＋7\%）＝（1＋9.14\%）$$

假如你不将这100元钱存入银行,而是向矿泉水工厂去投资,矿泉水工厂愿意在一年后给你108瓶矿泉水,你实际投资报酬率8%(8÷100),这一年物价上涨了7%,则:

$$（1＋8\%）×（1＋7\%）＝（1＋15.56\%）$$

即银行名义利率为15.56%,不应该是9.14%。因此,银行将通货膨胀的风险转嫁给了你。

2. 考虑通货膨胀率进行投资性房地产决策

例5:依例4,如果W企业考虑以后五年内平均每年物价上涨7%,其他条件不变,W企业是一次付款合算,还是分期付款合算。

① 求物价上涨后的贴现因子。

$(1+贴现率)\times(1+通货膨胀率)=(1+贴现因子)$

贴现因子$=(1+8\%)\times(1+7\%)-1=15.56\%$

② 分期付款现值$=150+35.609\ 4\times\dfrac{1-(1+15.56\%)^{-5}}{15.56\%}$

$\qquad\qquad\qquad=150+35.609\ 4\times3.308\ 185$

$\qquad\qquad\qquad=267.80(万元)$

③ 结论:考虑通货膨胀率的分期付款现值为 267.80 万元,小于购房一次付款 288 万元,则选择分期付款为优化方案。

④ 如果你对未来通货膨胀率不能较准确地预测,仅仅有一个变动范围。你可以计算一个无差别点观察通货膨胀率的变动范围。即:

分期付款现值$=150+35.609\ 4\times\dfrac{1-(1+r)^{-5}}{r}$,即:

288(万元)$=$150(万元)$+35.609\ 4\times$年金现值系数,则:

$35.609\ 4\times$年金现值系数$=288-150=138$(万元)

求得 $r=9.141\ 8\%$,即贴现因子 $9.141\ 8\%=(1+8\%)\times(1+通货膨胀率)-1$,则:

通货膨胀率$=1.057\ 2\%$

计算结果表明,要使分期收款现值正好等于一次付款 288 万元,一年内得到投资报酬率为 8%,通货膨胀率只能等于 1.057 2%。一旦通货膨胀率超过 1.057 2%,比如 1.1%,则分期付款现值为 287.835 万元,即通货膨胀率超过 1.057 2%选择分期付款方案好。

⑤ 求年金现值系数中的 r 有以下四种方法。

一是"IRR 函数法"。打开 EXCEL 工作表,在 A 列输入一组数据如表 3-4 所示。

表 3-4　　　　　　　　　　年金现值系数计算表(IRR 函数法)

	A	B	C
1	$-1\ 380\ 000$		
2	356 094		
3	356 094		
4	356 094		
5	356 094		
6	356 097		
7			

再在 A7 单元格输入"$=$IRR(A1:A6)",点左上方"√",A7 单元格就出现了 9.141 8%,即 $r=9.141\ 8\%$

贴现因子 $9.141\ 8\%=(1+8\%)\times(1+通货膨胀率)-1$

通货膨胀率$=1.057\ 2\%$

二是"插值法"。本例中年金现值系数$=138\div35.609\ 4=3.875\ 381$

先令 $r=9\%$,求得现值系数为 $3.889\ 651>3.875\ 381$

再令 $r=10\%$，求得现值系数为 $3.790\ 79<3.875\ 381$，由此判别 r 在 9% 至 10% 之间。

$$\begin{cases}9\% ——3.889\ 651\\ r ——3.875\ 381\\ 10\% ——3.790\ 79\end{cases}$$

$$\frac{3.875\ 381-3.889\ 651}{3.790\ 79-3.992\ 71}=\frac{r-9\%}{10\%-9\%}\quad r=9.14\%$$

三是查"年金现值表"。本例中年金现值系数＝138÷35.609 4＝3.875 381，查"年金现值表"$n=5$ 行，即行定位于第 5 年，再查到 3.889 651（和 3.875 381 最接近）对应的列就是 9%。要得出精确的数据，还要用插值法。

四是电脑模拟法。即在 EXCEL 表中输入求解"年金现值系数"等式相应的数据，如输入 3.875 381（该数据来源：35.609 4×年金现值系数＝288－150＝138，年金现值系数＝138÷35.609 4＝3.875 381），再将 $[1-(1+r)^{-5}]\div r$ 进行系列数据（如 9%、9.1%、9.11%、9.12%……）模拟，一旦模拟数据为 $9.141\ 8\%$ 时，对应的单元格数据正好等于 3.875 381，则 $r=9.141\ 8\%$。

（三）投资性房地产公允价值变动分析

例 6：上述 W 企业 2007 年 5 月花 288 万元购入房屋一套，2007 年 12 月 31 日，该房屋市场价格上涨到 311 万元（上涨率 8%），即会计账上"投资性房地产——公允价值变动"登记 23 万元（311－288），同时"公允价值变动损益"增加 23 万元，促使该企业当年利润总额增加了 23 万元（由于是"未得利润"不交纳税费）。现有一位客商愿意出价 320 万元购买该房屋。W 企业对此有两种处理意见：一是现在（2007 年 12 月 31 日）售出，收现款 320 万元，扣除各种税费 22 万元，实得销售净款 298 万元，将该资金进行运作，预计税前收益率能达到 8%。二是持有房屋至 2010 年底售出。已知，我国商品房价格 2003～2006 年分别比上年增长 5%、9%、7.7%、5.8%，平均每年递增 6.9%（$\sqrt[4]{1.05\times1.09\times1.077\times1.058}-1$），W 企业预计未来三年该房屋价格平均每年递增 7%。请予决策。

（1）现时出售房屋获利＝320－288－22＝10（万元）

（2）售出房屋运作资金未来三年税前收益＝298×(1+8%)³－298＝77.39（万元）

（3）现时出售房屋收益＝10＋77.39＝87.39（万元）

（4）持有房屋至 2010 年末房屋增值＝(311－288)＋311×(1+7%)³－311
＝92.99（万元）

计算结果表明，将房屋持有至 2010 年底，该企业累计"公允价值变动损益"增加 92.99 万元。如果现在出售房屋并运作该资金，W 企业得到实际收益和未来机会收益共计 87.39 万元。因此，W 企业选择持有房屋至 2010 年末现处理为优化方案。

第二节　固定资产分析

一、固定资产总量变动分析

例 7：某企业近五年固定资产原值变动情况如表 3-5 所示，计算固定资产年递增率。

表 3-5 固定资产原值总量变动情况表

项　目	20×1 年	20×2 年	20×3 年	20×4 年	20×5 年	年递增率
固定资产原值（万元）	100	120	134	150	168	13.85%
固定资产年增长率	—	20.00%	11.67%	11.94%	12.00%	13.85%

在表 3-5 中，固定资产年递增率的计算有以下两种方法：

(1) 定基法下 20×1 年至 20×5 年固定资产年递增率

$$=\sqrt[4]{\frac{168}{100}}-100\%=13.85\%$$

(2) 环比法下 20×1 年至 20×5 年固定资产年递增率

$$=\sqrt[4]{(1+20.00\%)\times(1+11.67\%)\times(1+11.94\%)\times(1+12.00\%)}-100\%=13.85\%$$

二、固定资产利用效果分析

1. 固定资产产值率

固定资产产值率是企业一定时期（年度或季度）工业总产值与固定资产原值平均余额的比例。计算公式如下：

$$固定资产产值率=\frac{年度工业总产值}{固定资产原值年平均余额}\times100\%$$

说明，若计算季度指标，要将季度工业总产值换算成年度工业总产值计算。如第一季度工业总产值 1 万亿元，换算成年度工业总产值为 4 万亿元（1×4），第一季度固定资产原值平均余额 2.5 万亿元，则第一季度固定资产产值率=1×4÷2.5＝160%。下同。

(1) 全国固定资产产值率的计算。

例 8：我国全部国有及规模以上非国有工业企业固定资产利用效果情况见表 3-6。

表 3-6 我国全部国有及规模以上非国有工业企业固定资产利用效果情况表 单位：亿元

项　目	2004 年	2005 年	2006 年	2007 年	四年累计	每年递增
1. 固定资产净值年平均余额	79 749.41	89 460.49	105 805.26	123 448.55	398 463.71	15.68%
2. 固定资产原值	125 761.85	143 143.63	168 850.20	198 739.27	636 494.95	16.48%
3. 工业总产值	201 722.19	251 619.50	316 588.96	405 177.13	1 175 107.78	26.17%
4. 利润总额	11 929.30	14 802.54	19 504.44	27 155.18	73 391.46	31.55%
5. 营业税金及附加	2 616.25	2 997.34	3 746.35	4 772.08	14 132.02	22.18%
6. 应交增值税	6 912.78	8 520.94	10 707.16	13 650.34	39 791.22	25.46%
7. 税收总额=5+6	9 529.03	11 518.28	14 453.51	18 422.42	53 923.24	24.58%

注：表中数据来于《中国统计年鉴——2008》。

根据表 3-6，2004～2007 年度我国工业企业固定资产产值率计算如下：

$$固定资产产值率=\frac{1\ 175\ 107.78}{636\ 494.95}\times100\%=184.62\%$$

计算表明，2004～2007 年度我国全部国有及规模以上非国有工业企业每百元固定资产原值提供 184.64 元工业总产值。

(2) 煤炭企业固定资产产值率的计算。

例9：我国规模以上煤炭采选业（煤炭开采和洗选业的简称）固定资产利用效果情况见表3-7。

表3-7   我国规模以上煤炭采选业固定资产利用效果情况表

指　标	2005	2006	2007	2008	2009	2005～2009 年
1. 固定资产原价(亿元)	6 744	7 940	9 799	12 065	14 640	51 188
2. 工业总产值(当年价)(亿元)	7 208	9 202	14 626	16 404	22 109	69 549
3. 利润总额(亿元)	691	1 022	2 348	2 208	3 447	9 716
4. 固定资产产值率＝2÷1	106.9%	115.9%	149.3%	136.0%	151.0%	135.9%
5. 固定资产利润率＝3÷1	10.2%	12.9%	24.0%	18.3%	23.5%	19.0%

注：数据来源于各年《中国统计年鉴》。

从表3-7中可见，2005～2010 年我国规模以上煤炭采选业固定资产产值率五年累计平均为 135.9%。

2009 年我国大型煤炭企业固定资产净值 7 562.18 亿元，当年价工业总产值 9 883.2 亿元，固定资产净值产值率为 130.7%。

2. 固定资产利润率

固定资产利润率是企业一定时期（年度或季度）利润总额与固定资产原值平均余额的比例。计算公式如下：

$$固定资产利润率 = \frac{年度利润总额}{固定资产原值年平均余额} \times 100\%$$

依例8，据表3-6计算我国工业企业 2004～2007 年度固定资产利润率如下：

$$固定资产利润率 = \frac{73\ 391.46}{636\ 494.95} \times 100\% = 11.53\%$$

计算表明，2004～2007 年度我国全部国有及规模以上非国有工业企业每百元固定资产原值提供 11.53 元的利润。

从表3-7中可见，2005～2010 年我国规模以上煤炭采选业固定资产利润率五年累计平均为 19.0%。

20×0～20×2 年 13 家煤业上市公司固定资产利润率三年累计平均为 10.9%。

2009 年我国大型煤炭企业固定资产净值 7 562.18 亿元，利润总额（加上补贴收入后）1 220.1 亿元，固定资产净值利润率为 16.1%。

2009 年我国煤炭机械企业固定资产净值 131.12 亿元，利润总额 4.31 亿元，固定资产净值利润率为 3.3%。

3. 固定资产利税率

固定资产利税率是企业一定时期（年度或季度）利税总额与固定资产原值平均余额的比例。其中，"利"指利润总额；"税"指税收总额，由"营业税金及附加"和"应交增值税"组成。其计算公式如下：

$$固定资产利税率 = \frac{利润总额 + 税收总额}{固定资产原值平均余额} \times 100\%$$

依例 8,据表 3-6 计算我国工业企业 2004～2007 年度固定资产利税率如下:

$$固定资产利税率=\frac{73\ 391.46+53\ 923.24}{636\ 494.95}\times100\%=20.00\%$$

计算表明,2004～2007 年度我国全部国有及规模以上非国有工业企业每百元固定资产原值提供 20 元的利润和税收。

例 10:我国规模以上煤炭采选业固定资产利税率情况及计算见表 3-8。

表 3-8　　　　　我国规模以上煤炭采选业固定资产利税率情况及计算表

指　标	2005	2006	2007	2008	2009	2005～2009 年
1. 固定资产原价(亿元)	6 743.77	7 940.30	9 798.86	12 064.62	14 640.09	51 187.64
2. 利润总额(亿元)	690.54	1 022.18	2 348.45	2 208.31	3 446.52	9 716.00
3. 主营业务税金及附加(亿元)	134.83	173.76	278.33	303.01	409.49	1 299.42
4. 应交增值税(亿元)	554.60	702.32	1 156.79	1 345.87	1 848.02	5 607.60
5. 税收总额(亿元)=3+4	689.43	876.08	1 435.12	1 648.88	2 257.51	6 907.02
6. 固定资产利税率 =(2+5)÷1	20.5%	23.9%	38.6%	32.0%	39.0%	32.5%

注:数据来源于各年《中国统计年鉴》。

从表 3-8 中可见,2005～2010 年我国规模以上煤炭采选业固定资产利税率五年累计平均为 32.5%。

2009 年我国大型煤炭企业固定资产净值 7 562.18 亿元,利润总额(加上补贴收入后) 1 220.1 亿元,税收总额 972.13 亿元(主营业务税金及附加 201.48+应交增值税 770.65), 固定资产净值利税率为 29.0%。

2009 年我国煤炭机械企业固定资产净值 131.12 亿元,利润总额 4.31 亿元,税收总额 25.66 亿元(主营业务税金及附加 2.43 亿元+应交增值税 23.23 亿元),固定资产净值利润率为 22.9%。

三、固定资产扩张的战略思想分析

企业固定资产的扩张有三种思路:一是依靠投资者追加投资或者吸收新的投资者引进资金来扩展固定资产规模。二是依靠企业自身资金的积累进行扩展。即企业通过计提盈余公积,保留未分配利润的方式来扩展固定资产的规模。三是通过银行贷款来扩展固定资产的规模。这三种思路能反映出企业发展的两种战略思想:一是做强做大。2007 年 10 月,党的十七大强调"又好又快地发展"。这是一种主要依靠自身力量发展来做大做强的战略思路。二是做大做强。这是一种主要依靠外部力量迅速做大然后再做强的战略思路。两种思路都能使企业发展成功,但后一种思路存在着巨大的风险不容忽略。我们能够通过对企业固定资产规模扩大的数据来分析企业的发展战略。

例 11:全部国有及规模以上非国有工业企业 2001～2007 年固定资产扩张相关指标计算见表 3-9。

从表 3-9 中可见,全部国有及规模以上非国有工业企业 2001～2007 年固定资产原价每年递增 14.9%。这 14.9% 是靠每年自我积累的资金购置的,还是靠银行贷款购置的。

表 3-9　　　　全部国有及规模以上非国有工业企业固定资产扩张相关指标计算表　　　　单位：亿元

项　目	2001	2002	2003	2004	2005	2006	2007	年递增率
工业总产值	95 448.98	110 776.48	142 271.22	201 722.19	251 619.5	316 588.96	405 177.13	27.2%
主营业务收入	93 733.34	109 485.77	143 171.53	198 908.87	248 544	313 592.45	399 717.06	27.3%
利润总额	4 733.43	5 784.48	8 337.24	11 929.3	14 802.54	19 504.44	27 155.18	33.8%
固定资产原价	86 293.1	93 887.95	105 557.09	125 761.85	143 143.63	168 850.2	198 739.27	14.9%

注：数据来源于各年《中国统计年鉴》。

从利润总额增长情况看，2001～2007 年全部国有及规模以上非国有工业企业利润总额每年递增 33.8%。将各年利润总额乘以"1－所得税率 33%"后为各年净利润。假定 2001～2007 年净利润也与利润总额一样每年递增 33.8%。企业净利润分配有三条途径：一是提取盈余公积；二是向投资者分配股利或利润；三是保留一部分利润不予分配，留在企业以"未分配利润"的形式出现。其中，提取的盈余公积和未分配利润就是企业留存的积累。根据 20×0～20×2 年，我国沪深市 1 304 家上市公司三年累计的分红数据看出，上市公司"分配股利或利润所支付的现金"占"净利润"的比例为 55%，即上市公司当年实现的净利润中 55%已经分配给投资者了，留在企业作为积累资金只占净利润的 45%。据此可以计算企业净利润增长中的积累资金率为 15.21%（33.8%×45%）。此比例正好和 2001～2007 年固定资产每年递增 14.9%相当。它说明，从宏观上看，全部国有及规模以上非国有工业企业 2001～2007 年固定资产的扩张是完全依靠企业自我积累的资金购置的，当然，这并不是说所有企业都这样。相反，如果某些企业净利润年递增率在扣除相应的分红率后，小于固定资产的年递增率，这些企业就依靠部分贷款扩大固定资产规模。

四、固定资产与长期资本适应比率分析

上述固定资产扩张的战略思想分析，是从"增量"固定资产的角度进行分析。对于"存量"固定资产，还需要从长期资本的适配程度进行分析。其指标是"固定资产与长期资本适应比率"，计算公式如下：

$$固定资产与长期资本适应比率 = \frac{固定资产}{所有者权益 + 长期负债} \times 100\%$$

例 12：环宇工厂 20××年末资产负债表中固定资产 2 551 263 元，所有者权益 3 730 765 元，长期负债 834 397 元。则：

$$固定资产与长期资本适应比率 = \frac{2\ 551\ 263}{3\ 730\ 765 + 834\ 397} \times 100\% = 55.9\%$$

计算结果表明，环宇工厂每百元长期资本中有 55.90 元用于固定资产，其余 44.10 元用于其他非流动资产和流动资产，反映了该企业长期资本较充足。如果企业固定资产与长期资本适应比率超过了 100%，说明企业用短期资金来源购买了固定资产，存在着很大的财务风险。评价该指标是否合适，要同行业平均水平、全国平均数水平及国际先进水平进行比较，才能得恰当的结论。

日本中小企业厅 1985 年公布的数据显示，日本中小企业固定资产与长期资本适应比率的平均值是：制造业 75%，批发企业 63.4%，零售业 64.8%。环宇工厂 55.9%的比例处于较为先进的水平。

例 13：全部国有及规模以上非国有工业企业 2001～2007 年固定资产与长期资本适应

比率指标计算见表 3-10。

表 3-10　全部国有及规模以上非国有工业企业固定资产与长期资本适应比率指标计算表

项　目	2001	2002	2003	2004	2005	2006	2007	年递增率
1. 固定资产原价合计（亿元）	86 293.1	93 887.95	105 557.09	125 761.85	143 143.63	168 850.2	198 739.27	15%
2. 长期负债合计（亿元）	22 807.25	24 194.36	26 114.44	30 198.07	33 098.14	39 142.49	45 001.32	12%
3. 所有者权益合计（亿元）	55 424.4	60 242.01	69 129.56	90 286.7	102 882.02	123 402.54	149 876.15	18%
4. 长期资本合计（亿元）=2+3	78 231.65	84 436.37	95 244	120 484.77	135 980.16	162 545.03	194 877.47	16%
5. 固定资产与长期资本适应比率=1/4	110.3%	111.2%	110.8%	104.4%	105.3%	103.9%	102.0%	—

注：数据来源于各年《中国统计年鉴》。

从表 3-10 中可见，全部国有及规模以上非国有工业企业 2001～2007 年固定资产与长期资本适应比率累计达到 102%。这表明，其中 2% 是动用短期资金来源购置固定资产的，存在着一定的风险。

五、固定资产成新率分析

固定资产成新率是指固定资产经过一定时间使用、磨损之后的价值与固定资产最初使用时的价值之比所反映的新旧程度。它通过以下两个指标加以反映：

（一）固定资产账面成新率

固定资产账面成新率，又称账面固定资产有用系数或账面固定资产老化程度或账面固定资产新旧程度。它是利用会计账面价值来反映固定资产新旧程度的指标，即会计账面上一定时日固定资产净值与固定资产原值之间的比例。用公式表示如下：

$$固定资产账面成新率 = \frac{固定资产账面净值}{固定资产原值} \times 100\%$$

（二）固定资产实体成新率

固定资产实体成新率是指固定资产使用一定时期后其实体剩余效能价值与固定资产实体重置效能价值之间的比例。

$$固定资产实体成新率 = \frac{固定资产实体剩余效能价值}{固定资产实体重置效能价值} \times 100\%$$

例 14：2008 年 5 月，M 企业欲以其拥有的一台机床进行债务重组。该机床原价 10 万元，已提折旧 3.3 万元。根据《企业会计准则第 12 号——债务重组》的要求，需对其按照公允价值进行计价。该机床不存在活跃市场，也并不存在熟悉情况并自愿交易的各方最近进行的市场交易，而且与该机床相同或类似的资产也不存在活跃市场上的交易价格。同时，由于对未来销售情况难以预估，故而该机床的未来现金流量也难以预测。该机床于 1998 年 5 月购进，在正常使用情况下每天使用 8 小时，但是从购进后，实际平均每天工作 7 小时。经测定，该机床尚可使用 5 年，该类机床的成新率与其使用程度密切相关。经调查，当天重新购置该机床的价格为 8 万元[①]。要求:按两种成新率计算办法计算成新率;确定该机床进行债务重组时的公允价值。

1. 计算固定资产账面成新率

$$固定资产账面成新率 = \frac{固定资产账面净值}{固定资产原值} \times 100\%$$

$$= \frac{固定资产原值(10) - 累计折旧(3.3)}{固定资产原值(10)} \times 100\% = 67\%$$

计算结果表明,该机床从账面上看,六成七新。

2. 计算固定资产实体成新率

$$固定资产实体成新率 = \frac{固定资产实体剩余效能价值}{固定资产实体重置效能价值} \times 100\%$$

① $固定资产利用率 = \frac{已使用 10 年 \times 每年使用 360 天 \times 每天实际使用 7 小时}{已使用 10 年 \times 每年使用 360 天 \times 每天应该使用 8 小时} \times 100\%$

$= 87.5\%$

② 固定资产实体已使用年限 = 已使用 10 年 × 固定资产利用率 87.5% = 8.75(年)

③ $固定资产实体成新率 = \frac{尚可使用 5 年}{已使用 8.75 年 + 尚可使用 5 年} \times 100\% = 36.36\%$

计算结果表明,该机床从实体上看,三成六新。

3. 确定固定资产公允价值

成本法下确定的该机床公允价值 = 机床重置成本 × 机床实体成新率

$= 80\ 000 \times 36.36\% = 29\ 088(元)$

计算结果表明,按照成本法确定该机床的公允价值为 29 088 元。

说明,在应用公允价值时,应当考虑公允价值应用的三个级次:第一,资产存在活跃市场的,应当运用在活跃市场上的报价;第二,不存在活跃市场的,参考熟悉情况并自愿交易的各方最近进行的市场交易中使用的价格,或参照实质上相同或相似的其他资产的市场价格;第三不存在活跃市场,且不满足上述两个条件的,应当采用估值技术等确定公允价值。显然,根据上述例 14 资料,该机床应当采用估值技术确定其公允价值。

六、固定资产投资率分析

固定资产投资率是固定资产投资额占支出法下国内生产总值的比率。计算公式如下:

$$固定资产投资率 = \frac{固定资本形成额}{国内生产总值} \times 100\%$$

国内生产总值有三种计算方法:生产法、收入法、支出法。支出法下国内生产总值是从最终使用的角度反映一个国家(或地区)一定时期生产活动最终成果的一种方法,包括最终消费支出、资本形成总额及货物和服务净出口三部分。计算公式如下:

支出法下国内生产总值 = 最终消费支出 + 资本形成总额 + 货物和服务净出口

资本形成总额指常住单位在一定时期内获得减去处置的固定资产和存货的净额,包括固定资本形成总额和存货增加两部分。固定资本形成总额指常住单位在一定时期内获得的固定资产减去处置的固定资产的价值总额。固定资本形成总额占支出法下国内生产总值的

---

① 参见中国会计学会:《高级会计实务科目考试辅导用书》,大连出版社 2008 年版,第 218 页。

比率为固定资产投资率,简称投资率;最终消费支出占支出法下国内生产总值的比率为消费率。

例 15:我国整个社会 2001～2010 年固定资产投资率计算见表 3-11。

表 3-11　　　　　　　我国整个社会 2001～2010 年固定资产投资率计算表

年份	支出法国内生产总值（亿元）	资本形成额（亿元）			固定资本形成率（投资率）
		形成总额（亿元）	其中:		
			固定资本形成总额（亿元）	存货增加（亿元）	
	1	2	3	4	5＝3/1
2001	108 972.4	39 769.4	37 754.5	2 014.9	34.6%
2002	120 350.3	45 565	43 632.1	1 932.9	36.3%
2003	136 398.8	55 963	53 490.7	2 472.3	39.2%
2004	160 280.4	69 168.4	65 117.7	4 050.7	40.6%
2005	188 692.1	80 646.3	77 304.8	3 341.5	41.0%
2006	221 651.3	94 401.9	90 150.8	4 251.1	40.7%
2007	263 242.5	111 417.4	105 221.3	6 196.1	40.0%
合计	1 199 587.8	496 931.4	472 671.9	24 259.5	39.4%

注:表中数据来源于《中国统计年鉴——2011》。

从表 3-11 可见,2001～2010 年,我国全社会固定资产投资率累计平均为 39.4%。我国关于国民经济和社会发展"九五"(1996～2000 年)计划中提出,国家宏观调控目标之一是"固定资产投资率按 30%来把握"。而事实上,1996～2000 年累计平均为 35.06%,2001～2005 年累计平均为 38.37%,2006～2010 年累计平均为 42.78%,显得偏快些。

企业如何分析固定资产投资率,笔者认为,企业的增加值构成国内生产总值的主要组成部分,分析企业固定资产投资率可用固定资产增加额与增加值之间的比例进行衡量。计算公式如下:

$$企业某年度固定资产投资率 = \frac{企业某年度固定资产增加额}{增加值} \times 100\%$$

例 16:全部国有及规模以上非国有工业企业 2001～2010 年固定资产投资率有关指标计算见表 3-12。

表 3-12　　　　**全部国有及规模以上非国有工业企业固定资产投资率有关指标计算表**

年 份	固定资产原价增加额（亿元）	工业增加值（亿元）	固定资产投资率
	1	2	3＝1÷2
2001	7 646.8	28 329	27.0%
2002	7 594.85	32 994.8	23.0%
2003	11 669.14	41 990.23	27.8%
2004	20 204.8	54 805.1	36.9%

年 份	固定资产原价增加额（亿元）	工业增加值（亿元）	固定资产投资率
	1	2	3＝1÷2
2005	17 381.78	72 186.99	24.1％
2006	25 706.57	91 075.73	28.2％
2007	29 889.07	107 924.74	27.7％
2008	46 613.53	121 847.03	38.3％
2009	33 188.29	134 031.73	24.8％
2010	56 297.32	155 074.72	36.3％
合计	256 192.15	840 260.073 2	30.5％

注：表中 2001～2006 年数据来源于各有关年度《中国统计年鉴》；2007～2010 年数据来源于国家统计局统计公报。

从表 3-12 计算结果可见，全部国有及规模以上非国有工业企业 2001～2010 年固定资产投资率累计平均 30.5％。而国外工业固定资产投资占工业增加值的比率都比我国低得多。就制造业而言[1]，1990 年，日本为 11.43％，德国为 10.93％，英国为 10.63％，法国为 17.55％，美国 1991 年为 7.52％，印度 1988 年为 35.31％。

七、固定资产增长弹性系数分析

固定资产增长弹性系数是固定资产增长速度与国内生产总值或总产值或销售收入增长速度之比。它反映固定资产增长是否带来相应的经济效益的增长。它可以从宏观、微观两个层面进行分析。

（一）从全社会固定资产投资情况进行分析

我国关于国民经济和社会发展"九五"（1996～2000 年）计划中提出，"九五"期间，国民生产总值年均增长 8％（比"八五"期间实际年均增长 12％低四个百分点），全社会固定资产投资年均增长 10％，两者之比为 0.8，即固定资产增长弹性系数为 0.8。它表明，国家宏观调控的要求是：固定资产投资年均增长 1％，国民生产总值应增长 0.8％。事实上，1996～2000 年，按当年价格计算，我国全社会固定资产投资额年均增长 10.5％，国内生产总值年均增长 10.3％，固定资产增长弹性系数为 0.98。2001～2005 年，按当年价格计算，我国全社会固定资产投资额年均增长 21.9％，国内生产总值年均增长 13.3％，固定资产增长弹性系数为 0.61。2006～2010 年，按当年价格计算，我国全社会固定资产投资额年均增长 25.7％，国内生产总值年均增长 16.8％，固定资产增长弹性系数为 0.65。

（二）从企业固定资产原价增长情况进行分析

全部国有及规模以上非国有工业企业 2001～2010 年固定资产原价年均增长 15.6％，同期主营业务收入年均增长 23.6％，工业总产值年均增长 23.3％，固定资产增长弹性系数分别为 1.513、1.494，即我国工业企业 2001～2010 年固定资产原价每增长 1％，主营业务收入或总产值增长 1.5％。

2005～2010 年我国规模以上煤炭采选业固定资产原价年均增长 21.9％，同期主营业务收入年均增长 31.9％，工业总产值年均增长 31.0％，固定资产增长弹性系数分别为 1.457、

---

① 参见朱学义：《煤炭工业企业财务现状及其改进对策》，载于《煤炭经济研究》1997 年第 7 期。

1.416,即我国工业企业 2001～2010 年固定资产原价每增长 1%,主营业务收入或总产值增长 1.4% 左右。

八、固定资产占用率分析

固定资产占用率是固定资产占用资产总额的比例。计算公式如下:

$$固定资产占用率＝\frac{固定资产合计}{资产总计}×100\%$$

$$固定资产合计＝固定资产＋在建工程＋工程物资＋固定资产清理$$

例 17:我国规模以上煤炭采选业固定资产占用率情况及计算见表 3-13。

表 3-13　　　　　　我国规模以上煤炭采选业固定资产占用率情况及计算表

指　　标	2005	2006	2007	2008	2009	2005～2009 年
1. 固定资产净值(亿元)	4 174.42	4 953.82	6 477.02	7 976.22	9 186.86	32 768.34
2. 流动资产合计(亿元)	4 146.77	5 093.75	7 983.66	9 427.46	12 598.27	39 249.91
3. 资产总计(亿元)	11 069.95	13 864.21	19 457.74	23 790.09	29 941.66	98 123.65
4. 固定资产占用率＝1÷3	37.7%	35.7%	33.3%	33.5%	30.7%	33.4%
5. 流动资产占用率＝2÷3	37.5%	36.7%	41.0%	39.6%	42.1%	40.0%

注:数据来源于各年《中国统计年鉴》。由于《中国统计年鉴》未公布"固定资产合计"数据,只能用其中"固定资产净值"代替"固定资产合计"

从表 3-13 中可见,2005～2010 年我国规模以上煤炭采选业固定资产占用资产总额的比例五年累计平均为 33.4%。同时,流动资产占用资产总额的比例五年累计平均为 40%。

20×0～20×2 年 13 家煤业上市公司固定资产净值占资产总额的比例三年累计平均为 49.4%,流动资产占资产总额的比例三年累计平均为 42.7%。

2009 年我国大型煤炭企业固定资产净值 7 562.18 亿元、流动资产合计 8 364.64 亿元,资产总计 22 834.43 亿元,固定资产占用率为 33.1%,流动资产占用率为 36.6%。

2009 年我国煤炭机械企业固定资产净值 131.12 亿元、流动资产合计 527.84 亿元,资产总计 741.63 亿元,固定资产占用率为 17.7%,流动资产占用率为 71.2%。

第四章 负债分析

第一节 流动负债分析

一、商业信用分析

商业信用是指商品交易过程中以延期支付货款或预先交付货款所提供的信用。如购货企业赊购商品产生的应付账款,以签发商业汇票等形成的应付票据,以及预收货款等。商业信用分析的基本内容如下:

(一)商业信用获得的短期资金来源分析

企业购货欠账,使企业占用了其他单位或个人的资金,形成了企业短期资金的来源。企业欠账的时间越长,短期资金的来源越多。例如,企业平均每天购进 2 000 元材料,如果供货单位同意延期 30 天付款,则该企业 30 天共欠款 60 000 元,即获得 60 000 元的资金来源。如果信用条件从 30 天扩大到 40 天,则应付账款将由 60 000 元扩大到 80 000 元(60 000÷30×40)。因此,企业可根据资产负债表"应付账款"、"应付票据"、"预收账款"项目计算商业信用获得的短期资金来源总额。

(二)净信用的计算与分析

净信用是指企业赊销商品提供的商业信用(应收账款、应收票据、预付账款)与企业赊购商品获得的商业信用(应付账款、应付票据、预收账款)的差额。前者大于后者,为商业信用的净提供额;前者小于后者,为商业信用的净使用额。企业应该计算净信用提供率作为控制净信用的依据。净信用提供率是应收账款扣除应付账款后的净数占平均信用[(应收账款余额与应付账款余额)÷2]的比率。笔者提出的净信用提供率的控制标准[①]见表 4-1。

表 4-1 净信用提供率控制标准

债权大于债务的类型	数额较少	数额一般	数额过大
净信用提供率控制标准	小于等于 20%	21%～40%	41%～50%

例 1:某企业平均每天销售 3 000 元商品,平均收账期为 30 天;同时,该企业平均每天购买 2 500 元材料,平均付款期为 20 天。

① 该企业商业信用净提供额=3 000×30-2 500×20=40 000(元)

计算结果表明,该企业商业信用净提供额为 40 000 元,说明该企业给别人占用的资金多于占用别人的资金,多提供了净信用 40 000 元。

② 该企业商业信用净提供率=(3 000×30-2 500×20)÷[(3 000×30+2 500×20)÷2]=40 000÷70 000=57%

---

① 参见朱学义:《控制应收帐款的几种方法》,载于《中国乡镇企业会计》1999 年第 10 期。

计算结果表明,该企业商业信用净提供率为 57%,超过了最高控制线 50%,应重点控制应收账款,减少让其他企业过多地占用本企业资金的额度。

（三）应付账款周转天数的分析

应付账款周转天数的计算。其计算公式如下:

$$应付账款周转天数 = \frac{应付账款平均余额}{年销售成本 \div 360}$$

二、银行短期信用风险分析

对银行短期信用进行分析,最重要的是分析银行短期信用的风险。银行利率往往和借款期限有一定联系。一般来说,借款期限愈长,利率愈高,反之愈低。从存款者看,存期愈长,资金愈稳定,银行愈能有效地运用,赚取的利润愈大,银行可能也应该付给存款者更高的利息;从贷款者看,贷款期限愈长,风险愈大,银行受到的机会成本损失愈大,银行理应收取更高的利息。可见,就一般情况而言,短期借款支付的利息相对长期借款要少。

然而,市场利率变动水平受到很多因素影响,比如,资金供求情况、平均利润率水平、借贷资金风险的大小、预期通货膨胀率、银行费用支出、国家经济改革政策的变动、历史因素的其他国家利率水平等都会影响利率的变动。通常情况是,长期借款利率一般固定,而短期借款往往采用浮动利率计息。如果银行浮动利率变动对企业带来的影响超过长期借款固定利率对企业带来的影响,则产生了短期信用风险。

例 2:A 企业某年度从银行取得一笔长期借款,借款本金 10 万元,3 年期,年利率 5.49%;同时还取得以下两笔短期借款:

① 2 月 1 日取得半年期借款 8 万元,年利率 5.04%;

② 4 月 1 日取得 1 年期借款 12 万元,年利率 5.85%。

要求分析该企业是否产生了短期信用风险,即分析银行短期借款实行浮动利率是否超过了长期借款的固定利率。

（1）8 月 1 日半年期借款到期付息 = 8×5.04%÷2 = 0.201 6(万元)

8 月 1 日付息折算成年终有效利息 = 0.2016 ×(1+5.04%×5÷12) = 0.205 8(万元)

（2）12 月 31 日 1 年期借款到期计息 = 12×5.85%×9÷12 = 0.526 5(万元)

（3）短期借款平均余额 = (8×6÷12)+(12×9÷12) = 13(万元)

（4）短期借款有效利率 = (0.205 8+0.526 5)÷13 = 5.63%

结论:短期借款有效利率 5.63%＞长期借款利率 5.49%,产生了短期信用风险。短期信用风险的金额为 0.018 4 万元[(0.205 7+0.526 4)-(13×5.49%)]。

三、自然筹资资金的分析

（一）自然筹资的概念

自然筹资是利用商业信用中应计费用而自然取得的资本来源,短期筹资的一种[①]。在西方国家,由于商业信用的广泛存在,买方在购买货物时无须立即付款,因而购货方无形中就占用了卖方资金而形成一种资金来源。这种资金来源易于取得,并且无需办理筹资手续。其中常见的如应付工资和应计税金是企业天然获得的一种无成本筹资。

西方的"自然筹资"就是我国计划经济时期常用的"定额负债"概念。所谓定额负债,是

---

① 参见王世定:《西方会计实用手册》,中国社会科学出版社 1993 年版,第 533 页。

指企业在供、产、销经营活动中,常有一定额度的经常性预收、暂收、应付款项,可以参加企业资金周转,作为企业流动资金的一项补充来源,可以核定定额,视同自有资金使用的负债。如企业的应交税费,按理应按每笔收入产生时计税并交税,但税务机关为了简化,往往采用当月预交次月补交的征税办法,则企业据每笔收入计算的应交税费在未到交税期就被企业无偿占用,这种资金的经常占用能够抵充企业自有资金使用。又如,应付职工薪酬,按理企业应根据职工每天劳动的结果计付薪酬,然而,企业往往是次月某日支付薪酬,例如,次月5日支付薪酬,则企业至少从次月1日至5日共五天占用了职工的薪酬,企业据此可按占用天数计算定额负债。

（二）自然筹资资金的计算方法

1. 支付间隔期折半法

支付间隔期折半法是按支付间隔期的一半天数来计算自然筹资的一种方法,它适用于对方提供日常劳务企业在以后定期支付的各项应付费用。例如,企业应付水电费等,企业平时每天都用水、用电,而支付水电费在后,而且水电费的支付日期是确定的,间隔期也是明确的。企业可根据一定时期内每日平均费用数额及支付费用间隔期的一半天数计算自然筹资。计算公式如下:

$$应付费用自然筹资＝每天平均占用的应付费用×平均占用天数$$

例3:某企业每月7日向供电局支付一次电费。20×1年度,该企业共发生电费6 480万元,预计20×2年度跟20×1年度耗电情况一样。要求按支付间隔期折半法计算该企业20×2年度自然筹资金额。

$$应付电费自然筹资金额＝\frac{6\ 480}{360}×\frac{30}{2}＝270（万元）$$

例4:某企业每月20日向税务局上交上半月各种税费,次月5日再补交上月下半月未交税费。20×1年第四季度,该企业各种应交税费共计270万元,预计20×2年度各种税费的计交情况跟20×1年度第四季度情况一样。要求按支付间隔期折半法计算该企业20×2年度自然筹资金额。

$$应交税费自然筹资金额＝\frac{270}{90}×\frac{15}{2}＝22.5（万元）$$

2. 最低占用天数计算法

最低占用天数计算法是指企业应计或应付费用按最低占用天数计算自然筹资的一种方法。

例5:某企业每月7日向职工支付上月薪酬。20×1年第四季度,该企业应付职工薪酬共计1 890万元,预计20×2年度各季应付职工薪酬比20×1年度第四季度上升1%。要求按最低占用天数计算法计算该企业20×2年度自然筹资金额。

$$应交职工薪酬自然筹资金额＝\frac{1\ 890×（1+1\%）}{90}×7＝148.47（万元）$$

3. 平均占用天数计算法

平均占用天数计算法是指企业应计或应付费按平均占用天数计算自然筹资的一种方法。

$$平均占用天数＝最低占用天数＋两次支付的间隔天数÷2$$

依例4,要求按平均占用天数计算法计算该企业20×2年度自然筹资金额。

分析：该企业 1～15 日应交税费于 20 日支付，最低占用天数为 5 天；同理，15～30 日应交税费于次月 5 日上交，最低占用天数也是 5 天。20 日上交税费至次月 5 日再上交税费，间隔天数为 15 天，则：

平均占用天数＝最低占用天数＋两次支付的间隔天数÷2＝5＋（15÷2）＝12.5（天）

$$应交税费自然筹资金额＝\frac{270}{90}×12.5＝37.5（万元）$$

四、职工薪酬的分析

我国《企业会计准则第 9 号——职工薪酬》规定："职工薪酬，是指企业为获得职工提供的服务而给予各种形式的报酬以及其他相关支出"。职工薪酬的内容包括：职工工资、奖金、津贴和补贴；职工福利费；医疗保险费、养老保险费、失业保险费、工伤保险费和生育保险费等社会保险费；住房公积金；工会经费和职工教育经费；非货币性福利；因解除与职工的劳动关系给予的补偿；其他与获得职工提供的服务相关的支出（如股份支付等）。

在职工薪酬中，职工工资、奖金、津贴和补贴是职工薪酬的主体，是企业职工的"工资总额"。企业按职工工资总额的一定比例计提，并按规定的用途使用的"五险"（医疗保险费、养老保险费、失业保险费、工伤保险费和生育保险费）"一金"（住房公积金）"两费"（工会经费和职工教育经费），统称为"工资附加费"。这些附加费虽不直接发给职工，但与职工的切身利益和长远利益有关，属于职工薪酬的范畴。在职工薪酬中，职工福利性薪酬分为货币性福利、非货币性福利和辞退福利三部分。货币性福利，又称职工福利费，是企业以货币形式提供给职工的福利，包括职工生活困难补助、医务和福利部门人员的薪酬及经费支出等；非货币性福利，是企业以非货币形式提供给职工的福利，包括企业以自产产品发放给职工作为福利、将企业拥有的资产无偿提供给职工使用、为职工无偿提供医疗保健服务等；辞退福利，是企业辞退职工而解除与职工劳动关系所给予的补偿，包括：职工劳动合同到期前，不论职工本人是否愿意，企业决定解除与职工的劳动关系而给予的补偿或职工劳动合同到期前，为鼓励职工自愿接受裁减而给予的补偿，职工有权选择继续在职或接受补偿离职。辞退福利通常采取在解除劳动关系时一次性支付补偿的方式，也有通过提高退休后养老金或其他离职后福利的标准，或者将职工工资支付至辞退后未来某一期间的方式。辞退福利的实质是货币性福利。

分析职工薪酬，最重要的是分析职工工资总额的增长情况，职工平均工资的增长情况，职工工资增长同劳动生产率增长的关系及对成本的影响。

（一）工资增长率的计算与分析

1. 工资总额年均增长率的计算与分析

例 6：2005～2009 年全国大型煤炭企业全部从业人员工资总额及其增长情况如表 4-2 所示。

表 4-2　　2005～2009 年全国大型煤炭企业全部从业人员工资总额及其增长情况表

年　份	2005 年	2006 年	2007 年	2008 年	2009 年	2005～2010 年年均递增
工资总额（亿元）	609.53	722.57	826.35	10 710.95	1 294.21	20.7%

数据来源：据中国煤炭工业协会统计与信息部编《煤炭工业统计年报摘要》整理。2005 年是按年产原煤 500 万吨以上的煤炭工业企业人均年工资总额推算的大型煤炭企业数据，2006～2009 年为大型煤炭工业企业的数据。

从表 4-2 中可见,2005～2009 年我国大型煤炭企业全部从业人员工资总额平均每年递增 20.7％。而同期工业总产值和主营业务收入增长情况如表 4-3 所示。

表 4-3   2005～2009 年我国大型煤炭企业总产值和主营业务收入增长情况表

年　份	2005 年	2006 年	2007 年	2008 年	2009 年	2005～2009 年累计	2005～2010 年年均递增
工业总产值(亿元)	4 165.00	4 999.00	5 688.91	9 048.92	9 883.24	33 785.07	24.1％
主营业务收入(亿元)	4 635.42	5 611.73	7 103.43	10 672.44	11 978.10	40 001.12	26.8％

数据来源:中国煤炭工业协会统计与信息部编《煤炭工业统计年报摘要》。

从表 4-3 中可见,2005～2009 年我国大型煤炭企业工业总产值、主营业务收入平均每年递增 24.1％、26.8％,即同期工资总额增长 1％,工业总产值增长 1.16％(24.1÷20.7÷100)、主营业务收入增和 1.29％(26.8÷20.7÷100)。或者说,工业总产值增长 1％,工资总额增长 0.86％(20.7÷24.1÷100);主营业务收入增长 1％,工资总额增长 0.77％(20.7÷26.8÷100)。

2. 职工平均货币工资增长率的计算与分析

例 7:2005～2009 年全国大型煤炭企业在岗职工年平均工资及其增长情况见表 4-4。

表 4-4   2005～2009 年全国大型煤炭企业在岗职工年平均工资及其增长情况表

年　份	2005 年	2006 年	2007 年	2008 年	2009 年	2005～2010 年年均递增
平均工资(万元/(人·年))	2.232 7	2.444 4	2.913 0	3.718 9	4.162 2	16.8％

数据来源:据中国煤炭工业协会统计与信息部编《煤炭工业统计年报摘要》整理。2005 年是按年产原煤 500 万吨以上的煤炭工业企业人均年工资总额推算的大型煤炭企业数据,2006～2009 年为大型煤炭工业企业的数据。

从表 4-4 中可见,2005～2009 年我国大型煤炭企业在岗职工年平均工资年均递增 16.8％。

3. 职工平均实际工资增长率的计算与分析

职工平均实际工资是指职工平均货币工资扣除物价增长因素后实际具有购买力的工资。这里的“物价增长”因素是指全国“居民消费价格指数”变动情况。

例 8:2005～2009 年全国大型煤炭企业在岗职工实际年平均工资及其增长情况如表 4-5 所示。

表 4-5   2005～2009 年全国大型煤炭企业在岗职工实际年平均工资及其增长情况表

年　份	2005 年	2006 年	2007 年	2008 年	2009 年	2005～2010 年年均递增
1. 平均货币工资(万元/(人·年))	2.232 7	2.444 4	2.913 0	3.718 9	4.162 2	16.8％
2. 居民消费价格指数(1978=100)	464.0％	471.0％	493.6％	522.7％	519.0％	2.56％
3. 平均实际工资(万元/(人·年))=1÷2	0.481 2	0.519 0	0.590 2	0.711 5	0.802 0	13.6％
4. 平均实际工资增长率(比上年)		7.9％	13.7％	20.6％	12.7％	13.6％

注:表中价格指数来自于《中国统计年鉴——2011》。

从表 4-5 中可见,2005～2009 年我国大型煤炭企业在岗职工年平均货币工资年均递增 16.8%,扣除物价因素,实际增长 13.6%。而同期劳动生产率——原煤生产人员效率增长情况如表 4-6 所示。

表 4-6 　　　　　2005～2009 年我国大型煤炭企业原煤生产人员效率及增长情况表

年　份	2005 年	2006 年	2007 年	2008 年	2009 年	2005～2010 年年均递增
原煤生产人员效率(吨/工)	4.015	4.206	4.122	5.064	5.434	7.9%

数据来源:中国煤炭工业协会统计与信息部编《煤炭工业统计年报摘要》。

从表 4-6 中可见,2005～2009 年我国大型煤炭企业在岗职工年平均实际工资增长 13.6%,比同期劳动生产率——原煤生产人员效率年均增长 7.9% 高 5.7 个百分点。

由于原煤生产人员效率并不能完全代表煤炭企业的劳动生产率,评价煤炭企业实际工资增长还要同全国煤炭采选业的劳动生产率比。全国规模以上煤炭采选业劳动生产率及增长情况计算表如表 4-7 所示。

表 4-7 　　　　　全国规模以上煤炭开采与洗选业劳动生产率及增长情况计算表

项　目	2005 年	2006 年	2007 年	2008 年	2009 年	2005～2010 年年均递增
1. 工业总产值(亿元)	5 722.77	7 207.61	9 201.83	14 625.92	16 404.27	30.1%
2. 推算的工业增加值(亿元)	1 641.80	2 073.48	2 658.24	3 808.84	4 388.47	27.9%
3. 从业人员平均数(万人)	435.81	463.66	463.69	502.38	505.54	3.8%
4. 劳动生产率=2÷3	3 767 2	4 472 0	5 732 8	7 581 6	8 680 7	23.2%

数据来源:2006～2010 年各年《中国统计年鉴》。表中工业增加值按全部规模以上工业企业工业增加值占工业总产值的比例推算。计算公式是:煤炭采选业推算的工业增加值=煤炭采选业按当年价计算的工业总产值×(全部规模以上工业企业工业增加值÷全部规模以上工业企业按当年价计算的工业总产值)。

从表 4-7 中可见,2005～2009 年我国规模以上煤炭采选业劳动生产率累计平均增长 23.2%,比同期我国大型煤炭企业在岗职工实际工资增长 13.6% 高 9.6 个百分点,即煤炭企业劳动生产率每增长 1%,职工实际工资增长 0.59%(13.6÷23.2÷100)。

在过去 30 多年中,我国改革开放取得了重大成就,国内生产总值(GDP)增长强劲,但劳动收入占 GDP 的比重在下降。据《中国企业竞争力报告(2007)》企业蓝皮书称,从 1990 年到 2005 年,我国收入占 GDP 结构变化趋势中,劳动者报酬所占比例从 53.4% 降低到 41.4%,而企业同期营业余额占 GDP 比例从 21.9% 增加到 29.6%。2010 年 10 月 18 日中国共产党第十七届中央委员会第五次全体会议通过的《中共中央关于制定国民经济和社会发展第十二个五年规划的建议》第 4 条规定:"努力实现居民收入增长和经济发展同步、劳动报酬增长和劳动生产率提高同步"。煤炭企业应该在"十二五"期间增加职工的劳动报酬,努力使劳动报酬的增长与劳动生产率同步。

(二)工资和劳动生产率增长对产品成本的影响分析

企业职工平均工资增长与企业劳动生产率增长比,存在三种情况:一是职工平均工资增长低于劳动生产率增长,企业会降低产品成本;二是职工平均工资增长等于劳动生产率增长,企业产品成本不升不降;三是职工平均工资增长高于劳动生产率增长,企业会增加产品成本。由于企业产品成本中"职工薪酬"不仅包括职工的工资,还包括"五险一金"、"两费"等内容,则应将企业职工平均薪酬同劳动生产率比,来考察产品成本的升降情况。其计算公式如下:

$$成本降低率=\left(1-\frac{1+平均薪酬增长率}{1+劳动生产率增长率}\right)\times 职工薪酬占产品成本的比重$$

例9:宏达煤矿某年度原煤生产人员平均工资、劳动生产率及上年产品成本构成情况如表 4-8 所示。

表 4-8　宏达煤矿资职工薪酬和劳动生产率增长对产品成本影响情况分析表(月度数据)

项　目	计划	实际
1. 原煤负担的职工薪酬总额	2 939.4 万元	3 081.78 万元
2. 原煤人员平均人数	1.034 4 万人	1.065 7 万人
3. 原煤人员平均薪酬=1/2	2 841.65 元	2 891.79 元
4. 原煤人员生产工作日数	271.226 5 万个工作日	290.803 6 万个工作日
5. 原煤全员效率	1.272 吨	1.207 吨
6. 原煤单位成本	200 元	
其中:薪酬计划单位成本	56 元	

根据表 4-8 进行有关计算如下:

(1) 职工平均薪酬增长率=2 891.79÷2 841.65-1=1.76%

(2) 劳动生产率增长率=1.207÷1.272-1=-5.11%

(3) 原煤成本降低率=$\left(1-\frac{1+1.76\%}{1-5.11\%}\right)\times\frac{56}{200}$=-2.03%

(4) 原煤单位成本降低额=200×(-2.03%)=-4.06(元)

计算结果表明,宏达煤矿某年度原煤生产人员平均薪酬增长 1.76%,劳动生产率负增长 5.11%,导致原煤产品成本升高 2.03%,即原煤单位成本升高 4.06 元。

第二节　长期负债分析

一、营运资金偿债保障率分析

营运资金,亦称流动资本,是流动资产扣除流动负债后的余额。营运资金不仅用于流动资金的循环周转,而且为偿还一年内到期的长期负债作资金准备。因为一年内到期的长期负债归为"流动负债"类,这是长期负债的转化额,需要用营运资金来偿还。营运资金与长期负债的关系如表 4-9 所示。

表 4-9　　　　　　　　　　营运资金与长期负债的关系表

流动资产	抵消流动负债部分	流动负债
	营运资金	长期负债(或称非流动负债)
非流动资产		所有者权益

从表 4-9 可见,流动资产大于流动负债的部分为营运资金,它对应于长期负债。企业营运资金的多少有以下三种可能:

一是企业营运资金为负数,即流动资产小于流动负债。这时企业没有资金实力偿还长期负债。

二是营运资金为正数,且大于长期负债。这时,企业有足够的资金实力偿还长期负债。

三是营运资金为正数,且小于长期负债。这时,企业有一定的资金实力偿还长期负债的一部分或大部分,其中,一年内到期的非流动负债属于长期负债转化为流动负债的转化额,必须用营运资金来偿还。企业的营运资金能否偿还长期负债转化额,通过计算营运资金偿债保障率指标来反映。计算公式如下:

$$营运资金偿债保障率=\frac{营运资金}{长期负债×长期负债转入流动负债的比率}×100\%$$

$$长期负债转入流动负债的比率=\frac{未来转入"一年内到期的非流动负债"的年平均额}{长期负债年平均余额}$$

$$或=\frac{近几年来"一年内到期的非流动负债"年平均额}{近几年来长期负债年平均余额}$$

例 10:20×0 至 20×2 年,我国 1304 家上市公司累计流动资产 59 799 亿元,累计流动负债 52 109 亿元(包括"一年内到期的流动负债"),累计长期负债 13 937 亿元(不包括"一年内到期的流动负债"),"长期负债转入流动负债的比率"(用三年累计数据计算)为 15.3%。即:

$$营运资金偿债保障率=\frac{59\ 799-52\ 109}{13\ 937×15.3\%}×100\%=361\%$$

同时,企业还要计算"营运资金与长期负债的比率",即

$$营运资金与长期负债的比率=\frac{59\ 799-52\ 109}{13\ 937}×100\%=55.2\%$$

计算结果表明,20×0 至 20×2 年,我国 1 304 家上市公司累计营运资金是累计长期负债的 55.2%,营运资金偿债保障率为 361%,即长期负债每转入流动负债 100 元,有 361 元的营运资金作保证,表明上市公司有足够的资金偿还长期负债。

二、外币长期借款成本率的计算

外币长期借款成本不仅包括外借款利息,还包括汇兑损益。计算公式如下:

$$外币长期借款成本率=\frac{(外币借款利息+汇兑损益)×(1-所得税率)}{外币借款折算成人民币总额×(1-筹资费率)}$$

例 11:某企业年初从中国银行取得 4 万美元借款,当时汇率为 1:7.00,借款期 2 年,每年按 6% 计复利一次,到期还本付息,无筹资费,所得税率 25%。第一、二年末汇率分别为 1:7.10,1:7.15。

(1) 第一年末利息=$40 000×6%×7.10=$2 400×7.10=¥17 040

第一年末汇兑损益=$40 000×(7.10-7.00)=¥4 000

$$第一年外币借款成本率=\frac{(17\ 040+4\ 000)×(1-25\%)}{\$40\ 000×7.00×(1-0)}×100\%=5.635\ 7\%$$

(2) 第二年末利息=($40 000+$2 400)×6%×7.15=¥18 189.60

第二年末汇兑损益=$42 400×(7.15-7.10)=¥2 120

第二年外币借款成本率 $= \dfrac{(18\ 189.60+2\ 120)\times(1-25\%)}{\$42\ 400\times7.10\times(1-0)}\times100\%=5.059\ 86\%$

（3）两年综合成本率 $= \dfrac{(17\ 040+4\ 000)+(18\ 189.60+2\ 120)}{\$40\ 000\times7+\$42\ 400\times7.10}\times(1-25\%)$

$= 5.337\ 4\%$

或 $= 5.635\ 7\%\times\dfrac{\$40\ 000\times7.00}{\$40\ 000\times7.00+\$42\ 400\times7.10}+5.059\ 86\%\times$

$\dfrac{\$42\ 400\times7.15}{\$40\ 000\times7.00+\$42\ 400\times7.10}$

$= 5.635\ 7\%\times48.189\ 45\%+5.059\ 86\%\times51.810\ 5\%$

$= 5.337\ 4\%$

三、应付债券税后现金流量现值的计算

企业发行债券一般用于筹集流动资金，则各期利息计入当期"财务费用"。由于应付债券利息允许在所得税前扣除，企业会由此少交所得税，得到税收规避。企业应该计算各期"税后利息成本"的现值。

例12：某企业发行面值100万元的债券，票面利率6%，市场利率7%，5年期，每年付息一次，所得税率25%。

（1）传统发行价格 $= 100\times(1+7\%)^{-5}+100\times6\%\times\dfrac{1-(1+7\%)^{-5}}{7\%}$

$= 100\times0.712\ 986+6\times4.100\ 197\ 4=71.3+24.6$

$= 95.9(万元)$

（2）发行债券税后现金流量现值

$= 100\times(1+7\%)^{-5}+(100\times6\%)\times(1-25\%)\times\dfrac{1-(1+7\%)^{-5}}{7\%}$

$= 100\times0.712\ 986+4.5\times4.100\ 197\ 4=71.3+18.45$

$= 89.75(万元)$

第五章 煤炭企业成本分析

第一节 成本习性分析

成本习性也称成本性态,指在一定条件下成本总额的变动与特定业务量之间的依存关系。这里的业务量可以是产品的生产数量或销售数量,也可以是反映生产工作量的直接人工小时数或机器工作小时数。成本按习性可划分为固定成本、变动成本和混合成本三大类。从成本习性来认识和分析成本并将成本重新进行分类,有助于进一步加强成本管理,挖掘内部潜力,并能促使企业搞好经营预测和决策,争取实现最大的经济效益。

一、变动成本

凡成本总额与业务量总数成正比例增减变动关系的称为变动成本。一般说,直接材料、直接人工等都属于变动成本,但产品单位成本中的直接材料、直接人工将保持不变。例如,生产工人的工资按计件形式取得,生产一件产品,支付人工费 8 元,生产两件产品,支付人工费 16 元,等等,但不管工人生产多少件产品,每件产品的人工费保持 8 元不变。变动成本的示意图如图 5-1 所示。

二、固定成本

凡成本总额在一定期间和一定业务量范围内,不受业务量增减变动影响(通常称为相关范围)而固定不变的称为固定成本。如固定资产折旧费。固定成本示意图如图 5-2 所示。

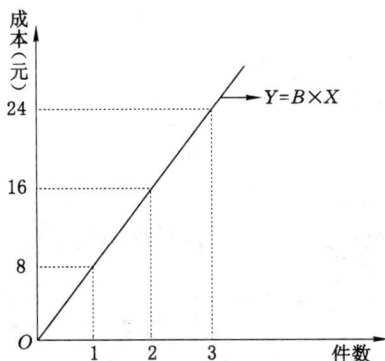

图 5-1 变动成本示意图

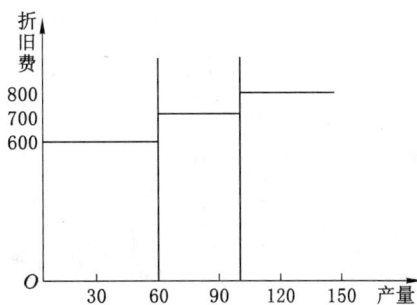

图 5-2 固定成本示意图

固定成本在一定时期和一定业务量范围内不随业务量发生任何变动,但单位固定成本将随产量的增加而逐渐变小。固定成本进一步区分为约束性固定成本和酌量性固定成本两类。

1. 约束性固定成本

约束性固定成本属于企业"经营能力"成本,是企业为维持一定的业务量所必须负担的最低成本,如厂房、机器设备折旧费,长期租赁费等。企业的经营能力一经形成,在短期内很难有重大改变,因而这部分成本具有很大的约束性。

2. 酌量性固定成本

酌量性固定成本属于企业"经营方针"成本,是企业根据经营方针确定的一定时期(通常为一年)的成本,如广告费、开发费、职工培训费等。

三、混合成本

有些成本虽然也随业务量的变动而变动,但不成同比例变动,这类成本兼有变动和固定两种因素,称为混合成本。例如,原煤材料费就是一种混合成本。混合成本按其与业务量的关系又可分为半变动成本、半固定成本和延期变动成本三种。

(一)半变动成本

半变动成本通常有一个初始量,类似于固定成本,在这个初始量的基础上随产量的增长而增长,又类似于变动成本。

例如,租入一台机器,要付两部分租金:年固定租金 2 500 元;每运转 1 小时付租金 0.1 元,全年运转 3 000 小时。

$$全年付租金 = 2 500 + (3 000 \times 0.1) = 2 800(元)$$

(二)半固定成本

这类成本随产量的变化而呈阶梯形增长,产量在一定限度内,这种成本不变,当产量增长到一定限度后,这种成本就跳跃到一个新水平。

例如,某煤机厂化验员工资和化验产量有一定关系:当产量在 10 吨以内,要付 4 个化验员工资(每人每月 50 元),共 200 元;当产量在 10~20 吨以内,要付 6 个化验员工资(每人每月 50 元),共 300 元;当产量在 20~30 吨以内,要付 8 个化验员工资(每人每月 50 元),共 400 元。这就是半固定成本,又称阶梯式变动成本。

(三)延期变动成本

延期变动成本又称低坡式混合成本,是指在一定产量范围内总额保持稳定,超过特定产量则开始随产量比例增长的成本。如某单位工人工资采用底薪加超额津贴的方式。完成核定的工作量,月度基本薪酬 2 000 元,超过定额工作量和超额产量挂钩(计件)。延期变动成本示意图如图 5-3 所示。

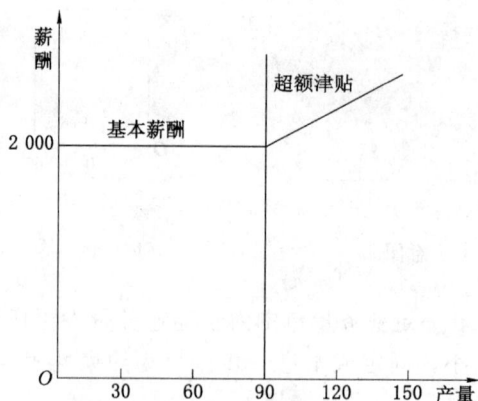

图 5-3 延期变动成本示意图

混合成本可以采用一定方法分解为固定成本和变动成本两部分。

四、混合成本的分解方法

区分固定成本和变动成本对于进行盈亏分析、边际利润分析很重要。根据固定成本和变动成本概念的定义,煤炭成本项目有的可直接判别,有的要分解。以原煤成本项目为例,按其成本习性进行直接判别的结果如表5-1所示。

表 5-1　　　　　　　　　　　　原煤成本项目按成本习性直接判别为三种成本表

原煤成本项目	直接判别法		
	固定成本	变动成本	混合成本
1. 材料			√
2. 电费	√	√	√
3. 职工薪酬	√	√	√
4. 折旧费	√		
5. 修理费			√
6. 维简费		√	
7. 可持续发展准备金		√	
8. 资源成本		√	
9. 环境治理补偿费		√	√
10. 安全费用		√	
11. 其他支出	√	√	√

从表5-1中可见,材料、电费、职工薪酬、修理费、环境治理补偿费、其他支出属于混合成本的部分要分解为变动成本和固定成本。混合成本分解模型是:

$$y=a+bx$$

其中,y 指总成本,a 指固定成本,b 指单位变动成本,x 指业务量。

混合成本分解的方法有:高低点法、散布图法、一元线性回归法、多元线性回归法、总费用法、经验估算法、会计科目法。

（一）高低点法

高低点法指在若干连续时期中,选择最高业务量和最低业务量两个时点的半变动成本进行对比,求得变动成本和固定成本的一种分解半变动成本的方法。

设:y 代表一定期间某项半变动成本总额,x 代表业务量,a 代表半变动成本中的固定部分,b 代表半变动成本中依一定比率随业务量变动的部分(单位变动成本)。要求出 $y=a+bx$ 方程中的系数。计算公式及过程如下:

$$单位变动成本 \; b=\frac{最高业务量成本-最低业务量成本}{最高业务量-最低业务量}$$

$$固定成本 \; a=最高(低)产量成本-b×最高(低)产量$$

例1:吉峰煤矿某年度1~6月生产原煤产量和原煤产品成本如表5-2所示。

设:$y=a+bx$

$b=(2\,700-1\,200)÷(400-100)=5(元)$

$a=y-bx=2700-5×400=700(元)$

表 5-2　　　　　　　　吉峰煤矿某年度 1～6 月原煤产量和原煤产品成本表

时间	1月	2月	3月	4月	5月	6月	合计
产量（吨）	100	200	300	200	300	400	1500
成本（元）	1 200	1 500	2 250	1 750	2 300	2 700	11 700

$y = 700 + 5x$

若 7 月份产量为 420 吨，根据"$y = 700 + 5x$"模型预计成本总额，并计算其中的固定成本和变动成本。

7 月份成本 $y = 700 + 5 \times 420 = 2\ 800$（元）

其中，固定成本 $= 700$（元）；变动成本 $= 2\ 800 - 700 = 2\ 100$（元）

（二）散布图法

散布图法是指根据若干时期的历史资料，将其业务量和成本数据逐一在坐标图上标注，形成若干个散布点，再通过目测的方法尽可能画出一条接近所有坐标点的直线，并据以推算出固定成本总额和单位变动成本的一种成本习性分析方法。

以往的教科书通常都是用手工方式计算求出方程。笔者用 Excel 自动画出图形，再求出方程。以上述例 1 为例予以说明。

1. 输入原始数据

打开 Excel 工作表，将表 5-2 中数据输入 Excel 工作表相应单元格内（见图 5-4），将输入表中第 2 行、第 3 行文字和数据（不包括"合计"数）全部变为反白区（即全为黑色）。

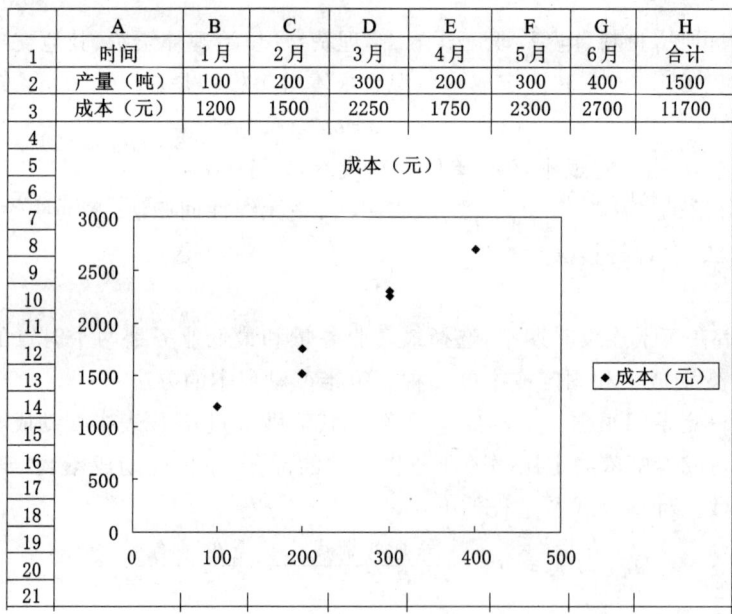

图 5-4　散布点图

2. 制作散布图

点"图表向导"纽，出现图表向导"步骤之 1——图表类型"框，在"图表类型"项下选"XY

散点图",点"下一步",出现了图表向导"步骤之2——图表数据源"框,在"数据区"项下已出现散布图各点,点"下一步",出现图表向导"步骤之3——图表选项"框,在"网络线"项目下,取消"主要网络线"(即点一下该项目,取消已打的"√"),此时,图例中网络线随即消失,点"下一步",出现了图表向导"步骤之4——图表位置"框,默认"嵌入工作表"在 sheet1 中,点"完成",此时,sheet1 数据下方出现了散布图,图中仅反映各个散布点(见图 5-4)。

3. 画趋势线

将鼠标指向散布图中某一数据点点一下,各点中出现了黄色方框标志,按鼠标右键,选"添加趋势线"项,出现了"添加趋势线"框。在框中"类型"项目下,默认第一种"线性"趋势线;在框中"选项"项目下,点"显示公式"项目,再点"确定",图中出现了不交 Y 轴的趋势直线和方程。该方程式是:$Y = 5.2727X + 631.82$。用鼠标点一下方程式,方程式上出现了带柄的方框,拖曳方框于"绘画区"上方。

4. 使趋势线和 Y 轴相交,并使图案成白色

首先,增加一列数据。即在 H2 输入"0"(表示产量 $X = 0$),在 H3 输入"631.82"(取已出现方程式的截距)。其次,将鼠标指向散布图中灰色绘画区,点一下右键,选"数据源"项目,出现"数据源"框,在"数据区"项目下,将"数据区域"sheet1! \$A\$2：\$G\$3 中的 G 改为 H,点"确定",此时,趋势线同 Y 轴相交。再次,将鼠标移至"绘画区"内,点右键,选"图形区格式"项目,出现"图形区格式"图案,选白色方框,点"确定",则散布图中灰色立即变为白色,散布图制作完成,见图 5-5。

	A	B	C	D	E	F	G	H	I
1	时间	1 月	2 月	3 月	4 月	5 月	6 月		合计
2	产量（吨）	100	200	300	200	300	400	0	1 500
3	成本（元）	1 200	1 500	2 250	1 750	2 300	2 700	631.8	11700

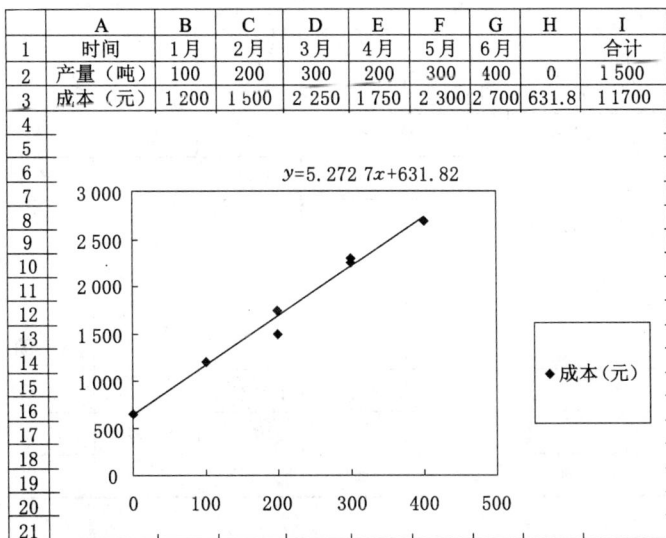

图 5-5　散布图

从图 5-5 中可见,散布的方程是:$y = 5.2727x + 631.82$。若 7 月份产量为 420 吨,则:

7 月份成本 $y = 631.82 + 5.2727 \times 420 = 2\,846.35$(元)。其中,固定成本 = 631.83(元),变动成本 = $2\,846.35 - 631.83 = 2\,214.53$(元)。

（三）一元线性回归法

如果在回归分析中,只包括一个自变量和一个因变量且二者的关系可用一条直线近似

表示,这种回归分析称为一元线性回归分析法。现仍以上述例1为例予以说明。

打开 Excel 工作表,选择 sheet2 为当前表,将上述表 5-2 的内容输入 sheet2,并将 A2:G3 中的文字和数据全部变为反白区。

在"工具"菜单下,选择"数据分析"项目,出现"数据分析"框,选其中"回归"项目(若 Excel"数据分析"项目下没有"回归"内容,要在"工具"菜单下选取"加载宏"项目,再选"分析工具库",将"回归"内容点一下即可),点"确定",出现"回归"框,在"Y 值输入区域"长方形方框内输入 b3:g3,在"X 值输入区域"长方形方框内输入 b2:g2,在"输出区域"长方形方框内输入 A7:i27,点"确定",则在当前工作表中出现回归分析结果如表 5-3 所示。

表 5-3 　　　　　　　　　　　　一元线性回归法回归结果表

回归统计					
Multiple R	0.983 76				
R Square	0.967 78				
Adjusted R Square	−1.5				
标准误差	112.815				
观测值	1				
方差分析					
	df	SS	MS	F	Significance F
回归分析	6	1 529 091	254 848	120.143	♯NUM!
残差	4	50 909.1	12 727.3		
总计	10	1 580 000			

	Coefficients	标准误差	t Stat	P-value	Lower 95%	Upper 95%	下限 95.0%	上限 95.0%
Intercept							0	0
X Variable1							−1 122.393 95	2 386.030 313
X Variable2							−1.634 4E−25	3.474 4E−248
X Variable3							−5.918E+286	5.918E+286
X Variable4							−1.597 7E+15	−1.597 7E+15
X Variable5	631.818	128.779	4.906 22	0.008 01	274.27	989.4	274.269 711 9	989.366 651 7
X Variable6	5.272 73	0.481 05	10.961	0.000 39	3.937	6.608	3.937 127 547	6.608 326 999

根据表 5-3 最下面两行第二列数据,确定有一元线性回归分析方程式如下:

$$Y = 631.818 + 5.272 \ 73X$$

(四)多元线性回归法

如果回归分析中包括两个或两个以上的自变量,且因变量和自变量之间是线性关系,则称为多元线性回归分析法。

例 2:吉峰煤矿某年度 1~6 月原煤产品成本与原煤产量、电力消耗有密切关系(见表 5-4)。

表 5-4　　　　　　　吉峰煤矿某年度 1～6 月原煤产量、电力和原煤产品成本表

时间	原煤产量(吨)x1	电力消耗(元)x2	原煤总成本(元)y
1 月	100	690	1 200
2 月	200	1 200	1 500
3 月	300	2 910	2 250
4 月	200	1 480	1 750
5 月	300	1 940	2 300
6 月	400	2 280	2 700

将表 5-4 输 Excel 工作表,将 b2:d7 中的数据全部变为反白区。在"工具"菜单下,选择"数据分析"项目,出现"数据分析"框,选其中"回归"项目,点"确定",出现"回归"框,在"Y 值输入区域"长方形方框内输入 d2:d7,在"X 值输入区域"长方形方框内输入 b2:c7,在"输出区域"长方形方框内输入 \$A\$8:\$I\$26,点"确定",则在当前工作表中出现回归分析结果如表 5-5 所示。

表 5-5　　　　　　　　　　　　　　多元线性回归法回归结果表

回归统计	
Multiple R	0.985 8
R Square	0.971 8
Adjusted R Square	0.953 0
标准误差	121.810
观测值	6

方差分析

	df	SS	MS	F	Significance F			
回归分析	2	1 535 487	767 744	51.743 2	0.004 7			
残差	3	44 513	14 838					
总计	5	1 580 000						
	Coefficients	标准误差	t Stat	P-value	Lower 95%	Upper 95%	下限 95.0%	上限 95.0%
Intercept	617.809	140.674	4.392	0.022	170.122	1 065.5	170.122	1 065.496
X Variable 1	4.761	0.937	5.083	0.015	1.780	7.742	1.780	7.742
X Variable 2	0.081	0.124	0.657	0.558	−0.312	0.474	−0.312	0.474

根据表 5-5 最下面三行第二列数据,确定有两元线性回归分析方程式如下:

$$Y = 617.809 + 4.761x1 + 0.081x2$$

若 7 月份产量为 420 吨,电力消耗 2 400 元,则:

7 月份成本 $y = 617.809 + 4.761 \times 420 + 0.081 \times 2\,400 = 2\,811.83$(元)。其中,固定成本=617.81(元),变动成本=2 811.83−617.81=2 194.02(元)。

（五）总费用法

有时我们的资料仅有年度总费用(总成本)、还有总的销售收入,我们可以按总费用变动

率来求固定成本和变动成本。

例如,某企业 2011 年销售收入 850 万元,产品总成本(费用)800 万元。2012 年销售收入 960 万元,产品总成本(费用)855 万元。则:

费用变动率＝(855－800)÷(960－850)＝50％

2011 年变动成本＝850×50％＝425(万元)

2011 年固定成本＝800－425＝375(万元)

2012 年预计变动成本＝960×50％＝480(万元)

2012 年预计固定成本＝855－480＝375(万元)

（六）经验估算法

经验估算法是根据以往的经验数据来估计推算固定成本和变动成本的方法。例如,根据以往的经验,煤矿井下压风费用 80％为固定费用,20％为变动费用。

（七）会计科目法

会计科目法,又称直接法,即按成本项目确定 F 和 V 的归属。在平时核算时,如果一项费用变动成分大,那就全部归入到"变动成本"科(项)目去核算,如果一项费用固定成分大,那就全部归入到"固定成本"科(项)目去核算,期末再汇总出当期全部固定成本和变动成本总额。

第二节　开采成本分析

煤矿要在井下开采煤炭,首先必须在地下开拓出一定数量的巷道,然后建立采煤工作面开始采煤。掘进工区开凿的煤炭、岩石和回采工区采出来的煤炭需要运输到井底车场再提升到地面。在煤炭生产过程中,要随时随地防治矿井涌水、煤层自然发火、瓦斯煤尘爆炸、顶板冒落等自然灾害,而且井下需要地面输入新鲜空气。因此,煤炭生产过程分为掘进、回采、井下运输、通风、排水、巷道维修、设备装修、井上洗选、地面运输等环节。其中,直接产生煤炭的单位是掘进工区和回采工区。各生产环节发生的各种耗费及形成的煤炭产品,构成了煤炭生产活动分析的基本内容。

掘进工作是指在煤层或岩层中为矿井正常生产需要的运输、通风、行人、排水、贮料等,以及保证"三个煤量"(开拓煤量、准备煤量、回采煤量)达到要求和采区、回采工作面的正常接续所开凿的各种形状、不同断面的井巷、峒室的开凿工作。掘进的类型有:岩巷掘进(不出煤,只出岩石)、煤巷掘进(出煤)、半煤岩巷掘进(出煤和岩石)。因此,对掘进工区进行成本分析,不能以煤炭产量为依据,而主要是以进尺(立方米)为基准。

回采工作是把埋藏在地下的煤炭直接开采出来的工作,是矿井生产活动的中心环节。回采产量是矿井原煤产量的主要组成部分(一般占 90％左右)。回采的方式有:综采、普采和炮采三种,它们都出煤,但出煤的产量不同。因此,对回采工区进行成本分析,要以煤炭产量为依据,不仅要分析回采率(工作面已开采部分的产量与工作面已开采部分的储量之比)、回采人工效率,还要分析机械化采煤程度对煤炭产量的影响程度。

一、掘进成本分析

（一）分析前的基础工作

首先,会计进行的成本核算要设三级账户,如表 5-6 所示。

表 5-6 煤炭产品成本账簿体系设置表

		三级账簿体系
总账	二级账	三级账
生产成本	生产成本——原选煤	生产成本——原选煤——掘进 ——回采 ——井下运输 ——通风 ——排水 ——井巷维修 ——设备装修 ——筛选加工 ——其他生产过程
	生产成本——洗煤	生产成本——洗煤——入洗原煤 生产成本——洗煤——入洗加工
二级账簿体系		

其次,原煤三级成本账内要核算到具体成本项目,如表 5-7 所示。

表 5-7 "生产成本——原选煤——掘进"三级账

年		凭证		摘要	工作量 (米)	借　方							贷方转出	余额
月	日	字	号			材料	电费	职工薪酬	折旧费	修理费	其他支出	合计		

注:其他三级账科目还有八个:回采、井下运输、通风、排水、井巷维修、设备装修、筛选加工、其他生产过程。

在以上账簿中:

$$直接成本=材料+电费+职工薪酬$$

$$掘进单位成本=掘进总成本÷掘进进尺(米)$$

再次,要编制"原煤成本计算表(按生产过程)",以该成本报表的数据作为分析的基本依据。

(二)按掘进进尺总平均数进行分析

1. 建立关系式进行分析

(1) 掘进工区原煤单位成本=掘进率×掘进进尺单位成本

$$=生产掘进进尺(米)÷掘进煤产量(万吨)×单位成本(元/米)$$

例 3:吉峰煤矿掘进一工区某年度掘进工作情况见表 5-8。

① 确定分析对象:

掘进原煤实际单位成本 42 975－掘进原煤计划单位成本 39 404.8＝3 570.2(元/万吨)

② 掘进率变动对掘进原煤单位成本的影响程度

＝(112.5－104.8)×376＝2 895.2(元/万吨)

③ 掘进进尺单位成本变动对掘进原煤单位成本的影响程度

＝112.5×(382－376)＝675(元/万吨)

④ 分析结果＝②＋③＝2 895.2＋675＝3 570.2＝分析对象 3 570.2(元/万吨)

表 5-8 　　　　　　　　　　　掘进一工区某年度掘进工作情况表

指　标	单位	实际	计划	差异
1. 掘进总进尺	米	39 375	36 156	3 219
2. 掘进煤产量	万吨	350	345	5
3. 掘进率＝1÷2	米/万吨	112.5	104.8	7.7
4. 掘进进尺单位成本	元/米	382	376	6
5. 掘进原煤单位成本＝3×4	元/万吨	42 975	39 404.8	3 570.2
6. 掘进工区总成本＝1×4	元	15 041 250	13 594 656	1 446 594

由分析结果可见,吉峰煤矿掘进一工区某年度掘进原煤实际单位成本比计划单位成本高 3 570.2(元/万吨)的原因有二:一是由于实际掘进率比计划掘进率多 7.7(米/万吨),致使掘进原煤单位成本增加 2 895.2(元/万吨);二是由于掘进进尺实际单位成本比计划单位成本高 6 元/米,致使掘进原煤单位成本增加 675(元/万吨)。其中,掘进率提高是主要因素,应奖励掘进工区的职工。

(2) 掘进工区总成本＝掘进总进尺×掘进进尺单位成本

① 确定分析对象:

掘进工区实际总成本 15 041 250－掘进工区计划总成本 13 594 656＝1 446 594(元)

② 掘进总进尺变动对掘进工区总成本的影响程度

＝(39 375－36 156)×376＝1 210 344(元)

③ 掘进进尺单位成本变动对掘进工区总成本的影响程度

＝39 375×(382－376)＝236 250(元)

④ 分析结果＝②＋③＝1 210 344＋236 250＝1 446 594＝分析对象 1 446 594(元)

由分析结果可见,吉峰煤矿掘进一工区某年度掘进工区实际总成本比计划总成本高 1 446 594 元的原因有二:一是由于掘进总进尺实际比计划多 3 219 米,致使掘进工区总成本增加 1 210 344 元;二是由于掘进进尺实际单位成本比计划单位成本高 6 元/米,致使掘进工区总成本增加 236 250 元。其中,掘进进尺增加是主要因素,应奖励掘进工区的职工。

2. 同全国平均水平进行比较分析

2007～2008 年,全国大型煤炭企业掘进率情况如表 5-9 所示。

表 5-9 　　　　　　　　　　　全国大型煤炭企业掘进率情况表

指　标	2007 年	2008 年	2007～2008 年累计
1. 开拓进尺(米)	1 357 886	1 397 200	2 755 086
2. 原煤产量(万吨)	130 478.61	148 831.24	279 309.85
3. 回采产量(万吨)	90 881.33	110 570.56	201 451.89
4. 掘进煤产量(万吨)＝2－3	39 597.28	38 260.68	77 857.96
5. 掘进率(米/万吨)＝1÷4	34.3	36.5	35.4

数据来源:中国煤炭工业协会统计与信息部编《煤炭工业统计年报摘要》。

从表5-9中可见,全国大型煤炭企业2007～2008年每万吨掘进煤开拓进尺平均为35.4米,而吉峰煤矿掘进一工区每万吨掘进煤开拓进尺为120.5米,是全国平均水平的3.4倍,说明该煤矿煤层厚度很低。

（三）按掘进巷道性质进行分析

1. 建立关系式

$$掘进单位成本元/米 = \frac{掘进总成本}{掘进总进尺}$$

$$= \frac{岩巷进尺 \times 岩巷单位成本 + 半煤岩巷进尺 \times 半煤岩巷单位成本 + 煤巷进尺 \times 煤巷单位成本}{掘进总进尺}$$

$$= 岩巷掘进比重 \times 岩巷单位成本 + 半煤岩巷掘进比重 \times 半煤岩巷单位成本 + 煤巷掘进比重 \times 煤巷单位成本$$

$$= \sum(某性质巷道掘进比重 \times 该性质巷道单位成本)$$

2. 采用差额计算法计算各因素影响程度

例4：东风煤矿掘进工区某年度掘进情况如表5-10所示。

表5-10 掘进工区某年度掘进工作情况表

项目	掘进进尺及构成				掘进单位成本(元/米)	
	实际		计划		实际	计划
	进尺(米)	比重	进尺(米)	比重		
岩巷	6 958	17.68%	6 638	18.26%	664.37	675.46
半煤岩巷	4 514	11.47%	3 995	10.99%	421.67	410.27
煤巷	27 886	70.85%	25 717	70.75%	305.4	292.68
合计	39 358	100%	36 350	100%	382.20	375.50

注:表中382.20、375.50计算方法见表5-12下注。

（1）确定分析对象

实际掘进单位成本 382.20 － 计划掘进单位成本 375.50 ＝ 6.70(元/米)

（2）进行具体因素分析

① 掘进构成变动影响原煤单位成本变动

＝(17.68% － 18.26%) × 675.46 ＋ (11.47% － 10.99%) × 410.27 ＋

(70.85% － 70.75%) × 292.68 ＝ －1.65(元)

② 掘进单位成本变动影响原煤单位成本变动

＝ 17.68% × (664.37 － 675.46) ＋ 11.47% × (421.67 － 410.67) ＋

70.85% × (305.4 － 292.68) ＝ 8.31(元)

③ 分析结果 ＝ ① ＋ ② ＋ 小数误差 ＝ －1.65 ＋ 8.31 ＋ 0.04 ＝ 分析对象(6.70元/米)

（3）评价

由分析结果可见,东风煤矿掘进工区某年度实际掘进单位成本比计划掘进单位成本高6.72(元/米)的原因有二:一是由于进尺构成发生变动,致使掘进单位成本总额降低1.64(元/米);二是由于各种性质(类型)的掘进单位成本变动,致使掘进单位成本总额增加8.36

（元/米）。其中,煤巷和半煤岩巷的掘进单位成本升高是主要因素,应深入调查,落实有关人员责任。

二、回采成本分析

（一）分析回采率变动对原煤单位成本的影响

分析的基本原理是:回采率变动影响煤炭产量,而煤炭产量增减变动又影响吨煤单位成本中的固定成本升降,因而回采率变动影响原煤单位成本升降。

矿井"回采率"计算公式如下:

$$矿井回采率 = \frac{\sum 工作面已开采部分的产量}{\sum 工作面已开采部分的储量} \times 100\%$$

回采率变动对原煤单位成本的影响分析公式如下:

$$回采率变动对原煤产量的影响 = \left(实际回采率 - 计划回采率\right) \times \frac{实际回采量}{实际回采率}$$

例5:东风煤矿综采二队某年度采煤情况如表5-11所示。

表5-11　　　　　　　　　　综采二队某年度采煤情况表

项　目	实际	计划	差异
回采率	75%	70%	5%
回采产量（万吨）	308.88	310.50	−1.62
矿井产量（万吨）	351	345	6
原煤单位成本（元）	204.92	210	−5.08
其中:固定成本比重	48.232%	50%	−2%
原煤单位固定成本（元）	98.84	105	−6.16

（1）确定分析对象

实际原煤单位固定成本98.84−计划原煤单位固定成本105=−6.16(元)

（2）进行具体因素分析

①回采率变动影响原煤产量变动

$$=(75\%-70\%) \times \frac{308.88}{75\%} = 20.592(万吨)$$

②回采率变动增加的产量影响原煤固定单位成本降低

$$=\frac{20.592}{351} \times 210 \times 50\% = 6.16(元)$$

③分析结果=②=分析对象=−6.16(元)

（3）评价

由以上分析结果可见,东风煤矿综采二队回采率提高5个百分点,产量增加20.592万吨,原煤单位成本降价6.16元,即回采率提高1%,产量增加1.2%(20.592÷351×100%÷5),原煤单位成本降价0.6%(6.16÷210×100%÷5)。

（二）分析回采产量构成变动对原煤单位直接成本的影响

回采产量构成变动是指煤矿内部不同回采区队实际产量构成与计划产量构成发生偏离

的情况。由于煤矿内部各采煤区队的生产地质条件、开采方式、采煤方法不同,其原煤成本水平也不一样,一旦实际产量构成发生变动,与煤炭产量密切关联的直接成本也就发生变化。下面举例予以说明。

例6:吉峰煤矿某月三个采煤区采煤情况及直接成本情况如表5-12所示。

表5-12　　　　　　　吉峰煤矿某月三个采煤区采煤情况及直接成本情况表

回采单位	产量(万吨)及构成(%)				单位直接成本(元)	
	实际	实际构成	计划	计划构成	实际	计划
一采区	71.042	23.00%	77.625	25.00%	140	140.9
二采区	101.930	33.00%	99.360	32.00%	96.4	96
三采区	135.907	44.00%	133.515	43.00%	84	85
合计	308.88	100%	310.50	100%	100.972	102.495

注:表中102.459=(77.625×140.9+99.360×96+133.515×85)÷310.50=102.459;100.972=(71.042×140+101.930×96.4+135.907×84)÷308.88=100.972;直接成本包括材料、电费、职工薪酬三项。

(1)确定分析对象

三个采区实际单位直接成本合计100.972－三个采区计划单位直接成本合计102.495=－1.523≈－1.52(元)

(2)建立关系式

单位直接成本=总成本÷总产量

或=产量构成比重×单位直接成本

(3)进行具体因素分析

① 产量构成变动影响原煤单位直接成本

=(23%－25%)×140.9+(33%－32%)×96+(44%－43%)×85=－1.01(元)

② 各采区直接单位成本变动影响原煤单位直接成本

=23%×(140－140.9)+33%×(96.4－96)+44%×(84－85)=－0.52(元)

③ 分析结果=①+②+小数误差=－1.01－0.52+0.01=－1.52=分析对象(－1.52元)

(4)评价

由分析结果可见,吉峰煤矿某月三个采煤区某年度实际单位直接成本比计划单位直接成本低1.52元的原因有二:一是由于产量构成变动影响原煤单位直接成本降低1.01元;二是各采区直接单位成本变动影响原煤单位直接成本降低0.51元。其中,三采区、二采区实际产量提高是主要因素。

(三)分析回采机械化程度变动对原煤单位直接成本的影响

煤矿采煤区队的采煤方式有炮采、普采和综采三种形式。炮采工作面回采工艺包括:破煤、装煤、运煤、移置运输机、工作面支护和顶板管理六大工序。普采("普通机械化采煤"的简称):是用浅截式滚筒采煤机落煤、装煤,利用可弯曲刮板输送机运煤,使用摩擦金属支柱(或单体液压支柱)和铰接顶梁组成的悬臂式支架支护的采煤方式。综采("综合机械化采煤"的简称):是指采煤的全部生产过程,包括落煤、装煤、运煤、支护、顶板管理等全部采用机械化进行的采煤方式。普采和综采,属于机械化采煤的方式,其原煤成本一般要比炮采低得多。因此,不同的机械化采煤程度对煤炭直接成本的影响也就不一样。下面举例予以说明。

例 7：兰新煤矿某月三种采煤方式采煤情况及直接成本情况如表 5-13 所示。

表 5-13   兰新煤矿某月三种采煤方式采煤情况及直接成本情况表

回采单位	产量(万吨)及构成(%)				单位直接成本(元)	
	实际	实际构成	计划	计划构成	实际	计划
综采	14.16	55.03%	12.94	50.00%	168	170
普采	10.3	40.03%	11.64	44.98%	240	237
炮采	1.27	4.94%	1.30	5.02%	273	270
合计	25.73	100%	25.88	100%	202.01	205.16

注：表中 202.01＝(14.16×168＋10.3×240＋1.27×273)÷25.73＝202.01；
        205.16＝(12.94×170＋11.64×237＋1.3×270)÷25.88＝205.16。

（1）确定分析对象

三种采煤方式实际单位直接成本合计 202.01－三种采煤方式计划单位直接成本合计 205.16＝－3.15(元)

（2）进行具体因素分析

① 产量构成变动影响原煤单位直接成本

＝(55.03%－50%)×170＋(40.03%－44.98%)×237＋(4.94%－5.02%)×270

＝－3.40(元)

② 各种采煤方式下直接单位成本变动影响原煤单位直接成本

＝55.03%×(168－170)＋40.03%×(240－237)＋4.94%×(273－270)＝0.25(元)

③ 分析结果＝①＋②＝－3.40＋0.25＝－3.15＝分析对象(－3.15 元)

（3）评价

由分析结果可见，兰新煤矿某月三种不同采煤方式下的实际单位直接成本比计划单位直接成本低 3.15 元的原因有二：一是由于产量构成变动影响原煤单位直接成本降低 3.40 元；二是由于各种采煤方式下直接单位成本变动影响原煤单位直接成本上升 0.25 元。其中，普采产量、综采直接单位成本是造成回采原煤单位成本降低的主要因素。

再从机械化采煤(普采和综采)程度分析，兰新煤矿机械化采煤程度计算如下：

兰新煤矿机械化采煤程度＝(实际普采煤量＋综采煤量)÷回采煤总量×100%

＝(14.16＋10.3)÷25.73＝95.06%

兰新煤矿采煤机械化水平为 95.06%，比 2009 年全国大型煤炭企业采煤机械化平均水平 91.54%高 3.52 个百分点，而比山西焦煤集团 2009 年采煤机械化水平为 100%低 4.94 个百分点。

（4）引申推论

① 如果兰新煤矿采煤机械化水平提高一个百分点，则：

兰新煤矿每月提高煤炭产量＝机采产量×1%＝(14.16＋10.3)×1%＝0.2446(万吨)。

② 如果全国大型煤炭企业采煤机械化水平提高一个百分点(2009 年机采产量 107 462.40 万吨)，则：

全国大型煤炭企业全年提高煤炭产量＝机采产量×1%＝107 462.40×1%

＝1 074.62(万吨)

③全国大型煤炭企业在提高机械化水平一个百分点的基础上增加煤炭销售产值＝2009年大型煤炭企业销售产值 91 056 263÷2009 年大型煤炭企业煤炭销量 161 151.67×提高机械化水平一个百分点增加的产量 1 074.62＝607 197.44（万元）。

（四）分析材料回收复用率变动的影响

在煤炭生产过程中，有一部分材料可以回收复用。例如，铰接顶梁、电缆、钢丝绳、油桶等。鉴于这部分材料在生产领用时就计入了原煤成本，回收时再冲减原煤成本，再次复用时即可降低材料费。所以，提高材料回收复用率，一方面有利于节约物质资源，另一方面可以降低煤炭成本。材料回收复用率变动影响原煤成本的计算公式如下：

$$原煤单位成本降低额 = \left(\begin{array}{c}某材料实际\\回收复用率\end{array} - \begin{array}{c}该材料计划\\回收复用率\end{array}\right) \times \frac{计划吨煤该材料费}{1-该材料计划回收复用率}$$

例 8：兰新煤矿某月确定的坑木计划回收复用率 65%，实际回收复用率 60%；计划该月原煤单位成本中"木材"费用 9.80 元：

$$原煤单位成本降低额 = (60\% - 65\%) \times \frac{9.80}{1-65\%} = -1.40（元）$$

即由于坑木回收复用率降低，原煤单位成本升高 1.40 元。

三、其他生产过程成本分析

矿井煤炭生产除了掘进、回采可以按掘进进尺、产量进行分析外，还有的生产环节有各自的工作量。例如，井下运输有运输量，通风有通风量，排水有排水量，巷道维修、设备装修有工作小时等。这些生产过程以其工作量为基础进行成本分析。

1. 建立关系式

$$\begin{array}{c}某生产过程\\的吨煤成本\end{array} = \begin{array}{c}该生产过程的\\吨煤工作量\end{array} \times \begin{array}{c}该生产过程的\\工作量单位成本\end{array}$$

2. 采用差额计算法进行分析

各生产过程吨煤工作量变动的影响

$$= \sum \left(\begin{array}{c}某生产过程实\\际吨煤工作量\end{array} - \begin{array}{c}该生产过程计\\划吨煤工作量\end{array}\right) \times \begin{array}{c}该生产过程计划\\工作量单位成本\end{array}$$

各生产过程工作量单位成本变动的影响

$$= \sum \begin{array}{c}某生产过程实\\际吨煤工作量\end{array} \times \left(\begin{array}{c}该生产过程实际\\工作量单位成本\end{array} - \begin{array}{c}该生产过程计划\\工作量单位成本\end{array}\right)$$

3. 其他生产过程成本分析应用举例

例 9：兰新煤矿某月井下运输情况及其成本情况如表 5-14 所示。

（1）确定分析对象

井下运输环节原煤实际单位成本 12.50－井下运输环节原煤计划单位成本 13.21＝-0.71（元）

（2）进行具体因素分析

① 井下运输环节吨煤工作量变动的影响

$$= \left(\frac{1\ 096.84}{351} - \frac{1\ 232.14}{345}\right) \times 3.70 = -1.65（元）$$

② 井下运输环节工作量单位成本变动的影响

$$= \frac{1\ 096.84}{351} \times (4.00 - 3.70) = 0.94（元）$$

表 5-14　　　　　兰新煤矿某月井下运输情况及其成本情况表

生产过程	计量单位	工作量		总成本（万元）		工作量单位成本（元）		全矿原煤产量（万吨）		原煤吨煤成本（元）	
		实际	计划	实际	计划	实际	计划	实际	计划	实际	计划
		1	2	3	4	5=3÷1	6=4÷2	7	8	9=3÷7	10=4÷8
1. 掘进	米	…	…	…	…	…	…	…	…	42.9	3.93
2. 回采	吨	…	…	…	…	…	…	…	…	88.9	92.3
3. 井下运输	万吨公里	1 096.84	1 232.14	4 387	4 559	4.00	3.70	351	345	12.50	13.21
…								351	345		…
合计	—	—	—	60 197	60 156	—	—	351	345	171.5	174.4

注：表中第 7、8 列对应的生产单位均填列全矿原煤总产量，其目的是计算各生产过程的原煤吨煤成本。

③ 分析结果＝①＋②＝－1.65＋0.94＝－0.71＝分析对象（－0.71 元）

（3）评价

由分析结果可见，兰新煤矿某月份井下运输环节原煤实际单位成本比计划单位成本低 0.71 元的原因有二：一是由于井下运输环节吨煤工作量变动影响原煤单位成本降低 1.65 元；二是由于井下运输环节工作量单位成本变动影响原煤单位成本上升 0.94 元。其中，吨煤工作量变动因素是原煤单位成本降低的主要因素。

第三节　洗煤成本分析

洗煤生产是由煤矿洗煤厂或中心洗煤厂（煤业集团内部独立于煤矿之外的法人实体）将原煤进行入洗（有的选煤厂也生产洗煤），加工成市场需要的各种不同等级或规格的精煤的过程。洗煤生产的全部费用在"分离点"以前的加工过程中已全部发生，形成了分离前总成本，称综合成本。分离前总成本分为"入洗原料煤"和"加工费用"两部分。前者是变动费用，后者是半变动费用（包括：材料费、职工薪酬、电力、折旧费、修理费、其他支出）。洗煤"分离后"各等级精煤成本的计算采用"价格比值系数法"，即将洗出后各种等级煤产量按标准煤售价比值折合成标准煤，称为"折合量"，然后计算折合量单位成本，分配各等级煤的制造成本。因此，影响洗煤产品成本的因素有：入洗原料煤、入洗原料煤价格、洗煤加工费、洗煤回收率等。其关系式如下：

$$洗煤总成本＝入洗原煤量×入洗单价＋加工费用$$
$$其中：加工费用＝入洗原煤量×回收率×单位加工费用$$

一、入洗原煤量变动分析

原煤在入洗过程中发生的全部费用在"分离点"是洗煤的综合成本，入洗原煤量的变动仅仅影响综合成本中的固定成本，即入洗原煤量增加，单位固定成本降低。其计算公式如下：

$$\frac{入洗原料煤变动}{对洗煤成本的影响}＝\left(\frac{上年}{入洗量}－\frac{今年}{入洗量}\right)×\frac{上年洗煤加工费中固定费用}{上年入洗量}$$

说明,公式中"上年"也可改成"计划",下同。

例 10:淮宏煤矿 2009～2010 年洗煤生产及成本情况见表 5-15。

表 5-15 　　　　淮宏煤矿 2009～2010 年洗煤生产及成本情况表

项　目	2009	2010	平递增率
1. 入洗原煤量(万吨)	115	140	21.7%
2. 入洗原料煤价(元)	420	450	7.1%
3. 入洗原料煤费用(万元)=1×2	48 300	63 000	30.4%
4. 洗煤加工费(万元)=5+6	4 600	7 000	52.2%
5. 其中:变动费用(万元)	782	1 120	43.2%
6. 固定费用(万元)	3 818	5 880	54.0%
7. 洗煤总成本(万元)=3+4	52 900	70 000	32.3%
8. 洗出精煤总量(万吨)	95.45	119	24.7%
9. 洗煤回收率=8÷1	83%	85%	2.4%
10. 洗煤分离前单位成本(元)	460	500	8.7%
11. 洗煤分离后平均单位成本(元)=7÷8	554.22	588.24	6.1%
12. 其中:分离后加工费单位成本(元)=4÷8	48.19	58.82	22.1%

根据表 5-15 确定分析对象:

2010 年洗煤总成本－2010 年洗精煤按上年洗煤分离后平均单位成本计算总成本
=70 000－(119×554.22)=70 000－65 952.18=4 048(万元)

入洗原料煤变动对洗煤成本的影响=(115－140)×(3 818÷115)=－830(万元)

二、入洗原煤量价格变动分析

入洗原煤量价格的变动使原料煤费用随之发生正比例变动。计算公式如下:

$$\begin{array}{l}入洗原料煤价格变动\\对洗煤成本的影响\end{array}=今年入洗量×\left(今年入洗原料煤单价-上年入洗原料煤单价\right)$$
$$=140×(450-420)=4 200(万元)$$

三、洗煤加工费变动分析

洗煤加工费是洗煤加工过程中发生的全部费用。这些费用在洗煤"分离前"是入洗原煤综合成本的组成部分,在"分离后"是洗出精煤加工成本的组成部分。洗煤加工费中变动费用随着入洗原煤量的变动成正比例变动,而固定费用总额的差额,对洗煤总成本产生等额影响。其计算公式如下:

$$\begin{array}{l}洗煤加工费变动\\对洗煤成本的影响\end{array}=今年加工费-\left(上年加工费中固定费用+上年加工费中变动费用×入洗原煤量变动率\right)$$
$$=7 000-[3 818+782×(140÷115)]$$
$$=2 230(万元)$$

四、洗煤回收率变动分析

洗煤回收率是洗煤厂(或洗煤车间)洗出各种等级精煤的产量之和与入洗原煤总量之

比。洗煤回收率的高低与洗煤单位成本变化成反比例关系。因为在入洗原料煤一定的情况下，回收率提高，洗煤产量增加，洗煤单位成本降低。其计算公式如下：

$$\begin{matrix}洗煤回收率变动\\对洗煤成本的影响\end{matrix} = \begin{matrix}今年\\入洗量\end{matrix} \times \left(\begin{matrix}上年\\回收率\end{matrix} - \begin{matrix}今年\\回收率\end{matrix} \right) \times \begin{matrix}上年洗煤分离后\\平均单位成本\end{matrix}$$

$$= 140 \times (83\% - 85\%) \times 554.22$$

$$= -1\,552(万元)$$

五、洗煤成本分析结论

淮宏煤矿 2010 年洗煤总成本 70 000 万元比按上年洗煤分离后平均单位成本计算总成本 65 952.18 万元升高 4 048 万元的原因有五（运用上述计算结果）：

一是入洗原料煤变动减少洗煤成本 830 万元；二是入洗原煤量价格变动增加洗煤成本 4 200 万元；三是洗煤加工费用变动增加洗煤成本 2 230 万元；四是洗煤回收率提高减少洗煤成本 1 552 万元。四个数据相加总计为 4 048 万元（-830+4 200+2 230-1 552）。

需要说明的是，有一种以折合量为基础的洗煤成本分析方法，除了上述四个因素影响外，还要计算品种煤折合系数（折合量与入洗原煤量的比率）变动对洗煤成本的影响，公式如下：

$$\begin{matrix}品种煤折合系数变动\\对洗煤成本的影响\end{matrix} = \begin{matrix}今年洗\\后产量\end{matrix} \times \left(\begin{matrix}上年按洗后产量\\计算的折合系数\end{matrix} - \begin{matrix}今年按洗后产量\\计算的折合系数\end{matrix} \right) \times \begin{matrix}上年折合量\\单位成本\end{matrix}$$

第四节 成本项目分析

一、成本项目的分析方法

成本项目的分析方法通常有：对比分析法、因素分析法、趋势分析法、弹性分析法等。其中，弹性分析法有利于纠正我们在评价成本过程中的过错。

我们先看一个案例，某煤矿综采二队 9 月份承包采区材料费共 5 830 万元，实际发生材料费 6 000 万元。矿部某领导认为，因该采煤队材料费超计划 170 万元，要处罚采煤队队长。该队长找到这位领导说："你不仅不能处罚我，还要给我奖励"。理由是：承包 5 830 万元材料费时是按照开采原煤计划产量 10 万吨测算确定的，可实际上开采原煤 11 万吨，其计划要进行调整，即：

实际材料费 6 000 万元÷实际原煤产量 11 万吨＝0.054 5 万元/吨

原计划材料费 5 830 万元÷计划原煤产量 10 万吨＝0.058 3 万元/吨

调整计划的材料费＝实际原煤产量 11 万吨×计划 0.058 3 万元/吨＝6 413 万元

实际材料费 6 000 万元比调整后的材料费 6 413 万元节约 413 万元

经过这样分析，矿部领导认为综采二队队长讲得在理，不仅没有处罚，相反，还发给队长"材料节约奖"。

上述计算中的"调整计划的材料费"就是"材料的弹性预算额"。

（一）弹性预算的概念

所谓弹性预算，亦称变动预算，固定预算的对称，是指按照预算期内可能达到的各种经营活动水平，分别确定相应的财务数据的一种预算，也就是随经营活动水平变化而确定的预算数。经营活动水平是指产量、销售量、服务量、直接人工薪酬、机器小时、材料消耗量等数量。

（二）弹性分析法的原理

1. 建立弹性预算公式

弹性预算的公式如下：

$$预算总成本(TC)＝固定成本F＋单位变动成本V×产量X$$

变动成本，亦称变动费用，是指其总额随着业务量成比例变动的那部分成本。如构成产品实体的原料及主要材料、工艺过程耗用的燃料和动力、生产工人的计件工资等。固定成本，也称固定费用，是指在业务量的一定变动幅度内，成本总额不随之变动而保持相对稳定的那部分成本。如固定资产折旧费、修理费、管理人员工资、广告费等。还有一种半变动成本或称半变动费用或称混合费用，是指其成本发生额虽随着业务量的增减而有所变动，但不保持严格的比例关系的那部分成本。这种成本通过一定方法可以分解为固定成本和变动成本两部分。

例11：某煤矿2011年初编制预算时，确定固定成本50万元，单位变动成本为20元，计划产量10万吨。2011年末，该单位实际总成本235万元，实际产量8万吨。则：

2011年预算总成本＝50＋20×10＝250（万元）

2011年实际总成本＝235（万元）

2011年弹性预算总成本＝50＋20×8＝210（万元）

将该单位实际总成本235万元同弹性预算总成本210万元比，超支25万元如图5-6所示。

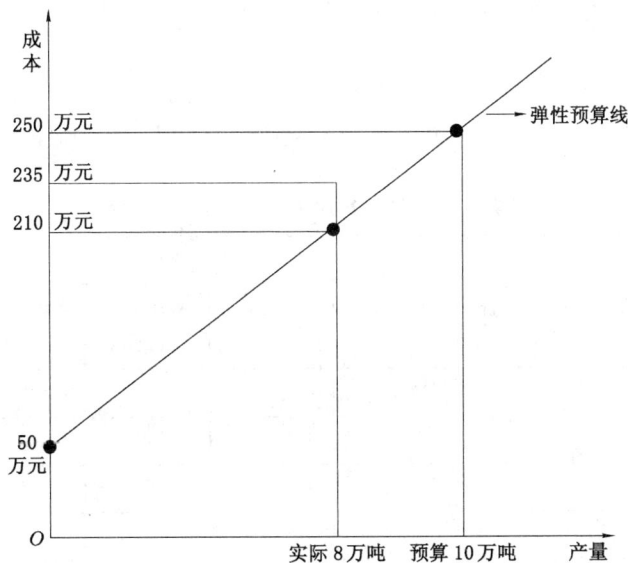

图 5-6　弹性预算分析图

从图5-6中可见，该煤矿2011年总预算10万吨时，成本250万元。实际成本235万元不能同总预算250万元直接比（比总预算低15万元），要同弹性预算210万元比，即超支了25万元。该企业建立的弹性预算分析公式是：

$$TC = 50 + 20X$$

二、煤炭材料成本项目分析

对煤炭产品材料项目进行分析的程序是:(1) 先将各种材料消耗的实际数量、实际单价同计划或上期情况比,求出量差和价差;(2) 按类汇总各种材料的量差和价差;(3) 汇总全部材料消耗的量差和价差;(4) 利用"原煤成本计算表"、"洗煤(分离前)成本表"数据采用因素分析法计算相关因素的影响程度;(5) 分析材料上升的客观因素和主观因素。现介绍第(4)、第(5)两部分的内容和方法。

(一)材料成本项目的总体分析

例12:淮宏煤矿 2011 年 9 月"原煤成本计算表"中"材料"项目计划单位成本 54 元,实际单位成本 50 元,计划原煤产量 20 万吨,实际 22 万吨。

确定分析对象:实际材料成本—计划材料成本=(22×50)−(20×54)=20(万元)

采用因素分析法进行具体分析:

(1) 产量变动对成本中材料费用的影响=(22−20)×54=108(万元)

(2) 吨煤材料费对成本中材料费用的影响=22×(50−54)=−88(万元)

分析结论:淮宏煤矿 2011 年 9 月原煤成本中材料费用实际比计划升高 20 万元的原因有二:一是原煤产量增加使材料费用增加 108 万元;二是吨煤材料费用降低使材料费用减少 88 万元。

(二)材料价格变动分析

煤炭生产过程中,要消耗三十多类共 200~300 多种材料,这些材料涨价直接增加了煤炭成本,这是市场上的一个客观因素,企业无法阻止。如何计算材料涨价率及其对煤炭成本的影响额呢?

1. 按材料采购单价计算上涨率

例13:淮宏煤矿 2009~2010 年某类材料采购情况如表 5-16 所示。

表 5-16   淮宏煤矿 2009~2010 年某类材料采购情况表

某类材料品种	2009 年			2010 年			2010 年按上年单价计算的采购总成本(元)
	采购量(千克)	平均单价(元)	采购总成本(元)	采购量(千克)	平均单价(元)	采购总成本(元)	
	1	2	3=1×2	4	5	6=4×5	7=4×2
A 材料	90	8	720	100	10	1 000	800
B 材料	70	12	840	50	15	750	600
A 材料	20	18	360	30	20	600	540
合计			1 920			2 350	1 940

根据表 5-16 计算该类材料价格上涨率如下:

该类材料上涨率=2 350÷1 940×100%−1=21.13%

煤矿产品成本中材料成本是通过"原煤成本表"中 1 至 11 类材料加"12 材料成本差异"组成。如果按 11 类计算物价上涨率可按下列式式计算:

（1）某类材料全年平均单价＝该材料全年采购成本总额÷该材料全年采购数量总计

（2）某类材料物价上涨率＝该类材料按上年全年平均单价计算的采购总成本÷该材料今年全年采购成本总额－100％

（3）全部材料物价上涨率 $= \dfrac{\sum 某材料今年采购数量总计 \times 平均采购单价}{\sum 某材料今年采购数量总计} - 100\%$

运用以上公式计算原煤材料耗用物价上涨情况表见表 5-17。

表 5-17　　　　　　　　　某煤矿原煤成本中耗用材料物价指数计算表

某类材料	上年			今年			今年按上年单价计算的采购总成本（元）	物价指数
	全年采购金额	全年采购数量	平均单价（元）	全年采购金额	全年采购数量	平均单价（元）		
	1	2	3＝1÷2	4	5	6＝4÷5	7＝5×3	8＝4÷7
1. 木材				$x1$			$y1$	$x1÷y1$
2. 支护用品				$x2$			$y2$	$x2÷y2$
3. 火工产品				$x3$			$y3$	$x3÷y3$
4. 大型材料				$x4$			$y4$	$x4÷y4$
5. 配件				$x5$			$y5$	$x5÷y5$
6. 专用工具				$x6$			$y6$	$x6÷y6$
7. 自用煤				$x7$			$y7$	$x7÷y7$
8. 劳保用品				$x8$			$y8$	$x8÷y8$
9. 建工材料				$x9$			$y9$	$x9÷y9$
10. 油脂				$x10$			$y10$	$x10÷y10$
11. 其他材料				$x11$			$y11$	$y11÷x11$
合计				X			Y	$X÷Y$

如果全部材料物价指数（$X÷Y=1.1$）为 110％，原煤成本表中 1～11 类材料总额 50 万元（计划价格），实际成本是 55 万元（50×110％）。经查，该矿上年原煤总成本中材料成本占 60％，则：

今年由于材料价格比上年上涨 10％，导致原煤成本上升％＝10％×60％＝6％。

2. 按材料成本差异账户计算上涨率

煤炭企业材料核算通常采用计划成本计价。材料计划成本在年度内一般不变，但市场上钢材、木材等价格天天都在变化，这种变化都计入了"材料成本差异——某类材料"账户。则某类材料涨价率可通过"材料成本差异"账户计算出来。

（1）材料无期初余额的情况

例 14：淮宏煤矿 2012 年 1 月 1 日木材明细账户无余额，2012 年 1 月购入木材 10 立方米，每立方米实际单价（含运杂费不含增值税）1 300 元，按计划单价（以上年全年实际平均单价为基础调整）1 250 元入库。通过编制记账凭证，登记账簿，出现下列情况（见图 5-7）：

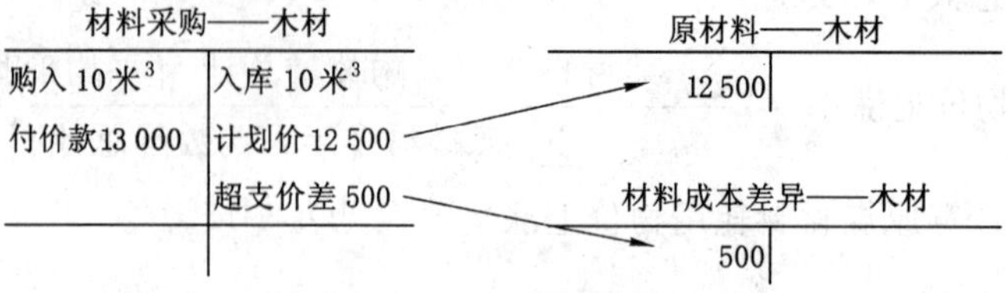

图 5-7　无期初余额的材料账户图

根据图 5-7 计算材料涨价率是：木材价格上涨率＝500÷12 500×100％＝4％

（2）材料有期初余额的情况

例 15：淮宏煤矿 2012 年 1 月 31 日木材明细账户结余 12 500 元，2012 年 2 月又购入木材 10 立方米，每立方米实际单价（含运杂费不含增值税）1 495 元，按计划单价（以上年全年实际平均单价为基础调整）1 250 元入库存。通过编制记账凭证，登记账簿，出现下列情况（见图 5-8）：

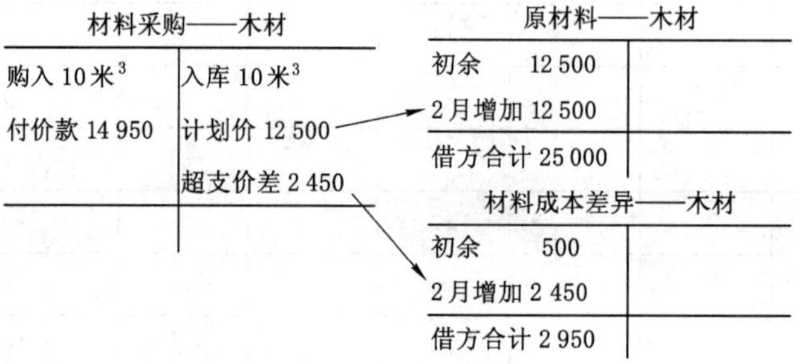

图 5-8　有期初余额的材料账户图

根据图 5-8 计算材料涨价率的过程如下：

2 月份木材价格上涨率＝2 450÷12 500×100％＝19.6％

2 月份材料成本差异率＝（500＋2 450）÷（12 500＋12 500）＝11.8％

$$\text{1～2月份木材价格上涨率} = \frac{(10×1\,300＋10×1\,495)÷(10＋10)}{\text{以上年全年实际平均单价为基础确定的计划单价 1 250 元}} － 100\% ＝11.8\%$$

计算结果表明，按统计方法计算的 1～2 月份木材价格上涨率为 11.8％，正好等于 2 月材料成本差异率 11.8％，即用材料成本差异率可以代替物价上涨率的计算。

例 16：淮宏煤矿 2011 年 1 月 1 日至 2011 年 12 月 31 日"收料凭证汇总表"如表 5-18 所示。

根据表 5-18 计算 32 类材料涨价率如下：

（1）2011 年度全部材料涨价率＝1 030÷63 200＝1.63％

（2）计算原煤成本中物价上涨影响额

表 5-18　　　　　　　　　　　**淮宏煤矿 2011 年度收料凭证汇总表**

2011 年 1 月 1 日～2011 年 12 月 31 日

类别	项目	计划成本（元）						实际成本（元）	成本差异（元）
		局购直达	局外自购	局库移拨	局内调入	加工收回	合计		
1～6 类	燃料及油脂	2 000		3 800			5 800	6 000	200
	黑色金属								
	炉料及金属制品								
	化工产品及火工产品				6 400		6 400	6 800	400
	橡胶制品及塑料制品	51 000					51 000	51 430	430
	建筑材料及轻纺材料								
	1～6 类小计	51 000		3 800	6 400		63 200	64 230	1 030
7～8 类	坑木								
	坑木代用品								
	7～8 类小计								
11～15 类	二类机械								
	……								
	11～15 类小计								
16～22 类	三类金属制品								
	三类工具器具								
	……								
	16～23 类小计								
23～32 类	专用设备配件								
	……								
	23～32 类小计								
合　计		53 000		3 800	6 400		63 200	64 230	1 030
其中：暂估材料		2 000					2 000		

例 17：峰星煤矿 2011 年 1 月 1 日至 2011 年 12 月 31 日"原煤成本表"见表 5-19。

峰星煤矿上年原煤总成本中材料成本占 60%，则：

由于材料涨价导致原煤材料成本增加 $=(a1+a2+……+a11)\times 1.63\%=1.63\%A$

由于材料涨价影响原煤成本上升% $=1.63\%A\times 60\%=0.978\%A$。

或者说，如果 2011 年材料成本核算价格不上升，原煤全部成本不是 Y，则原煤全部成本 $=(1-0.978\%)Y$。

表 5-19 　　　　　　　　　　峰星煤矿 **2011 年度原煤成本表**

2011 年 1 月 1 日至 2011 年 12 月 31 日 　　　　　　　　　　单位:元

项目	单位成本		总成本	
	本期	累计	本期实际	累计实际
一、材料				$X=A+b$
1. 木材				$a1$
2. 支护用品				$a2$
3. 火工产品				$a3$
4. 大型材料				$a4$
5. 配件				$a5$
6. 专用工具				$a6$
7. 自用煤				$a7$
8. 劳保用品				$a8$
9. 建工材料				$a9$
10. 油脂				$a10$
11. 其他材料				$a11$
12. 材料价差				b
二、电费		18.00		63 180 000
……				……
十、安全费用				……
十一、其他支出				……
全部成本				Y

三、煤炭电费成本项目的分析

煤炭电费成本项目的一般分析参见材料成本项目的总体分析(见例 12)。这里介绍电价上涨的客观因素分析方法和原煤生产单位电耗的分析方法。

（一）电价上涨的主客观因素分析

峰星煤矿 2009 年原煤吨煤制造成本 190 元,其中,电力成本 15 元,2010 年吨煤电力成本 18.27 元。全国工业品出厂价格指数(简称 PPI,有 14 个部门[①],38 个行业)中"电力工业"物价指数 2010 年是 102％,则:

峰星煤矿 2009 年原煤吨煤电力成本比重＝15÷190＝7.89％

按电力物价指数推算的 2010 年原煤吨煤电力成本＝15×1.02＝15.30(元)

由于电费涨价导致 2010 年原煤电力成本增加额＝(15.30－15)×原煤产量 200 万吨＝60(万元)

因电费涨价导致 2010 年原煤成本上升％＝2009 年原煤吨煤电力成本比重 7.89％×2010 年"电力工业"物价比上年增长 2％＝0.157 8％

---

① 14 个部门包括:冶金工业、电力工业、煤炭工业、石油工业、化学工业、机械工业、建筑材料工业、森林工业、食品工业、纺织工业、缝纫工业、皮革工业、造纸工业、文教艺术用品工业。

2010 年吨煤电力成本实际比上年上升％＝18.27÷15－100％＝21.8％

因耗电主观原因导致 2010 年原煤成本上升％＝7.89％×（21.8％－2％）＝1.56％

（二）原煤生产单位电耗的分析

1. 建立关系式

$$吨煤电力成本＝吨煤电力消耗量×电力单价$$

2. 分析量差、价差

根据表 5-19 中电费数据及其他数据，峰星煤矿 2011 年度实际原煤产量 351 万吨，耗电 7 020 万度，每度电 0.90 元，电费成本 6 318 万元，单位电力成本 18 元，每吨煤耗电 20 度（7 020÷351）。该矿 2010 年原煤产量 345 万吨，耗电 7 245 万度，每度电 0.87 元，电费成本 6 303.15 万元，单位电力成本 18.27 元，每吨煤耗电 21 度（7 245÷345）。分析 2011 年吨煤电力成本比 2010 年吨煤电力成本降低 0.27 元（18－18.27）的原因。

（1）由于吨煤电力消耗量变动影响吨煤电力成本的金额为：

$$（20－21）×0.87＝－0.87（元）$$

（2）由于电力单价变动影响吨煤电力成本的金额为：

$$20×（0.90－0.87）＝0.60（元）$$

3. 分析结论

峰星煤矿 2011 年吨煤电力成本比 2010 年吨煤电力成本降低 0.27 元的原因有二：一是由于吨煤电力消耗量降低致使吨煤电力成本降低 0.87 元；二是由于电力单价涨价致使吨煤电力成本上升 0.60 元，两者相抵消后净降低 0.27 元（－0.87＋0.60）。

4. 单位电耗的评价

2009 年全国国有重点煤矿原煤生产电耗为 25.40（千瓦时/吨），峰星煤矿 2011 年原煤生产电耗为 20（千瓦时/吨），低于全国平均水平，应该充分肯定其成绩。

四、职工薪酬成本项目的分析

职工薪酬是企业根据经济效益和国家有关方针政策确定的。它是产品成本的重要组成部分。煤炭企业不仅要分析职工薪酬总额的变动情况，还要分析吨煤薪酬成本的影响因素。

1. 吨煤薪酬成本的分析

例 18：峰星煤矿 2011 年度原煤产量、薪酬及吨煤薪酬成本情况如表 5-20 所示。

表 5-20　　　　　　峰星煤矿 2011 年度原煤产量、薪酬及吨煤薪酬成本情况表

项　目	实际	计划
1. 原煤产量（万吨）	351	345
2. 原煤负担的薪酬总额（万元）	30 818	29 394
3. 吨煤薪酬成本（元）＝2÷1	87.8	85.2

（1）确定分析对象：实际吨煤薪酬成本 87.80－计划吨煤薪酬成本 85.20＝2.60（元）

（2）建立关系式：吨煤薪酬成本＝原煤负担的薪酬总额÷原煤产量

（3）分析具体原因：

① 由于原煤产量增加导致吨煤薪酬成本增加＝（29 394÷351）－（29 394÷345）

$$＝－1.46（元）$$

② 由于原煤负担的薪酬总额增加影响吨煤薪酬成本变动=(30 818÷351)-(29 394÷351)=4.06(元)

(4)分析结果:-1.46+4.06=2.60(元)。即由于原煤产量增加导致吨煤薪酬成本降低1.46;同时由于原煤负担的薪酬总额增加影响吨煤薪酬成本增加4.06元。

2. 职工薪酬总额节约(或超支)额的计算

(1)原煤负担的薪酬绝对超支额=实际薪酬-计划薪酬

$$=30\ 818-29\ 394$$

$$=1\ 424(万元)$$

(2)超支率=1 424÷29 394=4.84%

(3)原煤负担的薪酬相对超支额=实际薪酬总额-调整后的薪酬总额

假设:薪酬总额中变动部分比重40%,原煤产量完成率101.74%

调整后计划薪酬总额=计划29 394×(固定比重60%+变动40%×101.74%)

$$=29\ 598.582\ 万元$$

原煤负担的薪酬相对超支额=30 818-29 598.582=1 219.418(万元)

相对超支率=1 219.418÷29 598.582=4.11%

(4)按职工薪酬组成项目进行具体分析。煤炭产品负担的职工薪酬成本有10项:① 工资、奖金、津贴和补贴;② 职工福利;③ 社会保险费;④ 住房公积金;⑤ 职工住房补贴;⑥ 工会经费;⑦ 职工教育经费;⑧ 非货币性福利;⑨ 辞退福利;⑩ 其他薪酬。企业可以根据将其中变动数额大的项目进行具体分析

3. 职工平均劳动报酬和劳动生产率变化对产品成本的影响分析

职工平均劳动报酬和劳动生产率(原煤生产人员效率)变化对产品成本升降的影响见第四章第一节"流动负债分析"例9。

五、煤炭变动成本项目的分析

煤炭产品变动成本项目通常是与煤炭产品产量成正比例变动的项目。这些项目分别是:维简费;可持续发展准备金;资源成本;环境治理补偿费;安全费用。这些费用的发生一般都与国家的政策有关,是煤炭产品成本的一个客观因素。现以其中"安全费用"为例,揭示分析的公式如下:

$$\frac{安全费用变动影}{响成本降低率}=\frac{吨煤安全费}{用降低率}×\frac{上期煤炭产品总成本中}{安全费用所占的比重}$$

$$吨煤安全费用降低率=\frac{上期或计划吨煤安全费用}{本期吨煤安全费用}-100\%$$

例19:峰星煤矿2010年度按原煤产量每吨煤计提安全费用45元,原煤成本中安全费用占10%。2011年峰星煤矿按原煤产量每吨煤计提安全费用50元。则:

吨煤安全费用降低率=45÷50-100%=-10%

安全费用变动影响原煤成本降价率=-11.11%×10%=-1%

2009年全国大型煤炭企业生产原煤161 151.67万吨,共提取安全费用2 962 072.2万元,平均每吨原煤提取安全费用17.66元。2009年淮矿业集团公司原煤产量6 715.5万吨,共提取安全费用335 774万元,每吨煤计提安全费用50元。峰星煤矿重视安全投入,2010年每吨煤计提安全费用50元,虽然导致原煤成本上升1%,但安全投入已达到全国煤炭行

业先进水平。

再从全国原国有重点煤矿看,2007～2008 年分别计提安全费用 203 亿元、270.86 亿元,每吨煤分别计提 20.91 元、27.08 元。

六、煤炭固定成本上升的客观因素分析

煤炭产品有些成本项目一般不与煤炭产品产量成正比例变动,是煤炭产品的固定成本。例如:固定资产折旧费、财产保险费、办公费等。这些固定成本的变动也会影响煤炭产品成本的升降。计算公式如下:

$$\frac{\text{固定费用变动对}}{\text{成本降低率的影响}} = \left(1 - \frac{1 + \text{固定费用增长\%}}{1 + \text{产量增长\%}}\right) \times \frac{\text{固定费用}}{\text{比重}}$$

以上材料项目、薪酬项目除了分析各该成本的变动因素影响外还可以进一步将其分为变动费用和固定费用采用上述第五、第六部分内容的分析方法进行深入分析。

第五节 可比产品成本分析

可比产品是指企业以往生产过、有成本资料可以比较的产品。如原煤、洗煤等。企业每年都要编制产品成本计划作为企业成本控制的依据。企业产品成本计划一般是在本年年初时编制。其中,编制可比产品成本计划时要以上年可比产品实际成本为基础,结合本年生产发展要求确定。本年末,分析评价本年成本计划完成情况时,既要将本年可比产品实际成本同上年实际情况比,又要将本年可比产品实际成本同本年可比产品成本计划比,由此分析确定可比产品成本降低任务的完成情况。对于其中某种产品成本升高的情况还要作深入分析。

一、可比产品成本实际降低情况的分析

可比产品成本实际降低情况的分析是将本期可比产品实际成本同上期实际成本进行对比而确定实际降低率的分析,举例如下。

例 20:江洪煤机厂本年生产甲乙两种可比产品,实际产量分别为 150 台、160 件,实际单位成本分别是 34 元、27.5 元,甲产品上年实际产量 210 台,实际单位成本 40 元;乙产品上年实际产量 180 件,实际单位成本 25 元。

① $\frac{\text{可比产品}}{\text{实际降低额}} = \frac{\text{本年实}}{\text{际产量}} \times \frac{\text{上年实际}}{\text{单位成本}} - \frac{\text{本年实}}{\text{际产量}} \times \frac{\text{本年实际}}{\text{单位成本}}$

$= (150 \times 40 + 160 \times 25) - (150 \times 34 + 160 \times 27.5)$

$= 10\,000 - 9\,500 = 500(\text{元})$

② $\frac{\text{可比产品}}{\text{实际降低率}} = \frac{\text{可比产品实际降低额}}{\text{本年实际产量} \times \text{上年实际单位成本}} \times 100\%$

$= 500 \div 10\,000 \times 100\% = 5\%$

计算结果表明,该企业可比产品成本比上年实际降低 500 元,降低率为 5%。为了进一步分析,还要计算各产品成本降低率:

$\text{甲产品成本降低率} = \frac{\text{上年实际单位成本} - \text{本年实际单位成本}}{\text{上年实际单位成本}} \times 100\%$

$= \frac{40 - 34}{40} \times 100\% = 15\%$

$$乙产品成本降低率 = \frac{25-27.5}{25} = -10\%$$

计算结果表明,该企业甲产品成本比上年降低 15%,乙产品成本比上年升高 10%。

二、可比产品成本计划降低任务完成情况的分析

计划年度确定的可比产品成本降低任务包括计划降低额和计划降低率两部分。计划降低任务是对上年实际成本而言的,因而要以上年实际单位成本为计算基础。例如,上述企业本年度甲产品计划产量 250 台,计划单位成本 36 元,乙产品计划产量 200 件,计划单位成本 24 元,则:

$$\begin{aligned}
\text{可比产品} \atop \text{计划降低额} &= \text{本年计} \atop \text{划产量} \times \text{上年实际} \atop \text{单位成本} - \text{本年计} \atop \text{划产量} \times \text{本年计划} \atop \text{单位成本} \\
&= (250 \times 40 + 200 \times 25) - (250 \times 36 + 200 \times 24) \\
&= 15\,000 - 13\,800 = 1\,200(\text{元})
\end{aligned}$$

$$\begin{aligned}
\text{可比产品计划降低率} &= \frac{\text{可比产品计划降低额}}{\text{本年计划产量} \times \text{上年实际单位成本}} \times 100\% \\
&= \frac{1\,200}{15\,000} \times 100\% = 8\%
\end{aligned}$$

可比产品成本计划降低任务确定后应努力完成计划,可上述企业执行结果不够理想:

实际降低额 500 元 - 计划降低额 1 200 元 = -700 元(未完成计划)

实际降低率 5% - 计划降低率 8% = -3%(未完成计划)

影响可比产品成本降低任务完成的因素有三:一是产品产量变动;二是品种结构变动;三是单位成本变动。其中,产品产量变动只影响成本降低额,不影响降低率。现仍以上述举例予以说明。

1. 产品产量变动影响的分析

产品产量变动影响的成本降低额

$$\begin{aligned}
&= \left[\sum \left(\text{本年实} \atop \text{际产量} \times \text{上年单} \atop \text{位成本} \right) - \sum \left(\text{本年计} \atop \text{划产量} \times \text{上年单} \atop \text{位成本} \right) \right] \times \text{计划成本} \atop \text{降价率} \\
&= [(150 \times 40 + 160 \times 25) - (250 \times 40 + 200 \times 25)] \times 8\% \\
&= (10\,000 - 15\,000) \times 8\% \\
&= -400(\text{元})
\end{aligned}$$

2. 品种结构变动影响的分析

品种结构变动影响是指各种产品成本在总成本中的比重发生变动而对成本降低任务产生的影响。运用的公式如下:

品种结构变动影响的成本降低额

$$\begin{aligned}
&= \left[\sum \left(\text{本年} \atop \text{实际} \atop \text{产量} \times \text{上年} \atop \text{单位} \atop \text{成本} \right) - \sum \left(\text{本年} \atop \text{实际} \atop \text{产量} \times \text{计划} \atop \text{单位} \atop \text{成本} \right) \right] - \left[\sum \left(\text{本年} \atop \text{实际} \atop \text{产量} \times \text{上年} \atop \text{单位} \atop \text{成本} \right) \times \text{计划} \atop \text{成本} \atop \text{降价率} \right] \\
&= [(150 \times 40 + 160 \times 25) - (150 \times 36 + 160 \times 24)] - [(150 \times 40 + 160 \times 25) \times 8\%] \\
&= (10\,000 - 9\,240) - 10\,000 \times 8\% = -0.4\%
\end{aligned}$$

$$\text{品种结构变动影} \atop \text{响的成本降低率} = \frac{\text{品种结构变动影响的成本降低额}}{\sum(\text{本年实际产量} \times \text{上年单位成本})} \times 100\%$$

$$=-40\div 10\ 000=-0.4\%$$

3. 单位成本变动影响的分析

$$\text{单位成本变动影响的成本降低额}=\left[\sum\left(\text{本年实际产量}\times\text{计划单位成本}\right)-\sum\left(\text{本年实际产量}\times\text{本年实际单位成本}\right)\right]$$

$$=(150\times 36+160\times 24)-(150\times 34+160\times 27.5)$$

$$=9\ 240-9\ 500=-260(\text{元})$$

$$\text{单位成本变动影响的成本降低率}=\frac{\text{单位成本变动影响的成本降低额}}{\sum(\text{本年实际产量}\times\text{上年单位成本})}\times 100\%$$

$$=-260\div 10\ 000=-2.6\%$$

将以上计算结果汇总列入表 5-21。

表 5-21　　　　可比产品成本降低任务完成情况分析表

项　目	可比产品成本降低额(元)	可比产品成本降低率
1. 实际降低指标	500	5%
2. 计划降低指标	1 200	8%
3. 计划完成情况＝1-2	-700	-3%
(1) 产品产量变动影响	-400	0
(2) 品种结构变动影响	-40	-0.4%
(3) 单位成本变动影响	-260	-2.6%
合计(应和表中第3项一致)	-700	-3%

三、主要产品单位成本的分析

对主要产品单位成本的分析,除了分析其降低额和降低率外,应着重按成本项目进行分析。

例 21:现以上述江洪煤机厂甲产品为例列示有关计算资料如表 5-22 所示。

表 5-22　　　　甲产品成本项目分析资料

项　目	实际	计划	差异
甲产品单位成本(元)	40.00	36.00	4.00
1. 直接材料(元)	24.88	21.90	2.98
(1) 单位耗用量(公斤/台)	20.00	21.90	-1.90
(2) 材料单价(元/台)	1.244	1.00	0.24
2. 直接工资(元)	7.14	7.50	-0.36
(1) 单位工时(小时/台)	1.40	1.50	-0.10
(2) 小时工资率(元/小时)	5.10	5.00	0.10
3. 直接材料(元)	7.98	6.6	1.38
(1) 单位工时(小时/台)	1.40	1.50	-0.10
(2) 小时费用率(元/小时)	5.70	4.40	1.30

1. 直接材料项目的分析

$$单位耗用量变动影响 = \left(\begin{array}{c}实际单位\\耗用量\end{array} - \begin{array}{c}计划单位\\耗用量\end{array}\right) \times \begin{array}{c}计划\\单价\end{array}$$

$$= (20 - 21.9) \times 1.00 = -1.9(元)$$

$$材料单价变动影响 = \left(\begin{array}{c}实际\\单价\end{array} - \begin{array}{c}计划\\单价\end{array}\right) \times \begin{array}{c}实际单位\\耗用量\end{array}$$

$$= (1.244 - 1.00) \times 20 = 4.88(元)$$

直接材料变动总差异 = 量差 + 价差

$$= -1.9 + 4.88 = 2.98(元)$$

2. 直接工资项目的分析

工时消耗量变动影响 = (实际单位工时 - 计划单位工时) × 计划小时工资率

$$= (1.4 - 1.5) \times 5.00 = -0.50(元)$$

小时工资率变动影响 = 实际单位小时 × (实际小时工资率 - 计划小时工资率)

$$= 1.4 \times (5.10 - 5.00) = 0.14(元)$$

直接工资变动总差异 = 效率差异 + 工资率差异

$$= -0.50 + 0.14 = -0.36(元)$$

3. 制造费用项目的分析

工时消耗量变动影响 = (实际单位工时 - 计划单位工时) × 计划小时费用率

$$= (1.4 - 1.5) \times 4.40 = -0.44(元)$$

小时费用率变动影响 = 实际单位小时 × (实际小时费用率 - 计划小时费用率)

$$= 1.4 \times (5.70 - 4.40) = 1.82(元)$$

制造费用变动总差异 = 效率差异 + 费用率差异

$$= -0.44 + 1.82 = 1.38(元)$$

4. 产品成本项目分析结果综合

江洪煤机厂甲产品单位成本实际数为 40 元，计划数是 36 元，超支 4 元。通过分析，它由三大原因造成：一是直接材料项目因素增加 2.98 元，直接人工项目因素降低 0.36 元，制造费用项目因素增加 1.38 元。

四、制造费用分解项目的深入分析

会计核算设计的"制造费用"科目核算的内容是：生产车间（部门）管理人员薪酬，生产车间（部门）房屋建筑物、机器设备等的折旧费、机物料消耗，生产车间（部门）使用的低值易耗品修理费、经营租赁费（临时租入固定资产等支付的租赁费，不包括融资租赁费），生产车间（部门）发生的或消耗的低值易耗品、取暖费、水电费、办公费、差旅费、运输费、保险费、设计制图费、试验检验费、劳动保护费、环境保护费（即排污费、绿化费等）、季节性或修理期间的停工损失、其他制造费用（如矿山维简费、油田维护费、原油储量有偿使用费、生产安全费、生产发展费等）。这些费用有一些是固定费用，如管理人员薪酬、固定资产折旧费、办公费、保险费、设计制图费等，有一些是变动费用，如试验检验费、运输费等。这两种费用与产品产量的关系不同，进而对产品成本的影响程度也不同。因此，应该将制造费用分解为"变动制造费用"和"固定制造费用"两部分内容分别进行分析（分解方法有高低点法、散布图法、回归分析法等）。

（一）变动制造费用差异分析

例22：江洪煤机厂本年生产甲产品实际产量150台，计划每台制造费用6.60元（其中，变动制造费用3.85元），实际制造费用7.98元（其中，变动制造费用4.41元）。该产品生产过程中，计划每台产品耗用工时1.40小时，小时变动制造费用率为2.75元，实际每台产品耗用工时1.5小时，小时变动制造费用率为2.94元。具体对比资料见表5-23。

表 5-23   **变动制造费用实际数与计划数对比表**

项 目	实 际	计 划
1. 全年甲产品实际产量（台）	150	150
2. 每台产品耗用工时（小时）	1.5	1.40
3. 小时变动制造费用率（元）	2.94	2.75
4. 每台甲产品变动制造费用（元）＝2×3	4.41	3.85
5. 全年甲产品变动制造费用（元）＝1×4	661.50	577.50

表5-23中分析对象：全年生产甲产品的实际变动制造费用661.50元比计划变动制造费用577.50元高84元的原因。

(1) 变动制造费用效率差异 ＝ (实际工时 － 计划工时) × 计划小时变动制造费用率 × 全年实际产量

　　　　　　＝(1.5－1.40)×2.75×150＝41.25(元)

(2) 变动制造费用价格差异 ＝ 实际工时 × (实际小时变动制造费用率 － 计划小时变动制造费用率) × 全年实际产量

　　　　　　＝1.5×(2.94－2.75)×150＝42.75(元)

(3) 变动制造费用总差异＝变动制造费用效率差异＋变动制造费用价格差异

　　　　　　＝41.25＋42.75＝84(元)

计算结果表明，江洪煤机厂本年生产甲产品由于每台产品实际工时1.5比计划1.40低0.10小时，致使人工成本升高41.25元，同时由于实际变动制造费用率2.94元比计划变动制造费用率2.75高0.19元，致使变动制造费用升高42.75元，两者相加后，全年甲产品变动制造费用升高84元，正好等于分析对象84元。

（二）固定制造费用差异分析

江洪煤机厂本年生产甲产品计划产量250台，实际产量150台，按弹性预算编制的计划固定制造费用405元，实际发生的固定制造费用495元。要求计算分析固定制造费用效率差异和固定制造费用价格差异。

(1) 固定制造费用效率差异 ＝ (计划产量 － 实际产量) × $\dfrac{计划固定制造费用}{计划产量}$

　　　　　　＝(250－150)×(405÷250)

　　　　　　＝250×1.62－150×1.62

　　　　　　＝405－243＝162(元)

(2) 固定制造费用价格差异＝实际固定制造费用－弹性预算的计划固定制造费用

　　　　　　＝495－405＝90(元)

(3) 固定制造费用总差异＝固定制造费用效率差异＋固定制造费用价格差异

＝162＋90＝252(元)

计算结果表明,江洪煤机厂本年生产甲产品由于实际产量 150 台比计划产量 250 台少 100 台,致使每台产品分摊的固定制造费用升高,全部固定制造费用增加 162 元,同时由于实际固定制造费用 495 元比计划固定制造费用 405 高 90 元,两者相加(162＋90)后,全年甲产品固定制造费用总差异共升高 252 元。

第六节　煤炭成本综合分析

一、各种煤炭平均单位成本的计算与评价

(一)各种煤炭平均单位成本的计算

我国有一些煤矿,既生产原煤,又生产各种洗煤。这些煤矿有时需要计算全部煤炭产品的单位成本。其计算公式如下:

$$\frac{全部煤炭产品}{综合单位成本} = \frac{\sum(某种商品煤产量 \times 该商品煤单位成本)}{\sum 各该商品煤炭产量}$$

例 23:淮宏煤矿 2009～2010 年煤炭产量及成本情况见表 5-24。

表 5-24　　　　　　　　**淮宏煤矿 2009～2010 年煤炭产量及成本情况表**

项　目	2009 年	2010 年	年递增率
1. 全年原煤生产产量(万吨)	180	200	11.11%
(1) 其中,入洗原煤(万吨)	115	140	21.74%
(2) 入洗煤回收率	83%	85%	2.41%
2. 全年各等级洗煤产量＝(1)×(2)	95.45	119	24.67%
3. 全年原煤单位制造成本(元)	190	210	10.53%
4. 全年洗煤分离前单位成本(元)	460	500	8.70%
5. 全年洗煤分离后平均单位成本(元)	554	588	6.14%

淮宏煤矿 2010 年各种煤炭产品平均单位生产成本

$$=\frac{(200-140)\times210+(119\times588)}{200-140+119}=461.30(元)$$

上述公式中原煤生产产量为什么要扣除入洗原煤量呢? 为了避免分子分母产量重复计算。

从煤炭产品生产过程看,原煤生产出来后,一部分继续加工(入洗),生产出各种洗煤进入洗煤成品库,另一部分进入煤仓(原煤仓库)等待销售,则煤矿产品完工入库数量(可供出售的"商品煤"数量)就是煤炭产品生产量。即 200 吨原煤扣除入洗 140 吨后 60 吨原煤为完工入库的原煤,再加上 119 吨入库洗煤,商品煤生产量为 179 吨。虽然会计核算入库原煤数量为 200 吨,入洗原煤 140 吨作原煤发出,那是为了国家统计原煤数量不得已而为之,实质上,入原煤仓库的"库存商品"仅有 60 吨,140 吨原煤是一般工业企业的"自制半成品"而已。

从各种煤炭产品平均单位生产成本的计算结果看,原煤生产量不扣除入洗煤量,其平均单位生产成本为 351.01 元[(200×210＋119×588÷(200＋119)],比扣除入洗原煤的平均

单位生产成本为 463.30 元低了 112.29 元。哪一种成本更切合实际呢？如果我们用煤炭产量比重作权数，有两种比重选择：一是以原煤生产量 200 吨为基础，原煤、洗煤、入洗损失煤量的比重分别为 30％（60÷200）、59.5％（119÷200）、10.5％（21÷200），平均单位生产成本为 434.91 元（30％×210＋59.5％×588＋10.5％×210）；二是以商品煤生产量 179 吨为基础，原煤、洗煤产量的比重分别为 33.52％（60÷179）、66.48％（119÷179），平均单位生产成本为 461.30 元（33.52％×210＋66.485％×588）。计算结果表明，按商品煤加权计算的平均单位成本和上述公式结果一样，都是 461.30 元。如果原煤产量不扣除入洗原煤数量，加权平均的煤炭单位生产成本为 434.91 元，比 463.30 元低 28.39 元，比 351.01 高 83.90 元，很显然，不扣除入洗原煤数量的偏差更大。

（二）煤炭单位成本的评价

1. 与全国大型煤炭企业比

2005～2009 年全国大型煤炭企业原煤单位成本情况见表 5-25。

表 5-25　　　　　　2005～2009 年全国大型煤炭企业原煤单位成本情况表

年份	2005 年	2006 年	2007 年	2008 年	2009 年	2005～2009 年简单平均
原煤单位成本（元）	193	203.73	233.19	399.06	334.50	272.70

数据来源：中国煤炭工业协会统计与信息部编《煤炭工业统计年报摘要》。

从表 5-25 中可见，2005～2009 年全国大型煤炭企业原煤单位成本累计平均 272.70 元，其中，2009 年为 334.50 元。淮宏煤矿 2009 年原煤单位制造成本 190 元，比全国大型煤炭企业 334.50 元低 144.50 元。

2. 与全国煤炭采选业比

2005～2010 年全国规模以上煤炭开采洗选业煤炭平均单位成本情况见表 5-26。

表 5-26　　　　　　2005～2010 年全国规模以上煤炭采选业煤炭平均单位成本表

项　　目	2005 年	2006 年	2007 年	2008 年	2009 年	2010 年	2005～2009 年累计
全国煤炭生产产量（亿吨）	23.5	23.73	25.26	28.02	29.73	32.35	162.59
全国煤炭采选业成本（亿元）	2748.6	5226.3	6609.0	10 284.6	12 607.0	16 788.7	54 264.33
吨煤成本（产销平衡）	116.96	220.24	261.64	367.05	424.05	518.97	333.75

数据来源：各有关年度《中国统计年鉴》。

从表 5-26 中可见，2005～2010 年全国规模以上煤炭开采洗选业煤炭平均单位成本累计平均 333.75 元，其中，2009 年为 424.05 元。淮宏煤矿 2009 年各种煤炭产品平均单位生产成本 461.30 元，比全国煤炭采选业 424.05 元高 37.25 元。

二、煤炭单位成本升降率的计算与评价

（一）按煤炭生产量计算单位制造成本升降率

仍以例 23 表 5-24 为依据计算淮宏煤矿下列指标：

（1）煤炭制造成本降低额＝（200－140）×（190－210）＋140×（460－500）

＝－1 200－5 600＝－6 800（元）

（2）2010年煤炭产品单位制造成本上升率＝－6 800÷[（200－140）×190＋140×460]
＝－6 800÷75 800＝－8.97%

计算结果表明，淮宏煤矿2010年各种煤炭产品平均单位制造成本比上年上升了8.97%，比同期全国规模以上煤炭采选业煤炭平均单位成本上升22.38%（518.97÷424.05－100%）低13.41个百分点。

（二）按煤炭销售量计算单位销售成本升降率

1．按煤炭销售量计算平均单位销售成本（假设产销平衡）

仍以例23表5-24为依据计算淮宏煤矿下列指标。

（1）煤炭销售量＝原煤销售量＋洗煤销售量

2009年淮宏煤矿煤炭销售量＝（原煤生产180－入洗115）＋（入洗115×回收率83%）
＝65＋95.45＝160.45（吨）

2010年淮宏煤矿煤炭销售量＝（原煤生产200－入洗140）＋（入洗140×回收率85%）
＝60＋119＝179（吨）

（2）2009年销售煤炭产品平均单位销售成本＝[（180－115）×190＋95.45×554]÷160.45＝（12 350＋52 879）÷160.45＝406.54（元）

（3）2010年销售煤炭产品平均单位销售成本＝[（200－140）×210＋119×588]÷179＝（12 600＋69 972）÷179＝416.30（元）

2．计算煤炭产品平均单位销售成本升降率

2010年煤炭产品平均单位销售成本比上年上升率
＝2010年销售煤炭平均单位销售成本÷2009年销售煤炭平均单位销售成本
＝416.30÷406.54＝102.40%（即比上年增长了2.40%）

3．评价

计算结果表明，淮宏煤矿2010年各种煤炭产品按销售量计算的平均单位销售成本比上年上升了30.78%，比同期全国规模以上煤炭开采洗选业煤炭平均单位成本上升22.38%（518.97÷424.05－100%）高8.4个百分点。

三、提高入洗煤炭回收率的效益分析

（一）提高洗煤回收率降低煤炭产品成本的效益分析

洗煤回收率是洗煤厂（或洗煤车间）洗出各种等级精煤的产量之和与入洗原煤总量之比。提高洗煤回收率会降低洗煤产品的成本。计算公式如下：

$$洗煤回收率变动对洗煤成本的影响＝实际入洗量×（实际回收率－计划或上年回收率）×计划或上年洗煤分离后平均单位成本$$

仍以例23表5-24为依据计算淮宏煤矿洗煤回收率变动对洗煤产品成本的影响程度。

淮宏煤矿2010年洗煤回收率比上年提高而对洗煤产品成本的影响额度
＝140×（83%－85%）×554＝－1 551.2（万元）

计算结果表明，淮宏煤矿2010年洗煤回收率比上年提高2%，致使洗煤产品成本降低了1 551.2万元。即淮宏煤矿洗煤回收率每提高一个百分点，洗煤产品成本降低775.6万元（1 551.2÷2）。

（二）提高洗煤回收率增加煤炭产品利润的效益分析

提高洗煤回收率会增加洗煤产品的利润。计算公式如下：

$$\begin{matrix}洗煤回收率变动\\对洗煤成本的影响\end{matrix} = \begin{matrix}实际\\入洗量\end{matrix} \times \left(\begin{matrix}计划或上\\年回收率\end{matrix} - \begin{matrix}实际\\回收率\end{matrix}\right) \times \begin{matrix}计划或上年洗煤\\产品平均单位利润\end{matrix}$$

仍以例 23 表 5-24 为依据计算淮宏煤矿洗煤回收率变动对洗煤产品毛利润的影响程度（2009 年洗煤单位平均毛利润 266 元）。

淮宏煤矿 2010 年洗煤回收率比上年提高而对洗煤产品利润的影响额度

＝140×（83％－85％）×266＝－744.8（万元）

计算结果表明，淮宏煤矿 2010 年洗煤回收率比上年提高 2％，致使洗煤产品利润增加了 744.8 万元。即淮宏煤矿洗煤回收率每提高一个百分点，洗煤产品利润增加 372.4 万元（744.8÷2）。

四、煤炭产品成本升高的政策性因素分析

（一）煤炭资源成本上升

过去，煤炭资源不计价值，国家无偿划拨给企业开采。1986 年 3 月，我国颁布的《中华人民共和国矿产资源法》明确规定："国家对矿产资源实行有偿开采。开采矿产资源，必须按照国家有关规定缴纳资源税和资源补偿费。"这一规定打破了我国长期以来矿产资源无偿划拨使用的禁戒。它向世人宣告：在实行生产资料公有制的社会主义国家，矿产资源的价值应该得到肯定，它也是一种商品，要通过市场"有偿"转让。

我国 1984 年 10 月 1 日开征资源税，当时仅对"原油、天然气和煤炭"三种对象征税。1993 年 12 月 25 日，国家颁发《中华人民共和国资源税暂行条例》，修改原来的资源税条例（草案）和盐税条例（草案），税目扩展到"其他非金属矿产品、黑色金属矿原矿、有色金属矿原矿和盐"共七大类。1994 年 4 月 1 日，国家开征"矿产资源补偿费"。

1996 年 8 月，国家对《中华人民共和国矿产资源法》做了重要修改和完善，规定了"国家实行探矿权、采矿权有偿取得的制度"，同样规定"开采矿产资源必须按照国家规定缴纳资源税和资源补偿费"。

1998 年 2 月，国家发布了《探矿权采矿权转让管理办法》。该办法规定："转让探矿权，按照国家有关规定缴纳探矿权使用费、探矿权价款；转让采矿权，按照国家有关规定缴纳采矿权使用费、采矿权价款、矿产资源补偿费和资源税"。从这个办法的规定中可见，矿产资源"有偿开采"，再也不是仅仅"缴纳资源税和资源补偿费"，而是要缴纳探（采）矿权使用费、探（采）矿权价款。

2000 年 10 月，国家发布《探矿权采矿权价款转增国家资本管理办法》规定："由中央财政出资勘查形成矿产地的探矿权采矿权价款转增国家资本的管理"。国有企业或国有控股企业以及国有地勘单位"在申请出让或国有企业拟转让由国家出资勘查形成矿产地的探矿权采矿权时"，符合本办法规定情况的，"可以申请将应缴纳的探矿权采矿权价款部分或全部转增国家资本金（国家基金）"。这一规定明确了矿产资源有偿转让价款实行"国家资本金"的运作方式。

2003 年 6 月，国家又出台了《探矿权采矿权招标拍卖挂牌管理办法（试行）》，规定"新设探矿权"和"新设采矿权""应当以招标拍卖挂牌的方式授予"。这是对我国增量矿产资源进行资本化运作的方式作出具体规定。而且在 2004 年 8 月，国家又修改发布了《探矿权采矿权价款转增国家资本管理办法》，对维护"国有资产权益"进一步进行了制度的完善。

2006 年 4 月 28 日，国家制定了《国土资源"十一五"规划纲要》，纲要规划了"按照矿产

资源分类、分级管理的要求,进一步深化矿产资源有偿使用制度改革,全面推进探矿权、采矿权有偿取得制度,逐步解决探矿权、采矿权无偿和有偿取得"双轨制"问题。积极探索矿产资源补偿费征收与资源回收率挂钩的政策措施,改革矿产资源补偿费的计征方式。调整和规范中央与地方矿业权收益合理分配的制度。"这是国家发出矿产资源管理体制进行全面改革的号令,其目标不仅要对"新增"矿产资源继续实行"有偿取得"的制度,而且要解决原有矿业企业"无偿取得"矿产资源的"双轨制"运行问题。

2006年9月30日,国务院批复了财政部、国土资源部、国家发展改革委《关于深化煤炭资源有偿使用制度改革试点的实施方案》。方案明确规定:国有企业过去无偿取得的矿业权,按照有偿使用的原则,采取分期缴纳、折股上缴等方式,一律缴纳矿业权价款。其试点范围包括山西、内蒙古、黑龙江、安徽、山东、河南、贵州、陕西等8个煤炭主产省(自治区)。

2006年11月16日,国务院召开深化煤炭资源有偿使用制度改革试点工作电视电话会议,国务院副总理曾培炎出席会议并作重要讲话。他强调"要深化煤炭资源有偿使用制度改革,落实矿业权有偿取得制度,建立健全矿山环境治理、生态恢复和安全生产责任机制,合理调整资源税费政策,加强资源开发管理和宏观调控,促进煤炭资源合理有序开发和可持续利用。"

按2006年山西出台的《山西省煤炭资源整合和有偿使用办法》规定,通过行政审批取得采矿权的采矿权人,除缴纳采矿权使用费外,还应当依法缴纳采矿权价款。采矿权价款依煤种不同各异,最低1.3元/吨,最高3.8元/吨。

2011年1月,兖州煤业收购内蒙古煤炭资源,收购总价66.49亿元,其中资源价款66.31亿元,控股权益资源量8.38亿吨。从协议条款看,资源价款包含了取得控矿权价款的金额,折合吨煤探矿权价款7.9元,假设资源量中有70%可采,折合吨煤采矿权价款11.3元。

探矿权、采矿权购置成本,最终都打入"生产成本——原选煤——资源成本"科目,增加了煤炭成本。

(二)深化煤炭企业改革的付出的代价

例如:分离煤矿企业办社会职能增加了付出;加快培育和发展大型煤炭企业集团;加快中小型煤矿股份制改革,整合煤炭资源过程中增加了支出等。

(三)建立煤炭开采综合补偿和生态环境恢复补偿机制增加了成本

例如,煤炭企业制定生态环境恢复治理规划,完善生态环境评价及监管制度,要提取矿山环境治理恢复保证金,征收煤炭可持续发展基金等。

(四)煤炭企业计提安全费比率增加会使煤炭成本上升

例如,为了保证煤炭生产的安全,煤炭企业按各省规定每月要从成本中计提每吨煤3元、5元、6元、8元、10元、15元~50元不等的安全费用。这必然会增加煤炭成本。

(五)煤炭企业计提转产发展基金等增加了煤炭成本

建立煤炭企业转产发展基金、煤炭城市转型发展基金,并相应做好煤矿企业转产职工再就业和社会保障工作,这能促进产煤地区经济和社会协调发展,但增加了煤炭成本。

五、煤炭产品成本升高的客观因素分析

煤炭产品成本升高的客观因素有:煤炭材料成本上升;职工薪酬调整;电价上涨;维简费、可持续发展准备金、环境治理补偿费、安全费用等项目的计提比例提高等。这些费用的变动有的与市场变化有关,有的与政府管理行为有关,有的与企业周边环境有关,分析时应就具体事情具体分析,用数据予以说明。

六、煤炭产品成本升高的管理性因素分析

煤炭产品成本升高的管理性因素主要有:一是煤炭产品成本未进行归口管理。例如:原煤材料费,由供应科进行全面管理;原煤电费,由机电科进行全面管理;原煤薪酬,由劳资科进行全面管理;等等。二是煤炭产品成本归口管理的指标没有层层分解到个人。三是没有制定成本管理的"定额手册",缺少管控的基础资料。四是没有进行"责任会计"的核算,会计人员应建立责任会计核算到具体人。五是缺少相应的奖惩措施。六是会计人员制定的计划或定额不科学;等等。

第六章　煤炭企业收入分析

第一节　煤炭综合售价分析

一、煤炭综合售价的计算

有的煤炭企业既生产原煤，又生产各种洗煤。企业对外销售时，不同种类的煤炭市场上都有不同的价格，如何将各种煤炭的市场销售价格综合起来计算一个平均价格呢？采用加权平均法（用煤炭销售产量作权数）就能解决这一问题。有了煤炭综合销售单价，不仅能和过去的业绩进行直接对比，还能与同行业平均水平进行对比。

例1：淮宏煤矿 2010 年煤炭销售情况从该矿"主营业务营业利润表（一）"中整理如表 6-1 所示。

表 6-1　　　　　　　　　　　　　　淮宏煤矿 2010 年煤炭销售情况表

产品类别	销售数量（万吨）		销售收入（万元）			
	本月	累计	本月		累计	
			单价	合计	单价	合计
一、煤类产品合计		200				1 329 400
其中：商品煤		179				128 740
（一）原选煤		60				24 200
1. 筛混煤		40			400	16 000
2. 块煤		20			410	8 200
（二）洗煤		119				104 540
1. 冶炼精煤		50			1 000	50 000
2. 其他精煤		24			910	21 840
3. 洗混煤		20			800	16 000
4. 洗块煤		15			780	11 700
5. 煤泥		10			500	5 000

注：入洗原煤 140 吨，内部售价 300 元/吨，共计收入 42 000 元。

根据表 6-1 计算煤炭综合售价的过程如下：

煤炭综合售价＝商品煤累计收入 12 8740 万元÷商品煤 179 万吨＝719.22（元/吨）

其中：原煤平均售价＝2 4200÷60＝403.33（元/吨）

洗煤平均售价＝104 540÷119＝878.49（元/吨）

二、煤炭销售收入影响因素分析

由于"煤炭销售收入＝煤炭销售数量×煤炭销售单价",其中,不同煤炭销售数量发生变动(如精煤销售数据比去年增加)对销售收入的影响不同,则煤炭销售收入影响因素有三项:纯销售数量、销售结构和销售单价。

例 2:淮宏煤矿 2009 年、2010 年煤矿销售情况如表 6-2 所示。

表 6-2　　　　　　　　　　　淮宏煤矿 2009 年、2010 年煤矿销售情况表

商品产品别	2009 年				2010 年			
	销售数量(万吨)	销售结构(%)	销售单价(元)	销售收入(万元)	销售数量(万吨)	销售结构(%)	销售单价(元)	销售收入(万元)
(一)原选煤	65	40.51%	391.538	25 450	60	33.52%	403.333	24 200
1. 筛混煤	45	28.05%	390	17 550	40	22.35%	400	16 000
2. 块煤	20	12.46%	395	7 900	20	11.17%	410	8 200
(二)洗煤	95.45	59.49%	864.201	82 488	119	66.48%	878.487	104 540
1. 冶炼精煤	47	29.29%	950	44 650	50	27.93%	1 000	50 000
2. 其他精煤	20	12.46%	880	17 600	24	13.41%	910	21 840
3. 洗混煤	16	9.97%	760	12 160	20	11.17%	800	16 000
4. 洗块煤	10	6.23%	700	7 000	15	8.38%	780	11 700
5. 煤泥	2.45	1.53%	440	1 078	10	5.59%	500	5 000
商品煤合计	160.45	100%	672.72	107 938	179	100%	719.22	128 740

注:2009~2010 年原煤平均销售单价＝(25450＋24200)÷(65＋60)＝397.20(元);

2009~2010 年洗煤平均销售单价＝(104540＋82488)÷(119＋95.45)＝872.13(元);

2009~2010 年全部煤炭平均销售单价＝(128740＋107938)÷(179＋160.45)＝697.24(元)。

(1)确定分析对象。

2010 年销售收入 128 740 万元－2009 年销售收入 107 938 万元＝20 802 万元

(2)采用差额计算法进行分析。

① 销售数量变动对收入的影响＝(60－65)×391.54＋(119－95.45)×864.20

＝－1 957.69＋20 351.93＝18 394.24(万元)

销售结构变动影响＝60×(33.52%－40.51%)×391.54＋119×

(66.48%－9.49%)×864.20

＝－1 642.47＋58 608.40＝56 965.93(万元)

纯销售数量变动影响＝18 394.24－56 965.93＝38 571.65(万元)

② 销售单价变动对收入的影响＝60×(403.33－391.54)＋119×(878.49－862.2)

＝707.69＋1 700.06＝2 407.76(万元)

(3)分析结果。

①＋②＝18 394.24＋2 407.76＝20 802(万元)。淮宏煤矿 2010 年销售收入比 2009 年多 20 802 万元的原因有三:一是由于纯销售数量变动使销售收入增加 38 571.65 万元;二是

由于销售数量变动使销售收入增加 56 965.93 万元；三是由于销售单价变动使销售收入增加 2 407.76 万元。

三、煤炭综合销价的全国水平比较分析

（一）同全国煤炭企业各种煤炭的平均售价比

1. 同全国大型煤炭企业煤炭平均售价比

例 3：2006～2009 年全国大型煤炭企业煤炭平均售价见表 6-3。

表 6-3　　　　　　　　　2006～2009 年全国大型煤炭企业煤炭平均售价表

项　目	2006 年	2007 年	2008 年	2009 年	2006～2009 年累计	2006～2009 年递增
1. 煤炭销量（万吨）	125 382.53	134 847.94	146 114.44	161 151.67	567 496.58	8.7%
2. 产品销售收入（亿元）	5 611.73	9 593.08	10 672.44	11 978.10	37 855.35	28.8%
3. 煤炭平均单价（元）＝2÷1	447.57	711.40	730.42	743.28	667.06	18.4%

数据来源：据中国煤炭工业协会统计与信息部编《煤炭工业统计年报摘要》整理。

从表 6-3 可见，2006～2009 年我国大型煤炭企业各种煤炭（包括原煤和精煤）平均单位售价为每吨 667.06 元，其中，2009 年为 743.28 元，比 2006 年平均售价 447.57 元增加了 0.66 倍，平均年递增率为 18.4%。淮宏煤矿 2009 年各种煤炭平均单位售价为每吨 719.22 元，比全国大型煤炭企业 743.28 元低 24.06 元。

2. 同全国各地区煤炭平均售价比

例 4：中国化工产品网定期公布全国各地区的全部煤炭价格。2008～2011 年全国煤炭价格如表 6-4 所示。

表 6-4　　　　　　　　　2008～2010 年全国煤炭价格表

价格发布日期	主要地区	简单平均单价（元/吨煤）
2008 年 9 月 28 日	71 个单位	1 079
2009 年 11 月 18 日	197 个单位	605
2010 年 11 月 29 日	170 个单位	781
2011 年 6 月 23 日	90 个单位	885
2008～2011 年简单平均	—	838

数据来源：中国化工产品网。

（1）淮宏煤矿 2010 年全部煤炭综合售价 719.22 元，比 2010 年全国 170 个单位的平均售价 781 元低 61.78 元。

（2）淮宏煤矿 2009～2010 年全部煤炭综合售价 697 元（2009 年 672.72 元、719.22 元），比 2008～2011 全国平均售价 838 元低 141 元。

（二）同全国大型煤炭企业原煤平均售价比

例 5：2006～2009 年全国大型煤炭企业原炭平均售价如表 6-5 所示。

表 6-5　　　　　**2006～2009 年全国大型煤炭企业原煤平均售价表**

年　份	2006 年	2007 年	2008 年	2009 年	2006～2009 年累计	2006～2009 年递增
1. 原煤平均售价(元/吨)	257.19	265.95	363.80	353.49	320.80	11.2%
2. 原煤销量(万吨)	64 714.59	61 366.68	75 373.61	132 532.60	333 987.48	27.0%
3. 原煤销售收入(亿元)=1×2	1 664.39	1 632.05	2 742.09	4 684.89	10 723.43	41.2%

数据来源:据中国煤炭工业协会统计与信息部编《煤炭工业统计年报摘要》整理。

(1) 淮宏煤矿 2009 年原煤平均售价 391.54 元,比 2009 年全国大型煤炭企业原煤平均售价 353.49 元高 38.05 元。

(2) 如果全国大型煤炭企业原煤平均售价 2010 年比 2009 年仍然按递增 11.2% 的速度计算,为 393.08 元,则 2009～2010 年全国大型煤炭企业原煤平均售价为 373.29 元[(353.49+393.08)÷2],淮宏煤矿 2009～2010 年原煤平均售价 397.20 元,比全国大型煤炭企业原煤平均售价 393.08 高 23.91 元。

(三) 同全国各地区精煤平均售价比

例 6:航运在线网站定期公布"全国主要地区精煤价格汇总"数据。2007～2010 年全国精煤价格汇总表如表 6-6 所示。

表 6-6　　　　　**2007～2010 年全国主要地区精煤价格汇总表**

价格发布日期	主要地区	简单平均单价(元/吨精煤)
2007 年 8 月 23 日	14 个地区	589
2008 年 9 月 26 日	12 个地区	930
2009 年 8 月 13 日	14 个地区	1483
2010 年 1 月 4 日	90 个地区	879
2007～2010 年简单平均	—	970

数据来源:中国化工产品网。

淮宏煤矿 2009～2010 年洗煤平均销售单价 872.13 元,比 2007～2009 年全国主要地区精煤平均售价 970 元低 97.87 元。

第二节　煤炭市场情况分析

在现阶段,煤炭仍然是我国能源生产和消费的主体。2006～2010 年,我国能源生产总量中,煤炭分别占 77.8%、77.7%、76.8%、77.3%、76.5%,五年简单平均为 77.2%。2006～2010 年,我国能源消费总量中,煤炭分别占 71.1%、71.1%、70.3%、70.4%、68.0%,五年简单平均为 70.2%。可见,我国煤炭占能源三分之二的现状短期内不会太改变。

一、煤炭市场需求分析

例 7:根据《中国统计年鉴》数据,2005～2010 年,我国煤炭生产产量逐年上升情况如表 6-7 所示。

表 6-7   全国煤炭生产消费与国内生产总值的情况表

项　目	2005 年	2006 年	2007 年	2008 年	2009 年	2010 年	2005～2010 年平均每年递增率
1. 全国煤炭生产量(亿吨)	23.50	23.73	25.26	28.02	29.73	32.35	6.60%
2. 全国煤炭消费量(亿吨)	23.19	23.92	25.86	28.11	29.58	31.15	6.08%
3. 国内生产总值(亿元)	184 937	208 381	237 893	260 813	284 845	316 406	11.34%
4. 万元 GDP 消耗原煤 =3÷2	0.80	0.87	0.92	0.93	0.96	1.02	4.96%
5. 国内生产总值增长率	1.113	1.127	1.142	1.1096	1.092	1.104	11.48%

注:表中数据取自 2006～2011 年各年《中国统计年鉴》;2005～2010 年累计 GDP 为 1 493 275 亿元,累计煤炭消费量 161.81 亿吨,累计万元 GDP 消耗原煤 0.92 吨。

从表 6-7 可见,2005～2010 年我国每万元国内生产总值(GDP)需要消耗原煤 0.92 吨,煤炭生产弹性系数为 0.57(6.60%÷11.48%),煤炭消费弹性系数为 0.53(6.08%÷11.48%),即我国国内生产总值每增加 1%,原煤生产要增长 0.57%。可见,我国煤炭市场需求旺盛,前景良好。

二、煤炭产品销售率分析

根据国家统计局计算口径,产品销售率计算公式如下:

$$产品销售率\% = \frac{工业销售产值}{工业总产值现值} \times 100\%$$

例 8:2006～2009 年全国大型煤炭企业产品销售率情况及计算结果如表 6-8 所示。

表 6-8   2006～2009 年全国大型煤炭企业产品销售率计算表

项　目	2006 年	2007 年	2008 年	2009 年	2006～2009 年累计
1. 当年价工业总产值(亿元)	4 999.19	5 688.91	9 048.92	9 883.24	29 620.26
2. 当年价工业销售产值(亿元)	4 949.1	5 414.6	8 903.03	9 105.63	28 372.36
3. 产品销售率=2÷1	99.0%	95.2%	98.4%	92.1%	95.8%

数据来源:中国煤炭工业协会统计与信息部编《煤炭工业统计年报摘要》。

从表 6-8 可见,2006～2009 年全国大型煤炭企业产品销售率累计平均为 95.8%,接近于国家统计局确定的 96% 的考核标准,比同期全国煤炭开采与洗选业四年简单平均 98.2% 低。

三、煤炭市场占有率分析

分析企业的经营业绩时,不仅仅要分析企业内部生产经营管理部门的绩效,更重要的是"眼睛要向外看",考察企业在全国、全行业乃至全世界的市场占有情况。在全行业社会利润总额一定的情况下,企业提高市场占有率,分得社会利润的份额就会增加。其关系式如下:

$$\begin{array}{c}企业获得的全行业\\社会利润份额\end{array} = \begin{array}{c}全行业产品\\销售数量\end{array} \times \begin{array}{c}企业产品\\市场占有率\end{array} \times \begin{array}{c}企业单位产\\品获利额\end{array}$$

例 9:2008～2009 年,神华集团煤炭销售与全国规模以上煤炭工业企业煤炭销售及获利情况见表 6-9。

表 6-9　　　　　　　　　　　　　神华集团煤炭产品市场占有率情况表

项　目	2009 年	2008 年	差额
1. 神华集团煤炭销量(万吨)	35 719	31 957	3 762
2. 全国大型煤炭企业煤炭销量(万吨)	161 151.67	146 114.44	15 037.23
3. 神华集团市场占有率=1÷2	22.164 83%	21.871 21%	0.293 62%
4. 神华集团利润总额(万元)	4 655 472	3 832 233	823 239
5. 全国大型煤炭企业利润总额(万元)	11 404 581.0	11 922 807.1	−518 226.1
6. 神华集团吨煤利润总额(元/吨)=4÷1	130.336 01	119.918 42	10.417 59
7. 全国大型煤炭企业吨煤利润总额(元/吨)=5÷2	70.77	81.60	−10.829 86

数据来源:据中国煤炭工业协会统计与信息部编《煤炭工业统计年报摘要》整理。

(1) 分析对象:神华集团利润总额增加额=4 655 472−3 832 233=823 239(万元)

(2) 采用差额计算法进行分析:

① 全国大型煤炭企业煤炭销量变动对神华集团利润总额的影响

=15 037.23×21.871 21%×119.918 42=394 391(万元)

② 神华集团市场占有率变动影响利润总额

=161 151.67×0.293 62%×119.918 42=56 742(万元)

③ 神华集团吨煤利润总额影响利润总额

=161 151.67×22.164 83%×10.417 59=372 106(万元)

(3) 分析结果=①+②+③=394 391+56 742+372 106=823 239(万元)

计算结果表明,神华集团 2009 年利润总额比 2008 年增加 823 239 万元的原因有三:一是全国大型煤炭企业煤炭销量增加致使神华集团利润总额也增加 394 391 万元;二是神华集团市场占有率提高 0.29% 致使利润总额增加 56 742 万元;三是神华集团吨煤利润总额增加 10.42 致使利润总额增加 372 106 万元。

四、原煤入洗比率分析

从上述表 6-5、表 6-6 可见,2006~2009 年我国原煤平均单位售价为 320.80 元,2007~2010 年全国主要地区精煤平均单位售价为 970 元,原煤入洗后的精煤市场售价是原煤的 3 倍。在煤炭出现卖方市场时,煤炭企业应该根据市场需求尽可能多生产精煤。原煤入洗比率是原煤入洗量占原煤生产量的比率。企业增加入洗比率会增大利润空间。计算公式如下:

$$\begin{matrix} 煤炭产品 \\ 利润总额 \end{matrix} = \begin{matrix} 原煤 \\ 产量 \end{matrix} \times \left(1 - \begin{matrix} 原煤入 \\ 洗比率 \end{matrix}\right) \times \begin{matrix} 每吨原煤 \\ 利润总额 \end{matrix} + \begin{matrix} 原煤 \\ 产量 \end{matrix} \times \begin{matrix} 原煤入 \\ 洗比率 \end{matrix} \times \begin{matrix} 洗煤 \\ 回收率 \end{matrix} \times \begin{matrix} 每吨洗煤 \\ 利润总额 \end{matrix}$$

公式中利润总额有三种选择:一是用利润表中利润总额;二是用营业毛利,煤炭营业毛利=煤炭产品销售收入−煤炭产品销售成本;三是经营利润,煤炭经营利润=煤炭产品销售收入−煤炭产品销售成本−煤炭产品销售税金及附加。

例 10:淮宏煤矿 2010 年生产原煤 200 万吨,入洗 140 万吨,洗回收率 85%。原煤每吨获得经营利润 191.43 元,洗煤每吨获得经营利润 286.36 元。

原煤入洗比率=140÷200=70%

煤炭产品经营利润＝200×(1－70％)×191.43＋200×70％×85％×286.36

　　　　　　　　　＝42.116 9(万元)

如果原煤入洗比率提高1％,即为71％,则:

煤炭产品经营利润＝200×(1－71％)×191.43＋200×71％×85％×286.36

　　　　　　　　　＝45.666 6(万元)

煤炭产品经营利润提高率＝45.666 6÷42.1169－100％＝8.4％

可见,淮宏煤矿根据2010年煤炭产品获利情况,提高原煤入洗比率1％,煤炭产品经营利润会提高8.4％。

第七章　煤炭企业利润分析

第一节　煤炭企业产品利润分析

一、商品煤收入及毛利的计算

煤炭产品销售包括对外销售和对内销售两部分。对内销售等于生产用煤和非生产用煤之和。生产用煤分为入洗原煤、生产自用煤两部分；非生产用煤包括对工程部门、福利部门及其他非生产部门用煤。煤炭会计核算办法规定，煤炭产品对外销售和对内销售都要作收入入账，其中，除生产用煤外，其他煤炭销售均为"商品煤"销售。《企业会计准则》要求对外提供财务报告时要反映"商品煤"销售收入，不包括入洗原煤销售收入和生产自用煤销售收入。

例1：台东煤矿 2011 年 9 月销售收入共计 740 000 元，包括精煤对外销售取得收入 182 000 元，原煤销售收入 558 000 元。在原煤销售收入中，入洗原煤收入 525 360 元，生产自用煤收入 18 651 元，向煤矿职工售煤收入 8 116 元，外销原煤收入 5 873 元。原煤销售成本 451 385 元，精煤销售成本 139 010 元。要求计算商品煤收入、全部煤炭毛利润、商品煤毛利润、商品煤收入率。

(1) 商品煤收入＝全部煤炭销售收入－入洗原煤销售收入－生产自用煤收入

$$＝740\ 000－525\ 360－18\ 651$$
$$＝195\ 989（元）$$

(2) 全部煤炭毛利润＝全部煤炭销售收入－全部煤炭销售成本

$$＝740\ 000－（451\ 385＋139\ 010）$$
$$＝740\ 000－590\ 395$$
$$＝149\ 605（元）$$

(3) 商品煤销售毛利＝商品煤销售收入－商品煤销售成本

$$＝商品煤销售收入－（全部煤炭销售成本－入洗原煤销售收入－$$
$$生产自用煤收入）$$
$$＝195\ 989－（590\ 395－525\ 360－18\ 651）$$
$$＝195\ 989－46\ 384$$
$$＝149\ 605（元）$$

计算结果表明，全部煤炭毛利润 149 605 元正好等于商品煤毛利 149 605 元。其原因是入洗原煤销售收入和生产自用煤收入既作为收入计算，又作为成本核算计算，其收入减成本为零，即没有利润。

(4) 商品煤收入率＝商品煤收入÷全部煤炭销售收入×100%

$$＝195\ 989÷740\ 000×100\%$$
$$＝26.5\%$$

二、利润总额及综合收益的计算

(一)利润总额的计算

$$利润总额＝营业利润＋营业外收入－营业外支出$$

其中：

$$营业利润＝利润净额＋公允价值变动损益＋投资净收益$$

$$利润净额＝营业收入－营业成本－营业税及附加金－销售费用－$$
$$管理费用－财务费用－资产减值损失$$

其中：

$$营业收入＝主营业务收入＋其他业务收入$$

$$营业成本＝主营业务成本＋其他业务成本$$

$$营业毛利＝营业收入－营业成本$$

(二)净利润的计算

$$净利润＝利润总额－所得税费用$$

(三)综合收益总额的计算

$$综合收益总额＝净利润＋其他综合收益$$

三、煤炭企业利润增减变动的因素

(一)增加煤炭企业利润的因素

增加煤炭企业利润的因素有:增加煤炭销售数量;增加煤炭销售价格(提高精煤的销售比重);增加其他业务收入(如装车费收入等);增加投资收益;增加营业外收入;提高市场占有率等。

(二)减少煤炭企业利润的因素

减少煤炭企业利润的因素有:煤炭产品成本上升;营业税金及附加增加;销售费用增加;管理费用增加;财务费用增加;资产减值损失增加;营业外支出增加;所得税费用提高等。

(三)煤炭企业利润增减变动的分析方法

煤炭企业利润增减变动的分析方法主要有两种:一是直接对比法。将今年各项目金额直接与上年比,与本年计划比。直接对比法的优点:直观;直接对比法缺点:销量不同,分析不太准确。二是因素分析法。即考虑销量及单位收入(益)或单位成本费用等因素对利润的影响。

四、煤炭产品成本变动对利润的影响分析及评价

(一)煤炭产品成本变动影响利润变动的公式

$$煤炭产品成本变动影响利润变动＝[本期实际销量×(上期单位制造成本－$$
$$本期单位制造成本)]$$

例2:淮宏煤矿2009~2010年煤炭销售成本情况如表7-1所示。

根据表7-1计算煤炭产品成本变动对企业利润变动的影响额度如下:

$$煤炭产品成本变动影响利润变动＝60×(190－210)＋119×(554－588)$$
$$＝－1\ 200－4\ 046＝－5\ 246(万元)$$

计算结果表明,淮宏煤矿2010年煤炭销售成本比2009年上升,导致企业利润减少5 246万元。

(二)煤炭产品成本同全国平均水平的比较

1. 同全国规模以上煤炭开采和洗选业比

2005~2010年全国规模以上煤炭开采和洗选业收入成本率如表7-2所示。

表 7-1　　　　　　　　　　　淮宏煤矿 2009～2010 年煤炭销售成本情况表

商品产品别	2009 年			2010 年		
	销售数量（万吨）	单价制造成本（元）	销售成本总额（万元）	销售数量（万吨）	单价制造成本（元）	销售成本总额（万元）
（一）原选煤	65	190.00	12 350	60	210.00	12 600
1. 筛混煤	45			40		
2. 块煤	20			20		
（二）洗煤	95.45	554.00	52 879.3	119	588.00	69 972
1. 冶炼精煤	47			50		
2. 其他精煤	20			24		
3. 洗混煤	16			20		
4. 洗块煤	10			15		
5. 煤泥	2.45			10		
商品煤合计	160.45	406.54	65 229.3	179	461.30	82 572

表 7-2　　　　　　　　　　　全国规模以上煤炭开采和洗选业收入成本率表

项　　目	2005 年	2006 年	2007 年	2008 年	2009 年	2010 年	2005～2010 年累计平均
1. 全国煤炭采选业收入（亿元）	5 912.45	7 461.15	9 593.08	15 315.2	17 379.9	23 609.59	79 271.36
2. 全国煤炭采选业成本（亿元）	4 040.22	5 226.32	6 609.03	10 284.6	12 607	16 788.74	55 555.95
3. 收入成本率＝2÷1	68.33%	70.05%	68.89%	67.15%	72.54%	71.11%	70.08%

数据来源：2006～2011 年《中国统计年鉴》。

从第六章表 6-4 可见，2008～2011 年中国化工产品网公布的全国各种煤炭综合售价平均 838 元；从上述表 7-2 可见，2005～2010 年全国规模以上煤炭开采和洗选业收入成本率累计平均 70.08%，则：

全国各种煤炭平均单位制造成本＝全国煤炭平均单位收入×煤炭行业收入成本率
　　　　　　　　　　　　　　　＝838×70.08%
　　　　　　　　　　　　　　　＝587（元）

从第六章表 6-6 可见，2007～2010 年航运在线网站定期公布的全国主要地区精煤平均单位售价为 970 元，；从上述表 7-2 可见，2005～2010 年全国规模以上煤炭开采和洗选业收入成本率累计平均 70.08%，则：

全国精煤平均单位制造成本＝全国精煤炭平均单位收入×煤炭行业收入成本率
　　　　　　　　　　　　　＝970×70.08%
　　　　　　　　　　　　　＝680（元）

淮宏煤矿 2010 年煤炭销售综合单位成本为 588 元，比全国煤炭行业平均水平 680 元低 92 元。

2. 同全国大型煤炭工业企业比

2006～2009 年全国大型煤炭企业单位销售成本计算如表 7-3 所示。

表 7-3　　　　　　　　　　**全国大型煤炭企业单位销售成本计算表**

项　目	2006 年	2007 年	2008 年	2009 年	2005～2009 年累计或平均
1. 主营业务收入(亿元)	5 611.73	7 103.43	10 672.44	11 978.10	35 365.70
2. 主营业务成本(亿元)	4 021.84	4 990.50	7 433.91	9 048.53	25 494.78
3. 收入成本率＝2÷1	71.7%	70.3%	69.7%	75.5%	72.1%
4. 原煤单位生产成本(元)	203.73	233.19	339.06	334.50	277.62

数据来源:中国煤炭工业协会统计与信息部编《煤炭工业统计年报摘要》。

从第六章表 6-3 可见,2009 年全国大型煤炭企业煤炭平均单位售价为 743.28 元;从上述表 7-3 可见,2009 年全国大型煤炭企业收入成本率平均 75.5%,则:

全国各种煤炭平均单位制造成本＝全国大型煤炭企业平均单位收入×该行业平均收入成本率＝743.28×77.5%＝576.4(元)

淮宏煤矿 2009 年煤炭销售综合单位成本为 406.54 元,比全国煤炭行业平均水平576.04 元低 169.50 元。同时,2009 年全国大型煤炭企业原煤单位生产成本 334.50 元,淮宏煤矿 2009 年原煤单位销售成本为 190 元,比全国大型煤炭企业低 144.50 元。

(三)煤炭收入成本率的比较分析

淮宏煤矿 2009～2010 年煤炭销售收入成本率情况见表 7-4。

表 7-4　　　　　　　　**淮宏煤矿 2009～2010 年煤炭销售收入成本率表**

商品产品别	2009 年			2010 年		
	销售成本 (万元)	销售收入 (万元)	销售收入 成本率	销售成本 (万元)	销售收入 (万元)	销售收入 成本率
(一)原选煤	12 350	25 450	48.5%	12 600	24 200	52.1%
(二)洗煤	52 879.3	82 488	64.1%	69 972	104 540	66.9%
商品煤合计	65 229.3	107 938	60.4%	82 572	128 740	64.1%

注:淮宏煤矿 2009～2010 年煤炭销售收入成率 62.4%。

从表 7-4 可见,淮宏煤矿 2010 年煤炭销售收入成本率 64.1%,低于全国规模以上煤炭开采和洗选业 2010 年 71.11%的水平。

五、营业税金及附加对利润的影响分析

(一)营业税金及附加的基本内容

(1)消费税。是国家对烟、酒等 14 类(2006 年 4 月 1 日调整实施)消费品征税。属于价内税。

(2)资源税:对矿产品、盐征税,按数量征收。2010 年 6 月 1 日,国家税务总局印发《新疆原油、天然气资源税改革若干问题的规定》的通知[财税(2010)54 号],改革资源税从量计征为从价计征(仅仅是原油、天然气资源税实行从价计征,税率为 5%),主要用于资源环境管理支出,包括生态恢复和环境保护等方面。内蒙古按收入计征。

(3)城建税。按应交增值税、应交消费税、应交营业税的 7%或 5%或 1%计征。

(4)教育费附加。按应交增值税、应交消费税、应交营业税的 3%计征。

（二）按单个税率变动分析对利润的影响

例3：煤炭企业从2009年1月1日起，增值税税率由13％上升到17％。淮宏煤矿2010年煤炭产品销售收入128 740万元，城建税率7％，教育费附加率3％。要求测算税率变动对企业利润产生的影响程度。

因增值税增加减少的利润＝（17％－13％）×128 740×（7％＋3％）＝515（万元）

3. 按综合税附率变动分析对利润的影响

例4：淮宏煤矿2009～2010年营业税金及附加情况见表7-5。

表 7-5 　　　　　　　　　淮宏煤矿 2009～2010 年营业税金及附加情况表

商品产品别	2009 年					2010 年				
	销售数量（万吨）	销售单价（元）	销售收入（万元）	单位税附（元）	营业税附（万元）	销售数量（万吨）	销售单价（元）	销售收入（万元）	单位税附（元）	营业税附（万元）
（一）原选煤	65	391.54	25 450	1.88	122.2	60	403.33	24 200	1.896	113.742
1. 筛混煤	45	390	17 550			40	400	16 000		
2. 块煤	20	395	7 900			20	410	8 200		
（二）洗煤	95.45	864.20	82 488	4.15	396.12	119	878.49	104 540	4.129	491.339
1. 冶炼精煤	47	950	44 650			50	1 000	50 000		
2. 其他精煤	20	880	17 600			24	910	21 840		
3. 洗混煤	16	760	12 160			20	800	16 000		
4. 洗块煤	10	700	7 000			15	780	11 700		
5. 煤泥	2.45	440	1 078			10	500	5 000		
商品煤合计	160.45	672.7	107 938	3.23	518.32	179	719.22	128 740	3.38	605.081
收入税费率					0.48％					0.47％

由于综合税附率变动影响利润变动

＝本期实际销量×本期实际单价×（上期收入税附率－本期收入税附率）

＝60×403.33×（122.2÷25 450 － 113.742÷24 200）＋119×878.49×

　　（396.12÷82 488－491.339÷104 540）

＝2.456 0＋10.674 8＝13.13（万元）

或＝179×719.22 ×（0.48％－0.47％）

＝13.13（万元）

计算结果表明，淮宏煤矿2010年综合收入税费率0.47％比2009年0.48％低，致使营业税金及附加降低，利润相应上升13.13万元。

（三）对煤炭企业综合税附率的评价

例5：全国煤炭开采与洗选业2005～2010年营业税金及附加情况、全国大型煤炭工业企业2006～2009年营业税金及附加情况如表7-6、表7-7所示。

从表7-6、表7-7可见，全国煤炭开采与洗选业2005～2010年收入税附率累计平均为1.71％，全国大型煤炭工业企业2006～2009年收入税附率累计平均为1.91％，两个数据平均为1.81％。淮宏煤矿2009～2010年收入税附率平均为0.475％，低于全国煤炭行业水平。

表 7-6　　　　　　全国煤炭开采与洗选业 2005～2010 年营业税金及附加表

项　目	2005 年	2006 年	2007 年	2008 年	2009 年	2010 年	2005～2010 年累计平均
1. 全国煤炭采选业收入(亿元)	5 912.45	7 461.15	9 593.08	15 315.2	17 379.9	23 609.6	79 271.38
2. 全国煤炭采选业税附(亿元)	100.68	134.83	173.76	278.33	303.01	409.49	1 400.1
3. 收入税附率＝2÷1	1.70%	1.81%	1.81%	1.81%	1.74%	1.73%	1.77%

数据来源:2006～2011 年《中国统计年鉴》。

表 7-7　　　　　　全国大型煤炭企业 2006～2009 年营业税金及附加表

项　目	2006 年	2007 年	2008 年	2009 年	2006～2009 年累计
1. 主营业务收入(亿元)	5 611.73	7 103.43	10 672.44	11 978.10	35 365.70
2. 主营业务税金及附加(亿元)	86.69	107.46	278.33	201.48	673.96
3. 收入税附率＝2÷1	1.54%	1.51%	2.61%	1.68%	1.91%

数据来源:中国煤炭工业协会统计与信息部编《煤炭工业统计年报摘要》。

六、主营业务利润分析

例 6:全国煤炭开采与洗选业 2005～2010 年主营业务利润情况、全国大型煤炭工业企业 2006～2009 年主营业务利润情况如表 7-8、表 7-9 所示。

表 7-8　　　　　　全国煤炭开采与洗选业 2005～2010 年主营业务利润表

项　目	2005 年	2006 年	2007 年	2008 年	2009 年	2010 年	2005～2010 年累计平均
1. 主营业务收入(亿元)	5 912.45	7 461.2	9 593.08	15 315	17 379.9	23 609.59	79 271.36
2. 主营业务成本(亿元)	4 040.22	5 226.3	6 609.03	10 285	12 607	16 788.74	55 555.29
3. 主营业务税附(亿元)	100.68	134.83	173.76	278.33	303.01	409.49	1 400.1
4. 主营业务利润(亿元)＝1－2－3	1 771.55	2 100	2 810.29	4 752.2	4 469.9	6 411.36	22 315.31
5. 主营业务利润率＝4÷1	30.0%	28.1%	29.3%	31.0%	25.7%	27.2%	28.2%

数据来源:2006～2011 年《中国统计年鉴》。

表 7-9　　　　　　全国大型煤炭企业 2006～2009 年主营业务利润表

项　目	2006 年	2007 年	2008 年	2009 年	2005～2009 年累计或平均
1. 主营业务收入(亿元)	5 611.73	7 103.43	10 672.44	11 978.10	35 365.70
2. 主营业务成本(亿元)	4 021.84	4 990.50	7 433.91	9 048.53	25 494.78
3. 主营业务税附(亿元)	86.69	107.46	278.33	201.48	673.96
4. 主营业务利润(亿元)＝1－2－3	1 503.20	2 005.47	2 960.20	2 728.09	9 196.96
5. 主营业务利润率＝4÷1	26.8%	28.2%	27.7%	22.8%	26.0%

数据来源:中国煤炭工业协会统计与信息部编《煤炭工业统计年报摘要》。

对照表 7-8、表 7-9,淮宏煤矿 2010 年主营业务利润为 45 562.92 万元(收入 128 740－成本 82 572－税附 605.08),占主营业务收入的 35％,比全国煤炭行业平均主营业务利润率 27.1％[(28.2％＋26.0％)÷2]高 7.9 个百分点。

七、煤炭机械制造企业产品获利现状分析

2009 年煤炭机械制造企业主营业务收入 666 亿元,主营业务成本 557 亿元,主营业务税金及附加 2 亿元,主营业务利润 107 亿元。收入成本率为 83.6％,毛利率为 16.4％,收入税附率为 0.3％,主营务利润率 16.1％。

第二节 煤炭企业产品质量分析

反映煤炭产品质量的指标主要有:灰分、水分、硫分、挥发分、发热量、黏结性、含矸率等。我国煤炭产品市场定价要考虑煤炭的质量。例如,发电用煤计价办法原来是由灰分计价,后来改为以热值计价。有的还以灰分、硫分、挥发分等指标混合计价。因此,煤炭产品质量好坏直接决定着煤炭产品计价的高低。在财务分析实践中,分析经济效益涉及的常用指标是灰分、含矸率、发热量等。

一、灰分变动对企业经济效益的影响分析

煤炭灰分是煤炭在彻底燃烧后所剩下的残渣,是煤炭中的无益成分。灰分分为外在灰分和内在灰分两类。外在灰分是来自顶底板和夹矸中的岩石碎块,它与采煤方法的合理与否有很大关系。外在灰分通过分选大部分能去掉。内在灰分是成煤的原始植物本身所含的无机物,内在灰分越高,煤的可选性越差。

灰分是有害物质。动力煤中灰分增加,发热量降低、排渣量增加,煤容易结渣。一般地说,灰分每增加 2％,发热量降低 100 kJ/kg 左右。冶炼精煤中灰分增加,高炉利用系数降低,焦炭强度下降,石灰石用量增加;灰分每增加 1％,焦炭强度下降 2％,高炉生产能力下降 3％,石灰石用量增加 4％。

煤中灰分是煤炭计价指标之一。如果煤炭市场以灰分计价,则灰分是计价的基础指标;如果煤炭市场以发热量计价,则灰分是计价的辅助指标。例如,山东兖州精煤采用多项指标综合确定精煤市场价格:(1) 发热量 H:6 600,硫＜0.5,挥发分:31,灰分:8,每吨精煤售价 660～680 元。(2) 发热量 H:6 550,硫＜0.6,挥发分:31,灰分:9,每吨精煤售价 630～640 元。(3) 发热量 H:6 500,硫＜0.6,挥发分:31,灰分:10,每吨精煤售价 610～620 元。在这一计价系统中,发热量是 50 kJ 一个间隔级次(6 500——6 550——6 600),灰分是 1％一个间隔级次(8％——9％——10％)。

工业生产需要的冶炼精煤(灰分小于 12.5％的煤炭,称为冶炼用炼焦精煤,灰分在 12.5～16％的煤炭,称为其他用精煤)共分为十五级,灰分间隔为 0.5％,比价(相邻之间两级煤价格之比)为 3.5％。例如,一级冶炼精煤灰分为 5.01～5.50％,比价为 135％;二级冶炼精煤灰分为 5.51～6.00％,比价为 131.5％。从这一规定中可见,灰分间隔为 0.5％,比价间隔为 3.5％,灰分比值为 0.50∶3.5 即 1∶7。将这一规定用到兖州精煤定价体系中,出现下列情况:

当灰分为 8％时,精煤为六级,比价为 117.5％,单价为 680 元。当灰分为 9％时,精煤为八级,比价为 110.5％,单价应该定为 640 元(680÷117.5％×110.5％)。从这里可见,精

煤灰分每降低 1%，销售单价增长 6.25%（680÷640%－100%）。如果主营业务利润率为 26%，主营业务利润会增长 1.625%（6.25%×26%）。

（一）综合灰分的计算

例 7：丰东煤矿 2009～2010 年商品煤产量及灰分情况见表 7-10。

表 7-10　　　　　　　丰东煤矿 2009～2010 年商品煤产量及灰分情况表

商品煤品种	销售数量（万吨）		灰分		销售收入（万元）		利润总额（万元）	
	2009 年	2010 年	2009 年	2010 年	2009 年	2010 年	2009 年	2010 年
原煤	40	41	28%	26.50%	10 000	11 275	1 500.00	1 804.00
精煤	189	200	12%	11.90%	98 280	103 600	21 621.60	23 310.00
其他洗煤	51	49	14.50%	15.00%	24 225	23 030	4 845.00	4 260.55
合计	280	290	14.74%	14.49%	132 505	137 905	27 966.60	29 374.55

根据表 7-10 计算各年的综合灰分数值如下：

(1) 2009 年灰分合计＝(40×28%＋189×12%＋51×14.50%)÷280＝14.74%

(2) 2010 年灰分合计＝(41×26.50%＋200×11.90%＋49×15.00%)÷280－小数误差 0.01＝14.49%

（二）销售利润率的计算

(1) 2009 年销售利润率＝27 966.60÷132 505＝21.11%

(2) 2010 年销售利润率＝29 374.55÷137 905＝21.30%

（三）计算综合灰分变动对利润总额的影响

(1) 由于 2010 年综合灰分比 2009 年下降对收入产生的影响：

$$\frac{137\ 905-132\ 505}{14.74-14.49}=21\ 600（万元）$$

(2) 由于 2010 年收入比 2009 年收入增加对利润产生的影响：

$$21\ 600×\frac{27\ 966.60}{132\ 505}=21\ 600×21.11\%=4\ 560（万元）$$

（四）分析结论

以上计算结果表明，丰东煤矿 2010 年综合灰分比 2009 年下降 0.25%（14.74%－14.49%），致使煤炭产品销售收入增加 21 600 万元，进而利润增加 4 560 万元。深入一步分析，如果综合灰分下降 1%（是 0.25% 的 4 倍），则产品销售收入会增加 86 400 万元（21 600×4），按照 2009 年 21.11% 销售利润率计算，会增加利润 18 239 万元（86 400×21.11%）。

二、含矸率变动对企业经济效益的影响分析

煤炭含矸率是指粒度大于 50 mm 的矸石量占全部煤量的百分数。它是由开采过程中伪顶、夹石层破碎后混入煤炭而形成的。含矸率按抽样筛分，分为煤炭含矸率、原煤含矸率、筛选含矸率和商品煤含矸率等。在财务分析过程中，通常运用原煤含矸率这一指标来测定它对企业经济效益的影响。

（一）原煤含矸率的计算

$$原煤含矸率 = \frac{\sum(每次抽样筛分的含矸率 \times 所代表的原煤产量)}{\sum 每次抽样筛分所代表的原煤产量} \times 100\%$$

$$或 = \frac{选前矸石量 - 拣出矸石量}{原煤产量} \times 100\%$$

（二）原煤含矸率对经济效益的影响

煤炭含矸率越高,灰分越高,质量越差,市场售价越低。因此,分析原煤含矸率对经济效益的影响可参照灰分变动对经济效益的影响的分析方法。

第三节　期间费用分析

一、期间费用的内容

期间费用是指不能直接归属于某个特定产品成本的费用,包括销售费用、管理费用、财务费用、营业税金及附加[①]、资产减值损失和所得税费用。本节仅仅分析其中的销售费用、管理费用、财务费用。

（1）销售费用。是指企业在销售过程中发生的应由企业负担的费用。具体项目内容包括:运输费、装卸费、包装费、保险费、委托代销手续费、广告费、展览费、租赁费(不含融资租赁费)和销售服务费,专设销售机构的人员薪酬、差旅费、办公费、折旧费、修理费、物料消耗、低值易耗品摊销以及其他经费。

（2）管理费用。是指企业行政管理部门为组织和管理生产经营活动而发生的各种费用。煤炭企业管理费用包括:公司经费(是指董事会和行政管理部门在企业经营管理中发生的管理费用,或者应由企业统一负担的公司经费。包括:管理人员薪酬、差旅费、办公费、折旧费、修理费、运输费、会议费、物料消耗、财产保险费、低值易耗品摊销及其他公司经费)、材料及低值易耗品、电费、管理人员薪酬、折旧费、修理费、安全费和其他支出。其中,其他支出项目包括:办公费、差旅费、探亲费、书籍资料印刷费、设计制图费、研究费用、劳动保护费、运输费、会议费、水费、存货盘亏及毁损(减盘盈)、长期待摊费用摊销、无形资产摊销、仓库经费、警卫消防费、排污费、上级管理费、业务招待费、出国经费、租赁费、董事会费、咨询费、聘请中介机构费、诉讼费、财产保险费、房产税、车船使用税、印花税、土地使用税、耕地占用税、技术转让费、绿化费、矿产资源补偿费、简易建筑费、独生子女补助费、班中餐、补贴支出、开办费和其他。

（3）财务费用。是指企业在筹集资金等财务活动中而发生的各项费用。具体项目内容包括:利息支出(减利息收入)、汇兑损失(减汇兑收益)、金融机构手续费、其他财务费用。

二、期间费用的分析

期间费用的分析一般是采用比较分析法进行分析。首先,要将本单位期间费用的实际

[①]　全国会计专业技术资格考试领导小组办公室制,2007 年《中级会计专业技术资格考试大纲·财务管理》确定的"成本费用总额"公式是:成本费用总额＝营业成本＋营业税金及附加＋销售费用＋管理费用＋财务费用,经济科学出版社 2007 年 1 月版。

发生数同期间费用的预算数进行对比,求出各期间费用的差异,并对差异大的项目进行重点分析。其次,要计算期间费用率同全国平均(先进)水平、行业平均(先进)水平以及国外先进水平进行比较,找出差距,以便采取有效措施予以改进。

例8:2006～2009年全国大型煤炭企业"三项费用"及收入情况见表7-11。

表 7-11　　　　　2006～2009 年全国大型煤炭企业"三项费用"及收入情况表

项　目	2006 年	2007 年	2008 年	2009 年	2006～2009 年累计
1. 主营业务收入(亿元)	5 611.73	7 103.43	10 672.44	11 978.10	35 365.7
2. 销售费用(万元)	2 384 718.2	2 591 152.0	2 985 111.9	3 176 029.4	11 137 011.5
3. 管理费用(万元)	7 042 737.6	8 579 943.4	11 713 873	10 838 560.1	38 175 114.1
4. 财务费用(万元)	989 787.6	1 372 076.8	2 190 212.7	2 341 807.9	6 893 885
5. 三项费用合计(万元)=2+3+4	10 417 243	12 543 172.2	16 889 197	16 356 397.4	56 206 010.3
6. 销售费用占比=2÷1	4.2%	3.6%	2.8%	2.7%	3.1%
7. 管理费用占比=3÷1	12.6%	12.1%	11.0%	9.0%	10.8%
8. 财务费用占比=4÷1	1.8%	1.9%	2.1%	2.0%	1.9%
9. 三项费用占比=5÷1	18.6%	17.7%	15.8%	13.7%	15.9%

数据来源:中国煤炭工业协会统计与信息部编《煤炭工业统计年报摘要》

从表7-11可见,2006～2009年全国大型煤炭企业"三项费用"占主营业务收入的比率总体上看在不断下降:由2006年的18.6%下降到2009年的13.7%,2006～2009年四年累计平均为15.9%。其中,销售费用率、管理费用率不断下降,财务费用率不断上升。即:销售费用占主营业务收入的比率由2006年4.2%下降到2009年的2.7%,2006～2009年四年累计平均为3.1%;管理费用占主营业务收入的比率由2006年12.6%下降到2009年的9.0%,2006～2009年四年累计平均为10.8%;财务费用占主营业务收入的比率由2006年1.8%上升降到2009年的2.0%,2006～2009年四年累计平均为1.9%。

2006～2009年全国大型煤炭企业"三项费用"占主营业务收入的比率累计平均15.9%,比同期我国全部国有及规模以上非国有工业企业累计平均水平7.50%高一倍多(销售费用率累计平均2.67%、管理费用率累计平均3.71%、财务费用率累计平均1.12%),说明大型煤炭企业期间"三费"管理还存在一些问题。

第四节　利润总额及利润率分析

一、利润总额的分析

企业利润总额由营业利润、营业外收支净额两部分组成。对利润总额的分析,一般可分以下三个步骤进行。

首先,将本期实际利润总额与计划和上年同期相比,考察利润总额的计划完成情况和增长速度。

其次,分析利润结构的变动,即求出利润总额的各个组成部分占利润总额的比重,将其同计划和上年同期情况对比。一般说来,营业利润的比重增加,属于正常情况。如果营业外收支净额的比重加大,则有不正常的现象,应查明具体原因,重点检查是否按国家规定的正常途径取得收入,按国家规定的开支范围进行支出。

第三,分析利润总额各个组成部分的变动,即将利润总额的各个组成部分同计划和上年同期相比,确定其计划完成情况和增减变动情况,以便肯定主要成绩,找出主要问题,进一步进行深入分析。

二、营业毛利分析

企业的营业毛利分为主营业务毛利和其他业务毛利两部分。其主营业务毛利是企业最基本的和最主要的经营活动,应对其进行重点分析。主营业务毛利的计算公式如下:

$$主营业务毛利 = 主营业务收入 - 主营业务成本$$

从上述公式中可见,影响主营业务毛利的主要因素有四个:销售数量、销售价格、销售成本和销售产品的品种结构。各因素变动对主营业务毛利的影响分析如下:

1. 销售数量变动对毛利的影响

$$\begin{matrix}销售数量变动\\对毛利的影响\end{matrix} = \left(\begin{matrix}销售收入\\完成率\end{matrix} - 1\right) \times \begin{matrix}计划产品销售\\毛利总额\end{matrix}$$

$$销售收入完成率 = \frac{\sum(各种产品实际销量 \times 计划单位售价)}{\sum(各种产品计划销量 \times 计划单位售价)}$$

2. 销售价格变动对毛利的影响

工业企业产品销售价格上涨或下降能直接增加或减少利润。其计算公式如下:

$$\begin{matrix}销售价格变动\\对毛利的影响\end{matrix} = \sum \begin{matrix}各种产品\\实际销量\end{matrix} \times \left(\begin{matrix}实际单\\位售价\end{matrix} - \begin{matrix}计划单\\位售价\end{matrix}\right)$$

3. 销售成本变动对毛利的影响

$$\begin{matrix}销售成本变动\\对毛利的影响\end{matrix} = \sum \begin{matrix}各种产品\\实际销量\end{matrix} \times \left(\begin{matrix}实际单\\位成本\end{matrix} - \begin{matrix}计划单\\位成本\end{matrix}\right)$$

4. 销售产品的品种结构变动对毛利的影响

$$\begin{matrix}品种结构变动\\对毛利的影响\end{matrix} = \sum \left(\begin{matrix}各种产品\\实际销量\end{matrix} \times \begin{matrix}计划单\\位毛利\end{matrix}\right) - \left(\begin{matrix}计划产品销售\\毛利总额\end{matrix} \times \begin{matrix}销售收入\\完成率\end{matrix}\right)$$

下面举例说明主营业务毛利的分析方法。

例9:杜晋煤机厂计划主营业务毛利和实际主营业务毛利润的资料分别见表7-12、表7-13,试对实际毛利超过计划毛利3 150元(72 000−68 850)进行因素分析。

表 7-12　　　　　　　　　　杜晋煤机厂主营业务毛利计划资料

产品	计量单位	销售数量	主营业务收入(元)		主营业务成本(元)		主营业务毛利(元)	
			单价	总额	单位成本	总额	单位毛利	总额
甲	公斤	9 000	4.00	36 000	2.30	20 700	1.70	15 300
乙	台	510	185.00	94 350	110.00	56 100	75.00	38 250
丙	件	180	225.00	40 500	140.00	25 200	85.00	15 300
合计				170 850		102 000		68 850

表 7-13　　　　　　　　　　杜晋煤机厂主营业务毛利实际资料

产品	计量单位	销售数量	主营业务收入(元)		主营业务成本(元)		主营业务毛利(元)	
			单价	总额	单位成本	总额	单位毛利	总额
甲	公斤	10 000	4.12	41 200	2.266	22 660	1.854	18 540
乙	台	500	187.20	93 600	112.32	56 160	74.88	37 440
丙	件	200	226.00	45 200	145.90	29 180	80.10	16 020
合计				180 000		108 000		72 000

① $\begin{array}{l}销售数量变动\\对毛利的影响\end{array} = \left[\dfrac{\sum(各种产品实际销量×计划单位售价)}{\sum(各种产品计划销量×计划单位售价)}-1\right]×\begin{array}{l}计划主营业\\务毛利总额\end{array}$

$= \left(\dfrac{10\,000×4+500×185+200×225}{9\,000×4+510×185+180×225}-1\right)×68\,850$

$= (103.892\,3\%-1)×68\,850 = 2\,679.85(元)$

② $\begin{array}{l}品种结构变动\\对毛利的影响\end{array} = \sum\left(\begin{array}{l}各种产品\\实际销量\end{array}×\begin{array}{l}计划单\\位毛利\end{array}\right)-\left(\begin{array}{l}计划产品销售\\毛利总额\end{array}×\begin{array}{l}销售收入\\完成率\end{array}\right)$

$= (10\,000×1.70+500×75.00+200×85.00)-$

$\quad (68\,850×103.892\,3\%)$

$= 71\,500-71\,529.85$

$= -29.85(元)$

③ $\begin{array}{l}销售价格变动\\对毛利的影响\end{array} = \sum\begin{array}{l}各种产品\\实际销量\end{array}×\left(\begin{array}{l}实际单\\位售价\end{array}-\begin{array}{l}计划单\\位售价\end{array}\right)$

$= 10\,000×(4.12-4)+500×(187.20-185)+200×(226-225)$

$= 1\,200+1\,100+200 = 2\,500(元)$

④ $\begin{array}{l}销售成本变动\\对毛利的影响\end{array} = \sum\begin{array}{l}各种产品\\实际销量\end{array}×\left(\begin{array}{l}实际单\\位成本\end{array}-\begin{array}{l}计划单\\位成本\end{array}\right)$

$= 10\,000×(2.266-2.30)+500×(112.32-110)+$

$\quad 200×(145.90-140)$

$= -340+1\,160+1\,180$

$= 2\,000(元)$

⑤ 综合各因素影响额 ＝①＋②＋③－④

$\qquad\qquad = 2\,679.85-29.85+2\,500-2\,000$

$\qquad\qquad = 3\,150(元)$

综合上述四项因素影响额 3 150 元和分析对象 3 150 元相同。即:由于销售数量变动使毛利增加 2 679.85 元,由于品种结构变动使毛利减少 29.85 元,由于销售价格变动使毛利增加 2 500 元;由于销售成本变动使毛利减少 2 000 元。

三、利润率分析

上述利润总额和主营业务毛利润分析,主要是从绝对数上进行分析、评价。由于同一企业在不同会计期间或不同企业之间生产经营规模不同,利润额指标往往缺乏可比性,需进一步分析考核利润率指标。利润率指标有多种形式,最常用的有:营业收入毛利率、营业收入利润率、营业收入净利率、成本费用利润率和资产利润率五种。

（一）利润率的计算

1. 营业收入毛利率

营业收入毛利率是企业一定期内营业毛利与主营业务收入的比率，又称销售毛利率。计算公式如下：

$$营业收入毛利率 = \frac{营业收入 - 营业成本}{营业收入} \times 100\%$$

2. 营业收入利润率

营业收入利润率是企业一定期内利润总额与营业收入的比率，又称销售利润率。计算公式如下：

$$营业收入利润率 = \frac{利润总额}{营业收入} \times 100\%$$

3. 营业收入净利率

营业收入净利率是企业一定期内净利润与营业收入的比率，又称销售净利率。计算公式如下：

$$营业收入净利率 = \frac{净利润}{营业收入} \times 100\%$$

4. 成本费用利润率

成本费用利润率是一定期内实现的利润总额与成本费用总额的比率。计算公式如下：

$$成本费用利润率 = \frac{利润总额}{成本费用总额} \times 100\%$$

$$= \frac{利润总额}{营业成本 + 营业税金及附加 + 销售费用 + 管理费用 + 财务费用} \times 100\%$$

5. 资产利润率

资产利润率是企业一定期内已实现的利润总额与平均资产总额的比率。计算公式如下：

$$资产利润率 = \frac{利润总额}{平均资产总额} \times 100\%$$

6. 利润率指标计算举例

例 10：2006～2009 年全国大型煤炭工业企业收入、成本、税附、利润和资产总额情况见表 7-14。

表 7-14　　　　全国大型煤炭工业企业收入成本税附利润表　　　　单位：亿元

项　目	2006 年	2007 年	2008 年	2009 年	四年累计	年递增率
1. 主营业务收入	5 611.73	7 103.43	10 672.44	11 978.10	35 365.7	28.75%
2. 主营业务成本	4 021.84	4 990.50	7 433.91	9 048.53	25 494.78	31.03%
3. 主营业务税金及附加	86.69	107.46	278.33	201.48	673.96	32.46%
4. 销售费用	238.47	259.12	298.51	317.6	1 113.7	10.02%
5. 管理费用	704.27	857.99	1 171.39	1 083.86	3 817.51	15.45%
6. 财务费用	98.99	137.21	219.02	234.18	689.4	33.25%

项　目	2006 年	2007 年	2008 年	2009 年	四年累计	年递增率
7. 成本费用总额 ＝2＋3＋4＋5＋6	5 150.26	6 352.28	9 401.16	10 885.65	31 789.35	28.33％
8. 利润总额	564.89	723.9	1 223.59	1 220.08	3 732.5	29.26％
9. 其中:盈利总额	556.137	724.15	1 224.47	1 220.96	3 725.7	29.97％
10. 亏损总额	1.245	0.25	0.88	0.88	3.3	－10.95％
11. 资产总计	11 088.71	13 770.67	18 229.6	22 834.43	65 923.42	27.22％

数据来源:中国煤炭工业协会统计与信息部编《煤炭工业统计年报摘要》;由于 2009 年未公布盈利总额和亏损总额,该数据根据 2008 年亏损率(亏损总额占盈利总额的比例)推算;2006～2007 年各年所得税率为33％,净利润＝(564.89＋723.9)－[(556.137＋724.15)×33％]＝866.30 亿元;2008～2009 年各年所得税率为25％,净利润＝(1 223.59＋1 220.08)－[(1 224.47＋1 220.96)×25％]＝1 832.31 亿元,2006～2009 年净利润合计 2 698.61 亿元;由于统计资料未公布其他业务收入数据,则计算公式中的营业收入用主营业务收入代替。

(1) 2006～2009 年营业收入毛利率＝(35 365.7－25 494.78)÷35 365.7×100％＝27.9％

(2) 2006～2009 年营业收入利润率＝3 732.5÷35 365.7×100％＝10.6％

(3) 2006～2009 年营业收入净利率＝2 698.61÷35 365.7×100％＝7.6％

(4) 2006～2009 年成本费用利润率＝3 732.5÷31 789.35×100％＝11.7％

(5) 2006～2009 年资产利润率＝3 732.5÷65 923.42×100％＝5.7％

(二) 利润率的分析方法

1. 采用比较分析法

采用比较分析法就是将企业本期实际利润率同计划、同上期、同行业先进(平均)水平、全国先进(平均)水平比较,总括评价企业的利润水平。

2. 采用因素分析法

采用因素分析法就是分析影响利润率变动因素及各种利润率指标间的相互关系,查明利润率指标变动的原因,提出改进措施。比如,营业收入毛利率与销售数量、销售单价、单位销售成本和销售品种结构有关,可采用因素分析法测定各项因素的影响程度。企业还可以将利润率指标同有关指标结合起来分析,可考虑以下几种类型:

(1) 营业收入毛利率同有关指标的关系:

$$\frac{营业毛利}{营业收入}＝\frac{营业成本}{营业收入}×\frac{营业毛利}{营业成本}$$

即:

$$营业收入毛利率＝营业收入成本率×营业成本毛利率$$

(2) 资产利润率同有关指标的关系:

$$\frac{利润总额}{资产总额}＝\frac{工业总产值}{资产总额}×\frac{利润总额}{工业总产值}$$

即:

$$资产利润率＝资产产值率×产值利润率$$

(三) 资产利润率分析

例 11:2006 年至 2009 年全国大型煤炭以工业企业利润率指标相关资料如表 7-15 所

示。以其中 2008 年、2009 年数据为依据对 2009 年资产利润率比 2008 年资产利润率低 1.37 个百分点(5.34％～6.71％)进行因素分析。

表 7-15　　　　　　　　2006～2009 年全国大型煤炭工业企业资产利润率资料

项　目	2006 年	2007 年	2008 年	2009 年	四年累计	年递增率
1. 资产总计(亿元)	11 088.7	13 770.67	18 229.61	22 834.43	65 923.42	27.22％
2. 利润总额(亿元)	564.89	723.9	1 223.59	1 220.08	3 732.46	29.26％
3. 工业总产值(亿元)	4 999	5 688.91	9 048.92	9 883.24	29 620.07	25.51％
4. 资产利润率＝2÷1	5.09％	5.26％	6.71％	5.34％	5.66％	1.60％
5. 资产产值率＝3÷1	45.08％	41.31％	49.64％	43.28％	44.93％	－1.35％
6. 产值利润率＝2÷3	11.30％	12.72％	13.52％	12.34％	12.60％	2.99％

数据来源:中国煤炭工业协会统计与信息部编《煤炭工业统计年报摘要》。

① 资产产值率变动影响资产利润率 ＝ (2009 年资产产值率 － 2008 年资产产值率) × 2008 年产值利润率

＝(43.28％－49.64％)×13.52％

＝－0.86％

② 产值利润率变动影响资产利润率 ＝ 2009 年资产产值率 × (2009 年产值利润率 － 2008 年产值利润率)

＝43.28％×(12.34％－13.52％)

＝－0.51％

③ 综合影响＝①＋②＝－0.86％－0.51％＝－1.37％

分析表明:由于 2009 年资产利润率比 2008 年资产利润率低 1.37 个百分点。

由于 2009 年资产产值率低于 2008 年资产产值率,导致资产利润率降低 0.86％;由于 2009 年产值利润率低于 2008 年产值利润率,致使资产利润率降低 0.51％。两因素共同作用,使 2009 年资产利润率比 2008 年资产利润率降低 1.37 个百分点(－0.86％－0.51％),与分析对象 1.37 个百分点(5.34％－6.71％)相同。

(四)成本费用利润率分析

成本费用利润率是一定期内实现的利润总额与成本费用总额的比率。其中,成本费用总额 2006 年及以前包括主营业务成本、销售费用、管理费用和财务费用四部分。从 2007 年起,由于执行新《企业会计准则》分母增加了"营业税金及附加"项目,同时,"主营业务成本"也改成"营业成本"。

1. 成本费用利润率的分析公式

成本费用总额变动对成本费用利润率的影响

＝ 上年利润总额 / 本年成本费用总额 － 上年利润总额 / 上年成本费用总额

利润总额变动对成本费用利润率的影响

＝ 本年利润总额 / 本年成本费用总额 － 上年利润总额 / 本年成本费用总额

2. 成本费用利润率的分析实例

例 12:现以表 7-14 中 2008 年、2009 年成本费用和利润总额资料为例进行分析。

（1）2009 年成本费用利润率＝1 220.08÷10 885.65×100％＝11.208％

2008 年成本费用利润率＝1 223.59÷9 401.16×100％＝13.015％

分析对象：2009 年成本费用利润率 11.208％比 2008 年成本费用利润率 13.015％低 1.807 个百分点的原因进行分析。

（2）具体因素分析

① 成本费用总额变动对成本费用利润率的影响

$$=\frac{1\ 223.59}{10\ 885.65}-\frac{1\ 223.59}{9\ 401.16}=11.240\%-13.015\%=-1.775\%$$

② 利润总额变动对成本费用利润率的影响

$$=\frac{1\ 220.08}{10\ 885.65}-\frac{1\ 223.59}{10\ 885.65}=11.208\%-11.240\%=-0.032\%$$

③ 综合影响＝①＋②＝-1.775％-0.032％＝-1.807％

3. 成本费用利润率的评价

（1）全部国有及规模以上非国有工业企业成本费用利润率指标如表 7-16 所示。

表 7-16　　　　全部国有及规模以上非国有工业企业成本费用利润率指标

项　目	2004 年	2005 年	2006 年	2007 年	2008 年	2009 年	2010 年	2004～2010 年平均
工业成本费用利润率	6.52％	6.31％	6.57％	7.02％	5.87％	5.90％	6.79％	6.42％

数据来源：2006～2011 年《中国统计年鉴》。

（2）全国大型煤炭工业企业成本费用利润率指标如表 7-17 所示。

表 7-17　　　　全国大型煤炭工业企业成本费用利润率指标

项　目	2006 年	2007 年	2008 年	2009 年	四年累计
成本费用利润率	11.0％	11.4％	13.0％	11.2％	11.7％

（3）煤炭行业上市公司成本费用利润率指标

20×0～20×2 年我国 13 家煤炭上市公司成本费用利润率 20.5％。

（4）美国煤炭行业上市公司成本费用利润率指标

2002 年，美国 8 家煤炭上市公司成本费用利润率 3.9％。

（5）全国上市公司成本费用利润率指标

20×0～20×2 年我国 1 304 家上市公司成本费用利润率 7.9％，其中，867 家工业行业上市公司成本费用利润率 7.0％。

第八章　所有者权益分析

第一节　资本投入系数分析

所有者权益是指企业资产扣除负债后由所有者享有的剩余权益。股份公司的所有者权益又称为股东权益,在西方企业,亦称业主权益。所有者权益分为实收资本、资本公积、盈余公积和未分配利润四部分。其中,实收资本是企业资本运营和生产经营的起点。

一、资本投入系数的概念

原有企业随着规模的扩大需要扩充资本时往往要吸收新的投资者。新的投资者投入100万元,是不是都作为"资本金"在会计"实收资本"账户记100万元呢? 不是。因为现在投入的100万元的资本同该企业原有投资者投入100万元资本的时间不同,质量也不同。因此,企业在吸收新股东入股时一般要确定"资本投入系数"(此概念由作者创造)。所谓资本投入系数,就是原有企业扩张吸收新投资者投入资金与确认资本的比值。例如,张三在A企业扩张时向A企业投入100万元货币,双方协商确认的"资本金"80万元,资本投入系数为1.25(100÷80)。其含义是:新投资者投入1.25元相当于原有股东的1元资本。高于"实收资本"80万元的20万元会计记入"资本公积——资本溢价"账户。

二、确定资本投入系数的原因

新投资者投入资本为什么要确定资本投入系数呢? 即投入资本溢价的原因何在?

1. 补偿企业未确认的自创商誉

企业从创立、筹建、生产运行,到打开市场,享有竞争优势,这无形之中已增加了企业的商誉。一个企业初创时投入的资本同几年后再投入同样的资本的质量是不同的。初创时投入资本的报酬或收益很低,甚至没有,但这种资本却在企业生存、发展中起了极大的作用;当企业兴旺发达时再投入资本,这种投资的收益比初创时大得多,可投资的作用比初创时小得多。这就是说,不同时期同样的投资,其质量是不同的。原有投资者自创了商誉,应归属于原有投资者。当新投资者加入企业时,应该付出更多的资本,用以补偿原投资者在自创商誉未来收益分享方面所带来的损失。新投资者投入较多的资本中,按协商确定的资本额记入"实收资本"科目,超过核定的"资本金"部分就成了"资本溢价"。

例1:某企业某年创建,创建时有三个投资者均投入40万元。企业开业三年,这三个投资者没有分到利润,但第四年企业开始转机。这一年,又有一个投资者投入资金。如果四个投资者要均等分配税后利润时,则第四个投资者不仅要投入40万元作企业"实收资本",还要考虑补偿企业创建发展中的自创商誉而增加投资12万元[投资者之间协议确定,此处"资本投入系数"为1.30(52÷40)],即现时投入1.30元钱相当于原来的1元钱,这12万元作"资本公积"处理,属于四个投资者的共同权益。

2. 补偿原投资者资本增值中享有的权益

依上例,第四个投资者向企业投资时,该企业"实收资本"账户余额120万元,而"资本公积"、"盈余公积"和"未分配利润"账户余额 30 万元。这 30 万元是原投资者投入资本的增值,属于原三个投资者的权益。这时,第四个投资者新注入资金时,不仅要多拿出 12 万元作企业自创商誉价值的补偿,还要再拿出 10 万元(30 万元÷3)作"资本公积",补偿原投资者资本增值中享有的权益。

三、确定资本投入系数的评价

综合上述两种资本溢价,第四个投资者共投入货币 62 万元,其中,确认"实收资本"40 万元,列作"资本公积"账户的金额为 22 万元,其"资本投入系数"为 1.55(62÷40)。可见,资本投入系数代表着企业长期形成的无形声誉价值和资本积累价值。此系数越大,企业越值钱。

第二节 资本保值增值分析

一、两种资本保持观

"资本保值"源于《国际会计准则》中的"资本保持"。《国际会计准则》定义的"资本保持"概念是:期末的资本与期初一样多,企业就保全了自己的资本。"资本保持",又称"资本保全",分为财务资本保全(持)和实物资本保全(持)两个方面。

(一)财务资本保持观

所谓财务资本保持,是把资本视为一种财务现象,以名义货币单位来定义资本保持,要求所有者投入或再投入的资本保持完整,即期末的净资产要和期初一样多,本期增加的净利润表示所有者名义货币资本的增加。大多数企业在编制财务报表时采用资本的财务保持概念,反映所有者名义货币的投入资本或投入资本的购买力。

(二)实物资本保持观

所谓实物资本保持,是把资本视为一种实物现象,以生产能力来定义资本保持,要求生产经营层面上所有者投入或再投入的资源所代表的实际"生产能力"得到维持,即期末实物生产能力要和期初一样多,本期增加的生产能力表示所有者实物资本的增加。

二、资本保值增值的含义

(一)财务视角下的资本保值增值

财务视角下的资本保值增值分为两个方面:一是净态财务资本的保值增值。即会计账面上"实收资本"或"股本"得到了保持,就是所有者投入资本得到了保值,其附加资本(包括资本公积、盈余公积和未分配利润)的增加,就是所有者投入资本的增值,一句话,会计账面上"净资产"或称"所有者权益"的增加,就是所有者净态财务资本的增加。二是动态财务资本的保值增值。即企业一定时期实现的净利润归属企业所有者,企业所有者对实现的净利润或前期积累未分配的利润进行分配,得到一定的"回报",就是所有者个人资本的增值,一句话,所有者从企业源源不断得到的资本回报是所有者个人财务资本的增值。

(二)实物视角下的资本保值增值

实物视角下的资本保值增值就是企业实际生产能力或经营能力的维持和扩展。它从三个方面体现:一是企业拥有的实物资产在消耗或用尽时能得到重置;二是在下一年度能生产出与本年同等实物数量的物品或服务能力;三是在下一年度能生产出与本年同等实物价值量的物品或服务能力。

三、国家法规下的资本保值增值

1. 从财务视角考核企业的资本保值增值

1994 年 12 月 31 日,国家国有资产管理局、财政部、劳动部以国资企发(1994)98 号文件的形式颁发《国有资产保值增值考核试行办法》,规定:"国有资产保值,是指企业在考核期内期末国家所有者权益等于期初国家所有者权益"。"国有资产增值,是指企业在考核期内期末国家所有者权益大于期初国家所有者权益"。"国有资产保值增值考核,以考核期企业财务报告中的所有者权益价值为依据,暂不考虑货币时间价值以及物价变动因素的影响"。国有资产保值增值充计算公式如下:

国有资产保值增值率=(期末国家所有者权益÷期初国家所有者权益)×100%

"企业国有资产保值增值率等于 100%,为国有资产保值;国有资产保值增值率大于100%为国有资产增值。"

2. 依据主观因素考核企业的资本保值增值

2000 年 4 月 26 日,财政部、国家经济贸易委员会、劳动和社会保障部以财统字［2000］2号文件的形式颁发《国有资本保值增值结果计算与确认办法》,规定:"国有资本保值增值率反映了企业国有资本的运营效益与安全状况,其计算公式为:国有资本保值增值率=(年末国家所有者权益/年初国家所有者权益)×100%"。

"国有资本保值增值率完成值的确定,需剔除考核期内客观及非正常经营因素(包括增值因素和减值因素)对企业年末国家所有者权益的影响。"其中,增值因素为:国家直接或追加投资增加的国有资本;政府无偿划入增加的国有资本;按国家规定进行资产重估(评估)增加的国有资本;按国家规定进行清产核资增加的国有资本;住房周转金转入增加的国有资本;接受捐赠增加的国有资本;按照国家规定进行"债权转股权"增加的国有资本;中央和地方政府确定的其他客观因素增加的国有资本。减值因素为:经专项批准核减的国有资本;政府无偿划出或分立核减的国有资本;按国家规定进行资产重估(评估)核减的国有资本;按国家规定进行清产核资核减的国有资本;因自然灾害等不可抗拒因素而核减的国有资本;中央和地方政府确定的其他客观因素减少的国有资本。

根据以上规定,笔者认为,国有资本保值增值率公式应该调整为:

$$\text{国有资本保值增值率}=\left(\frac{\text{企业主观因素形成的年末国家所有者权益}}{\text{年初国家所有者权益}}\right)\times100\%$$

以上文件于 2006 年 3 月 30 日被财政部废止。

3. 补充修正参考指标考核企业的资本保值增值

2004 年 8 月 30 日,国务院国资委颁发《企业国有资本保值增值结果确认暂行办法》,提出,企业国有资本保值增值结果主要通过国有资本保值增值率指标反映,并设置相应修正指标和参考指标,充分考虑各种客观增减因素,以全面、公正、客观地评判经营期内企业国有资本运营效益与安全状况。

该办法提出:"企业国有资本,是指国家对企业各种形式的投资和投资所形成的权益,以及依法认定为国家所有的其他权益。对于国有独资企业,其国有资本是指该企业的所有者权益,以及依法认定为国家所有的其他权益;对于国有控股及参股企业,其国有资本是指该企业所有者权益中国家应当享有的份额"。"本办法所称企业国有资本保值增值结果确认是指国有资产监督管理机构依据经审计的企业年度财务决算报告,在全面分析评判影响经营期内国有资本增减变动因素的基础上,对企业国有资本保值增值结果进行核实确认的工作"。

(1) 国有资本保值增值率指标的确认

本办法所称国有资本保值增值率是指企业经营期内扣除客观增减因素后的期末国有资本与期初国有资本的比率。其计算公式如下:

$$国有资本保值增值率 = \left(扣除客观因素影响后的期末国有资本 \div 期初国有资本\right) \times 100\%$$

国有资本保值增值率分为年度国有资本保值增值率和任期国有资本保值增值率。

国有资本保值增值率中的"客观"增加因素主要包括下列内容:

① 国家、国有单位直接或追加投资:是指代表国家投资的部门(机构)或企业、事业单位投资设立子企业、对子企业追加投入而增加国有资本;② 无偿划入:是指按国家有关规定将其他企业的国有资产全部或部分划入而增加国有资本;③ 资产评估:是指因改制、上市等原因按国家规定进行资产评估而增加国有资本;④ 清产核资:是指按规定进行清产核资后,经国有资产监督管理机构核准而增加国有资本;⑤ 产权界定:是指按规定进行产权界定而增加国有资本;⑥ 资本(股票)溢价:是指企业整体或以主要资产溢价发行股票或配股而增加国有资本;⑦ 税收返还:是指按国家税收政策返还规定而增加国有资本;⑧ 会计调整和减值准备转回:是指经营期间会计政策和会计估计发生重大变更、企业减值准备转回、企业会计差错调整等导致企业经营成果发生重大变动而增加国有资本;⑨ 其他客观增加因素:是指除上述情形外,经国有资产监督管理机构按规定认定而增加企业国有资本的因素,如接受捐赠、债权转股权等。

国有资本保值增值率中的"客观"减少因素主要包括下列内容:

① 专项批准核销:是指按国家清产核资等有关政策,经国有资产监督管理机构批准核销而减少国有资本;② 无偿划出:是指按有关规定将本企业的国有资产全部或部分划入其他企业而减少国有资本;③ 资产评估:是指因改制、上市等原因按规定进行资产评估而减少国有资本;④ 产权界定:是指因产权界定而减少国有资本;⑤ 消化以前年度潜亏和挂账:是指经核准经营期消化以前年度潜亏挂账而减少国有资本;⑥ 自然灾害等不可抗拒因素:是指因自然灾害等不可抗拒因素而减少国有资本;⑦ 企业按规定上缴红利:是指企业按照有关政策、制度规定分配给投资者红利而减少企业国有资本;⑧ 资本(股票)折价:是指企业整体或以主要资产折价发行股票或配股而减少国有资本;⑨其他客观减少因素:是指除上述情形外,经国有资产监督管理机构按规定认定而减少企业国有资本的因素。

(2) 国有资本保值增值率修正指标的确认

企业国有资本保值增值修正指标为不良资产比率。其计算公式如下:

$$不良资产比率 = (期末不良资产 \div 期末资产总额) \times 100\%$$

公式中"不良资产",是指企业尚未处理的资产净损失和潜亏(资金)挂账,以及按财务会计制度规定应提未提资产减值准备的各类有问题资产预计损失金额。

因经营期内不良资产额增加造成企业不良资产比率上升,应当在核算其国有资本保值增值率时进行扣减修正。

$$修正后国有资本保值增值率 = \left(扣除客观影响因素的期末国有资本 - 有问题资产预计损失额\right) \div 期初国有资本 \times 100\%$$

有问题资产预计损失额＝各类有问题资产×相关资产减值准备计提比例

国有控股企业修正国有资本保值增值率,应当按股权份额进行核算。

（3）企业国有资本保值增值参考指标的确认

企业国有资本保值增值参考指标为净资产收益率、利润增长率、盈余现金保障倍数、资产负债率。

① 净资产收益率:指企业经营期内净利润与平均净资产的比率。计算公式如下:

$$净资产收益率＝（净利润÷平均净资产）×100\%$$

其中:

$$平均净资产＝（期初所有者权益＋期末所有者权益）÷2$$

② 利润增长率:指企业经营期内利润增长额与上期利润总额的比率。计算公式如下:

$$利润增长率＝（利润增长额÷上期利润总额）×100\%$$

其中:

$$利润增长额＝本期利润总额－上期利润总额$$

③ 盈余现金保障倍数:指企业经营期内经营现金净流量与净利润的比率。计算公式如下:

$$盈余现金保障倍数＝经营现金净流量÷净利润$$

④ 资产负债率:指本经营期负债总额与资产总额的比率。计算公式如下:

$$资产负债率＝（负债总额÷资产总额）×100\%$$

（4）企业国有资本保值增值实际完成指标的核实确认

根据出资人财务监督工作需要,国有资产监督管理机构对企业财务会计资料及保值增值材料进行核查,并对企业国有资本保值增值结果进行核实确认。国有资本保值增值结果核实确认工作,应当根据核批后的企业年度财务决算报表数据,剔除影响国有资本变动的客观增减因素,并在对企业不良资产变动因素分析核实的基础上,认定企业国有资本保值增值的实际状况,即国有资本保值增值率。企业国有资本保值增值率大于100\%,国有资本实现增值;等于100\%,国有资本为保值;小于100\%,国有资本为减值。

国有资产监督管理机构应当以经核实确认的企业国有资本保值增值实际完成指标与全国国有企业国有资本保值增值行业标准进行对比分析,按照"优秀、良好、中等、较低、较差"五个档次,评判企业在行业中所处的相应水平。中央企业国有资产保值增值率未达到全国国有企业保值增值率平均水平的,无论其在行业中所处水平,不予评判"优秀"档次。

四、资本保值增值率的实际评价

（一）会计账面资本保值增值率的计算与评价

例2:2006～2010年全国规模以上煤炭开采与洗选业资本保值增值率计算见表8-1。

表8-1　　　　全国规模以上煤炭开采与洗选业资本保值增值率计算表

项　目	2006年	2007年	2008年	2009年	2010年	2006～2010年累计平均
1.企业单位数（个）	6 797	7 537	9 212	8 798	9 016	5 170
2.所有者权益（亿元）	4 283.33	5 386.79	7 974.63	9 746.64	12 444.70	4 980

续表 8-1

项　目	2006 年	2007 年	2008 年	2009 年	2010 年	2006～2010 年累计平均
3. 平均每户所有者权益（亿元）＝2/1	0.630 18	0.714 71	0.865 68	1.107 82	1.380 29	0.474 06
4. 每户所有者权益增长额（亿元）	—	0.084 53	0.150 97	0.242 15	0.272 47	0.107 159
5. 户均资本保值增值率＝本年 3/上年 3	—	113.4%	121.1%	128.0%	124.6%	122.6%
6. 整体资本保值增值率＝本年 2/上年 2	—	125.8%	148.0%	122.2%	127.7%	130.9%

注：数据来源于各年《中国统计年鉴》；表中资本保值增值率＝年末所有者权益/年初所有者权益×100%。

从表 8-1 中计算可见，我国规模以上煤炭开采与洗选企业 2006～2010 年户均资本保值增值率累计平均为 122.6%，它比整体资本保值增值率 130.9%更合理。

（二）国有资本保值增值率的计算与评价

例 3：全国国有煤炭工业企业扣除客观因素后的资本保值增值率计算如表 8-2 所示。

表 8-2　　　　全国国有煤炭企业扣除客观因素后的资本保值增值率计算表

项　目	2005 年	2006 年	2007 年	2008 年	2009 年	五年简单平均
1. 全部国有煤炭工业企业						
资本保值增值率优秀值	120.2%	120.1%	121.4%	120.3%	114.3%	119.3%
资本保值增值率良好值	112.7%	113.3%	114.5%	114.2%	110.8%	113.1%
资本保值增值率平均值	108.6%	106.2%	107.3%	107.5%	107.1%	107.3%
资本保值增值率较低值	102.6%	101.6%	102.7%	102.8%	102.4%	102.4%
资本保值增值率较差值	100.5%	96.5%	97.6%	97.9%	94.5%	97.4%
2. 大型国有煤炭工业企业						
资本保值增值率优秀值	123.5%	123.0%	124.3%	120.4%	115.9%	121.4%
资本保值增值率良好值	113.1%	113.1%	114.3%	114.1%	108.9%	112.7%
资本保值增值率平均值	107.6%	107.5%	108.6%	108.8%	107.4%	108.0%
资本保值增值率较低值	105.7%	102.7%	103.8%	104.1%	102.5%	103.8%
资本保值增值率较差值	101.5%	96.8%	97.8%	98.0%	93.6%	97.5%
3. 中型国有煤炭工业企业						
资本保值增值率优秀值	122.5%	121.7%	123.0%	121.7%	116.3%	121.0%
资本保值增值率良好值	117.0%	116.5%	117.7%	115.5%	111.1%	115.6%
资本保值增值率平均值	112.3%	109.2%	110.3%	110.4%	107.5%	109.9%
资本保值增值率较低值	110.1%	101.7%	102.8%	102.9%	103.4%	104.2%
资本保值增值率较差值	105.1%	91.2%	92.3%	95.7%	94.7%	95.8%

续表 8-2

项　目	2005 年	2006 年	2007 年	2008 年	2009 年	五年简单平均
4. 小型国有煤炭工业企业						
资本保值增值率优秀值	116.1%	119.8%	121.1%	111.2%	110.8%	115.8%
资本保值增值率良好值	108.1%	113.2%	114.4%	104.4%	104.0%	108.8%
资本保值增值率平均值	103.1%	98.5%	99.6%	99.7%	100.3%	100.2%
资本保值增值率较低值	99.1%	91.5%	92.5%	92.6%	97.2%	94.6%
资本保值增值率较差值	94.5%	87.9%	89.0%	89.1%	89.7%	90.0%

数据来源：2006～2010 年国务院国资委统计评价局制定的各年《企业绩效评价标准值》，经济科学出版社出版。表中资本保值增值率＝扣除客观因素后的年末所有者权益/年初所有者权益×100%。

从表 8-2 可见，全部煤炭国有工业企业 2005～2009 年扣除客观因素后的资本保值增值率的平均值五年简单平均为 107.3%。朱学义教授在《中国劳动科学》1995 年第 11 期上发表"论产权理论与企业收益分配"论文提出，企业依靠主观努力实现的资本保值增值率的标准值（考核基准）为 105%。我国全部国有煤炭工业企业资本保值增值率的平均水平超过了 105%。

第三节　上市公司股东权益分析

一、我国上市公司股本情况

（一）我国 1 304 家上市公司股本情况

例 4：我国 1 304 家上市公司 20×0 年至 20×2 年股本情况见表 8-3。

表 8-3　　　　我国 1 304 家上市公司 20×0 年至 20×2 年股本情况表

项　目	20×0	20×1	20×2	三年合计
股本合计（亿元）	5 681	5 977	6 262	17 920

数据来源：中国矿业大学朱学义教授上市公司数据库。

（二）我国 1 342～1 520 家上市公司股本情况

例 5：我国 1 342～1 520 家上市公司 2005 年至 2007 年股本情况见表 8-4。

表 8-4　　　　我国 1 342～1 520 家上市公司 2005 年至 2007 年股本情况表

项　目	2005 年	2006 年	2007 年	三年平均
上市公司数（家）	1 342	1 421	1 520	1 428
股本合计（亿元）	7 158	8 521	12 223	9 301

数据来源：中国经济研究服务中心"CCER 一般上市公司财务数据库"。

二、我国上市公司股东权益情况

（一）我国 1 304 家上市公司股东权益情况

例 6：我国 1 304 家上市公司 20×0 年至 20×2 年股东权益情况如表 8-5 所示。

表 8-5　　　　　我国 1 304 家上市公司 20×0 年至 20×2 年股东权益情况表

项　　目	20×0 年	20×1 年	20×2 年	三年合计
股东权益合计(亿元)	13 515	14 563	15 619	43 697

数据来源:中国矿业大学朱学义教授上市公司数据库。

（二）我国 1 342~1 520 家上市公司股东权益情况

例 7:我国 1 342~1 520 家上市公司 2005 年至 2007 年股东权益情况如表 8-6 所示。

表 8-6　　　　我国 1 342~1 520 家上市公司 2005 年至 2007 年股东权益情况表

项　　目	2005 年	2006 年	2007 年	三年平均
上市公司数(家)	1 342	1 421	1 520	1 428
股东权益合计(亿元)	19 525	23 073	44 444	29 014

表中数据来源:中国经济研究服务中心"CCER 一般上市公司财务数据库"。

三、我国上市公司股本增值率指标

账面股本增值率,亦称股本安全率,是附加资本与股本的比例。计算公式如下:

$$账面股本增值率（股本安全率）=\frac{附加资本}{股本}\times100\%$$

$$=\frac{资本公积+盈余公积+未分配利润}{股本}\times100\%$$

$$=\frac{所有者权益-股本}{股本}\times100\%$$

（一）我国 1 304 家上市公司股本增值率指标

例 8:根据表 8-3、表 8-5,我国 1 304 家上市公司 20×0 年至 20×2 年股本增值率情况如表 8-7 所示。

表 8-7　　　　我国 1 304 家上市公司 20×0 年至 20×2 年股本增值率指标

项　　目	20×0 年	20×1 年	20×2 年	三年合计
1. 股本合计(亿元)	5 681	5 977	6 262	17 920
2. 股东权益合计(亿元)	13 515	14 563	15 619	43 697
3. 附加资本=2-1(亿元)	7 834	8 586	9 357	25 777
4. 股本安全率=3/1	137.9%	143.7%	149.4%	143.8%

从表 8-7 可知,我国 1304 家上市公司 20×0 年至 20×2 年股本安全率(或股本增值率)分别为 137.9%、143.6%、149.4%,三年累计平均为 143.8%。而同期股票市价总值分别为 48 091 亿元、43 522 亿元、38 329 亿元[①],每元股本市值分别为 8.2 元(48 091÷5 861)、7.28 元(43 522÷5 977)、6.12 元(38 329÷6 262),三年累计平均为 7.25 元[(48 091+43 522+38 329)÷17 920]。

---

① 股票市价总值数据来源于相应年度《中国统计年鉴》。

（二）我国 1 342～1 520 家上市公司股本增值率指标

例 9：根据表 8-4、表 8-6，我国 1 342～1 520 家上市公司 2005 年至 2007 年股本增值率指标情况如表 8-8 所示。

表 8-8　　　　　我国 1 342～1 520 家上市公司 2005 年至 2007 年股本增值率指标

项　目	2005 年	2006 年	2007 年	三年平均
1. 上市公司数（家）	1 342	1 421	1 520	1 428
2. 股本合计（亿元）	7 158	8 521	12 223	9 301
3. 股东权益合计（亿元）	19 525	23 073	44 444	29 014
4. 附加资本＝3－2（亿元）	12 367	14 552	32 221	19 713
5. 股本安全率＝4/2	172.8％	170.8％	263.6％	211.9％

从表 8-8 可知，我国 1 342～1 520 家上市公司 2005 年至 2007 年股本安全率（或股本增值率）分别为 172.8％、170.8％、263.6％，三年累计平均为 211.9％。而 2005 年至 2006 年股票市价总值分别为 32 430 亿元、89 404 亿元、248 691 亿元，每元股本市值分别为 4.53 元（32 430÷7 158）、10.49 元（89 404÷8 521）、20.35 元（248 691÷12 223），三年累计平均为 13.28 元[(32 430＋89 404＋248 691)÷(7 158＋8 521＋12 223)]。

三、我国上市公司资本保值增值率指标

例 10：我国 1 342～1 520 家上市公司 2005 年至 2007 年资本保值增值率指标情况如表 8-9 所示。

表 8-9　　　　我国 1 342～1 520 家上市公司 2005 年至 2007 年资本保值增值率指标

项　目	2004 年	2005 年	2006 年	2007 年	平均或累计数
1. 上市公司数（家）	1 344	1 342	1 421	1 520	四年平均 1 407
2. 股东权益合计（亿元）	17 962	19 525	23 073	44 444	四年平均 26 251
3. 平均每家股东权益（亿元）	13.364 6	14.549 2	16.237 2	29.239 5	前三年累计 44.150 9
4. 资本保值增值率＝本年 3/上年 3	—	108.9％	111.6％	180.1％	—
5. 平均每家股东权益增长额＝本年 3－上年 3（亿元）	—	1.184 6	1.688 0	13.002 3	三年平均 5.291 6
6. 三年平均资本保值增值率＝5 总/3 总＋100％	—	—	—	—	136.0％

数据来源：中国经济研究服务中心"CCER 一般上市公司财务数据库"。

从表 8-9 计算结果可见，我国 1 342～1 520 家上市公司 2005 年至 2007 年资本保值增值率分别为 108.9％、111.6％、180.1％，三年累计平均为 135.96％。

表中三年累计平均 135.96％的另一种计算方法是加权平均计算法，但要以上年平均每家股东权益作权益（即比重）。计算过程如下：

（1）2004 年至 2006 年平均每家股东权益的比重分别为 30.269 5％（13.364 6÷44.152 09）、32.952 5％（14.549 2÷44.152 09）、36.775 6％（16.237 2÷44.152 09）。

（2）2005 年至 2007 年资本保值增值率分别为 108.9％、111.6％、180.1％。

（3）2005 年至 2007 年加权平均资本保值增值率＝（108.9％×30.269 5％）＋（111.6％×32.952 5％）＋（180.1％×36.778％）＝136.0％

四、我国 13 家煤炭上市公司资本保值增值率指标

例 11：我国 13 家煤炭上市公司 20×0 年至 20×2 年所有者权益情况如表 8-10 所示。

表 8-10　　　　我国 13 家煤气上市公司 20×0 年至 20×2 年所有者权益情况表

项　目	20×0 年	20×1 年	20×2 年	三年合计
1. 股本合计（亿元）	70.726 2	75.626 2	77.392 3	223.744 7
2. 股东权益合计（亿元）	177.690 9	216.534 3	243.614 3	637.839 5
3. 附加资本＝2－1（亿元）	106.964 7	140.908 1	166.222	414.094 8
4. 股本安全率＝3/1	151.2％	186.3％	214.8％	185.1％
5. 资本保值增值率＝当年 2/上年 2	—	121.9％	112.5％	117.2％

从表 8-10 可见，20×0 年至 20×2 年我国 13 家煤炭上市公司账面资本保值增值率平均117.2％，股本安全率为 185.1％。

第九章　会计报表分析

第一节　会计报表分析概述

会计报表是以日常核算资料为依据,总括地反映会计主体在一定时期的财务状况、经营成果和理财过程的报告文件,是会计核算的最终产品。会计报表按照报送对象分为对外报表和对内报表。对外会计报表是指企业向外部报表使用者编报的具有通用格式的会计报表,又称财务会计报表,简称财务报表,包括资产负债表、利润表、现金流量表、所有者权益变动表和财务报表附表。对内会计报表是指为了企业内部经济管理需要而编制的会计报表,又称管理会计报表或内部管理报表,这类报表的名称、格式、编制方法等不要求像财务报表那样通用,而由企业自行确定。对内会计报表主要是成本报表,包括产品生产成本表、主要产品单位成本表、制造费用明细表、各种期间费用明细表等。

一、财务报表的基本内容和格式

（一）资产负债表

资产负债表是反映企业在某一特定日期(如月末、季末、年末)财务状况的会计报表。通过资产负债表可了解企业所掌握的经济资源及这些资源的分布与结构情况;了解企业资金来源的构成,分析企业的资金结构,分析企业所面临的财务风险;通过对资产负债表进行分析,可了解企业的偿债实力、投资实力和支付能力。若把前后各期的资产负债表加以对照分析,还可以看出企业资金结构的变化情况及财务状况的发展趋势。资产负债表的格式和内容见表 9-1。

（二）利润表

利润表是反映企业在一定会计期间的经营成果情况的会计报表。利润表的作用主要有三方面:

（1）通过利润表提供的有关利润方面的信息,可以评价企业的经营效率和经营成果,评价投资的价值和报酬,从而衡量企业在经营管理上的成功程度。

（2）根据利润表中企业经营成果方面的信息,可以判定所有者投入企业的资本是否能够保全。

（3）利用利润表中的信息可对企业未来的经营状况、获利能力进行预测,了解企业在未来一定时期内的盈利趋势。

利润表的内容分为四大部分:一是反映企业在某一会计期间实现的利润总额(或亏损总额)及其构成,据以分析企业的经济效益及盈利能力;二是反映企业在某一会计期间实现的净利润(或净亏损),据以分析企业投资投入资本的动态增值情况;三是反映了普通股东的每股收益情况;四是反映其他综合收益情况。利润表格式见表 9-2。

表 9-1　　　　　　　　　　　**资产负债表**

编制单位:环宇工厂　　　　　　　　20××年12月31日　　　　　　　　　　单位:元

资产	年初余额	期末余额	负债和所有者权益	年初余额	期末余额
流动资产:			流动负债:		
货币资金	256 500	690 445	短期借款	384 400	495 000
交易性金融资产	535 000	203 000	交易性金融负债		
应收票据	20 500	103 662	应付票据		175 500
应收账款	558 320	262 730	应付账款	489 000	293 100
预付款项		598	预收款项		
应收利息		2 500	应付职工薪酬	86 200	93 653
应收股利			应交税费	95 900	83 648
其他应收款	1 800	3 809	应付利息		
存货	1 200 600	1 456 488	应付股利	262 100	156 800
一年内到期的非流动资产			其他应付款		
其他流动资产	10 480	10 912	一年内到期的非流动负债	369 641	30 000
			其他流动负债		
流动资产合计	2 583 200	2 734 144	流动负债合计	1 687 241	1 327 701
非流动资产:			非流动负债:		
可供出售金融资产			长期借款	627 031	693 031
持有至到期投资		107 970	应付债券	120 328	128 166
长期应收款			长期应付款		
长期股权投资	154 600	154 600	专项应付款		
投资性房地产			预计负债		
固定资产	2 474 000	2 551 263	递延所得税负债		13 200
在建工程	135 000	129 500	其他非流动负债		
工程物资		14 291	非流动负债合计	747 359	834 397
固定资产清理			负债合计	2 434 600	2 162 098
生产性生物资产			所有者权益:		
油气资产			实收资本	2 814 000	2 814 000
无形资产	135 400	126 855	资本公积	23 000	67 600
开发支出			减:库存股		
商誉			盈余公积	98 910	205 090
长期待摊费用	87 500	74 240	未分配利润	199 190	644 075
递延所得税资产			所有者权益合计	313 5100	3 730 765
其他非流动资产					
非流动资产合计	2 986 500	3 158 719			
资产总计	5 569 700	5 892 863	负债和所有者权益总计	5 569 700	5 892 863

表 9-2　　　　　　　　　　　　**利　润　表**

编制单位:环宇工厂　　　　　　　　20××年12月　　　　　　　　单位:元

项　目	本月金额	本年金额
一、营业收入	743 600	7 298 385
减:营业成本	485 988	5 274 893
营业税金及附加	4 385	41 756
销售费用	2 239	214 663
管理费用	38 870	684 155
财务费用	110 045	150 045
资产减值损失		
加:公允价值变动收益(损失以"—"号填列)		
投资收益(损失以"—"号填列)	4 233	51 233
其中:对联营企业和合营企业的投资收益		
二、营业利润(亏损以"—"号填列)	106 306	984 106
加:营业外收入	21 950	39 950
减:营业外支出	11 436	80 236
其中:非流动资产处置损失		
三、利润总额(亏损总额以"—"号填列)	116 820	943 820
减:所得税费用	29 205	235 955
四、净利润(净亏损以"—"号填列)	87 615	707 865
五、每股收益:		
(一)基本每股收益		
(二)稀释每股收益		
六、其他综合收益		
七、综合收益总额	87 615	707 865

　　利润表中"基本每股收益"项目,反映归属于普通股股东的当期净利润与发行在外普通股的加权平均数之比。它根据表 9-2"本期金额"栏"净利润"除以发行在外普通股的加权平均数得出。利润表中"稀释每股收益"项目,反映归属于普通股股东的当期净利润的调整额与发行在外普通股及潜在普通股转换为已发行普通股的加权平均数之比。它根据本表"本期金额"栏"净利润"的调整额除以发行在外普通股的加权平均数与潜在普通股转换为已发行普通股的加权平均数之和得出。利润表中"其他综合收益"项目,反映企业根据企业会计准则规定未在损益中确认的各项利得和损失扣除所得税影响后的净额。

　　利润表中"综合收益总额"项目,反映企业净利润与其他综合收益的合计金额。企业编制合并利润表时要在"综合收益总额"项目下单独列示"归属于母公司所有者的综合收益总额"项目和"归属于少数股东的综合收益总额"项目。

　　(三)所有者权益变动表

　　所有者权益变动表是反映构成所有者权益的各组成部分当期的增减变动情况的报表。所有者权益变动表反映的基本内容有:净利润;直接计入所有者权益的利得和损失项目及其总额;会计政策变更和差错更正的累积影响金额;所有者投入资本和向所有者分配利润等;按照规定提取的盈余公积;实收资本(或股本)、资本公积、盈余公积、未分配利润的期初和期末余额及其调节情况。所有者权益变动表的内容、格式见表9-3。

（四）现金流量表

现金流量表是反映企业一定会计时期现金和现金等价物流入和流出情况的报表。它的主要作用是:一是更好地帮助投资者、债权人和其他人士评估在未来创造有利的净现金流量的能力;二是评估企业偿还债务的能力、分配股利或利润的能力,并对企业资金筹措的情况作出评价;三是确定净利润与相关的现金收支产生差异的原因;四是评估当期的现金与非现金投资和理财事项对企业财务状况的影响。编制现金流量表的主要目的是为报表使用者提供企业一定时间内现金和现金等价物流入和流出的信息,以便于会计报表使用者了解和评价企业获取现金和现金等价物的能力,并据以预测未来现金流量。现金流量表反映以下四种现金流量的流入情况和流出情况:一是经营活动产生的现金流入和流出;二是投资活动产生的现金流入和流出;三是筹资活动产生的现金流入和流出;四是汇率变化对现金及现金等价物的影响。现金流量表的内容和格式如表9-4所示。

二、会计报表分析的视角

（一）从企业绩效视角进行分析

1999年6月1日,财政部、国家发展计划委员会、国家经济贸易委员会、人事部联合发布《国有资本金效绩评价规则》和《国有资本金效绩评价操作细则》,自发布之日起试行。2006年4月7日,国务院国有资产监督管理委员会第14号令《中央企业综合绩效评价管理暂行办法》公布,自2006年5月7日起施行。2006年9月12日,国务院国有资产监督管理委员会印发《中央企业综合绩效评价实施细则》,自2006年10月12日起施行。

1. 企业绩效评价的定义

根据国务院国资委2006年4月发布的《中央企业综合绩效评价管理暂行办法》第十二条规定,企业"综合绩效评价,是指以投入产出分析为基本方法,通过建立综合评价指标体系,对照相应行业评价标准,对企业特定经营期间的盈利能力、资产质量、债务风险、经营增长以及管理状况等进行的综合评判"。

"开展企业综合绩效评价以行业评价标准为依据,运用科学的评价计分方法,计量企业经营绩效水平,充分体现行业之间的差异性,客观反映企业所在行业的盈利水平和经营环境,准确评判企业的经营成果。企业绩效评价工作按照产权管理关系进行组织,国资委负责其履行出资人职责企业的综合绩效评价工作,企业集团(总)公司负责其控股子企业的综合绩效评价工作"。

2. 企业绩效评价的内容

（1）按国资委规定进行五种内容的评价。即评价企业的盈利能力、资产质量、债务风险、经营增长以及管理状况。

（2）按注册资产评估师考试大纲规定的四大内容评价。① 财务效益状况评价。它相当于国资委的"盈利能力"状况评价。② 资产运营状况评价。它相当于国资委的"资产质量"状况评价。③ 偿债能力状况评价。它相当于国资委的"债务风险"状况评价。④ 发展能力状况评价。它相当于国资委的"经营增长"状况的评价。

表 9-3

所有者权益变动表

20××年度

编制单位:环宇工厂

单位:元

项　目	本年金额						上年金额					
	实收资本	资本公积	减:库存股	盈余公积	未分配利润	所有者权益合计	实收资本	资本公积	减:库存股	盈余公积	未分配利润	所有者权益合计
一、上年末余额	2 814 000	23 000		98 910	199 190	3 135 100						
加:会计政策变更												
前期差错更正												
二、本年初余额	2 814 000	23 000		98 910	199 190	3 135 100						
三、本年增减变动金额(减少以"-"号填列)												
(一)净利润					707 865	707 865						
(二)直接计入所有者权益的利得和损失												
1. 可供出售金融资产公允价值变动净额												
(1)计入所有者权益的金额												
(2)转入当期损益的金额												
2. 现金流量套期损益的金额												
(1)计入所有者权益的金额												
(2)转入当期损益的金额												
3. 计入被投资单位所有者权益中的金额												
权益法下被投资单位其他所有者权益变动的影响												
4. 与计入所有者权益项目相关的所得税影响												
5. 其他		26 800				26 800						
上述(一)和(二)小计		26 800			707 865	734 665						

续表 9-3

项 目	本年金额						上年金额					
	实收资本	资本公积	减:库存股	盈余公积	未分配利润	所有者权益合计	实收资本	资本公积	减:库存股	盈余公积	未分配利润	所有者权益合计
(三) 所有者投入和减少资本												
1. 所有者投入资本												
2. 股份支付计入所有者权益的金额												
3. 其他		17 800				17 800						
(四) 利润分配												
1. 提取盈余公积				106 180	−106 180	0						
2. 提取一般风险准备												
3. 对所有者的分配					−156 800	−156 800						
4. 其他												
(五) 所有者权益内部结转												
1. 资本公积转增资本												
2. 盈余公积转增资本												
3. 盈余公积弥补亏损												
4. 一般风险准备弥补亏损												
5. 其他												
四、本年年末余额	2 814 000	67 600		205 090	644 075	3 730 765						

现金流量表

20××年变

表 9-4

编制单位:环宇工厂

单位:元

项 目	上年金额	本年金额	补 充 资 料	上年金额	本年金额
一、经营活动产生的现金流量			1. 将净利润调节为经营活动现金流量:		
销售商品、提供劳务收到的现金		8 737 294	净利润		707 865
收到的税费返还			加:资产减值准备		4 783
收到其他与经营活动有关的现金		96 890	固定资产折旧、油气资产折耗、生产性生物资产折旧		276 417
经营活动现金流入小计		8 834 184	无形资产摊销		12 545
购买商品、接受劳务支付的现金		5 919 307	长期待摊费用摊销		31 520
支付给职工以及为职工支付的现金		611 370	处置固定资产、无形资产和其他长期资产的损失(收益用"—"号)		−19 300
支付的各项税费		672 052	固定资产报废损失(收益用"—"号)		6 400
支付其他与经营活动有关的现金		637 511	公允价值变动损失(收益用"—"号)		
经营活动现金流出小计		7 840 240	财务费用(收益用"—"号)		150 045
经营活动产生的现金流量净额		993 944	投资损失(收益用"—"号)		−51 233
二、投资活动产生的现金流量			递延所得税资产减少(增加用"—"号)		
收回投资收到的现金		704 800	递延所得税负债增加(减少用"—"号)		
取得投资收益收到的现金		6 040	存货的减少(增加用"—"号)		−312 386
处置固定资产、无形资产和其他长期资产收回的现金净额		149 200	经营性应收项目的减少(增加用"—"号)		210 510
处置子公司及其他营业单位收到的现金净额			经营性应付项目的增加(减少用"—"号)		−34 790
收到其他与投资活动有关的现金		2 150	其他		11 568
投资活动现金流入小计		862 190	经营活动产生的现金流量净额		993 944

续表 9-4

项 目	上年金额	本年金额	补 充 资 料	上年金额	本年金额
购建固定资产、无形资产和其他长期资产支付的现金		418 574	2. 不涉及现金收支的重大投资和筹资活动:		
投资支付的现金		438 077	债务转为资本		
取得子公司及其他营业单位支付的现金净额			一年内到期的可转换公司债券		
支付其他与投资活动有关的现金			融资租入固定资产		
投资活动现金流出小计		856 651	3. 现金及现金等价物净变动情况:		
投资活动产生的现金流量净额		5 539	现金的期末余额		690 445
三、筹资活动产生的现金流量			减:现金的期初余额		256 500
吸收投资收到的现金		310 600	加:现金等价物的期末余额		
取得借款收到的现金		20 000	减:现金等价物的期初余额		
收到其他与筹资活动有关的现金		330 600	现金及现金等价物净增加额		433 945
筹资活动现金流入小计		569 641			
偿还债务支付的现金		310 257			
分配股利、利润或偿付利息支付的现金		16 240			
支付其他与筹资活动有关的现金					
筹资活动现金流出小计		896 138			
筹资活动产生的现金流量净额		−565 538			
四、汇率变动对现金及现金等价物的影响					
五、现金及现金等价物净增加额		433 945			
加:期初现金及现金等价物余额		256 500			
六、期末现金及现金等价物余额		690 445			

（二）从企业生存发展视角进行分析

企业是一个经济组织，是独立的商品生产者和经营者。在市场经济中，企业要不断牟取自己独特的经济利益。但企业又是一个社会组织，总在一定的社会环境中开展活动，要受到社会环境的约束和限制。企业的社会生存和发展环境是指企业赖以生存、发展的整个外部世界，包括自然环境、经济环境、技术环境、社会人文环境和政治环境等。

自然环境对企业的影响首要的是表现为企业生产条件的优越与否。经济环境对企业经营的影响最重要，也最为直接。因为企业生产经营所需的各种物质与非物质的条件是在经济环境中获取的；同时，利用这些转换得到的物品，其价值也需在经济环境中实现。没有经济环境，企业经营变成为无源之水，无本之木，经营活动的顺利进行和连续循环则无法保证。企业经济环境包括经济体制、经济形势、经济结构和经济政策等要素。技术环境是指与本企业有关的科学技术水平及其发展趋向，主要是新技术、新设备、新工艺、新材料的采用等状况。与其他环境相比，技术环境变化较快，对企业的冲击十分激烈。一项新技术的出现，会给某些企业形成新的市场机会，形成新的行业；同时也会给某些企业造成威胁，使老的行业或产品被淘汰。社会人文环境是指企业经营所涉及地区或国家的居民的语言、文学、教育水平、宗教信仰、消费习惯、工作态度、价值观念等因素的综合。这些因素在产品销售、员工行为以及企业的管理方式等各个层面上影响着企业的经营。政治环境包括政治制度、政党制度、政策方针、政治性社团组织的地位和作用等，是通过影响政府政策而作用于企业经营的，而政策是执政党所代表的政治力量或政治集团的意志表达，是多重因素综合作用的结果。

当今世界，企业生存环境的变化越来越快，企业的经营与发展面临着越来越多的不确定性。科技迅猛发展、市场激烈竞争、企业兼并重组等行为都影响着企业的生存和发展。从财务角度，分析企业的生存发展能力首要的是看企业能否正常还债，能否化解财务风险，其次要看企业的经济效益、资金运营状况和发展的潜力等。因此，从企业生存和发展视角对企业会计报表进行分析，就是要评价企业的偿债能力、盈利能力、营运能力、发展能力、筹资能力等。笔直对企业会计报表进行分析时突出了企业生存发展的能力。

第二节　偿债能力分析

企业偿债能力是指企业用其资产偿还长期债务与短期债务的能力。企业有无支付现金的能力和偿还债务能力，是企业能否健康生存和发展的关键。企业偿债能力是反映企业财务状况和经营能力的重要标志。企业偿债能力，从静态看，就是用企业资产清偿企业债务的能力；从动态看，就是用企业资产和经营过程创造的收益偿还债务的能力。偿债能力是企业偿还到期债务的承受能力或保证程度，包括短期偿债能力和长期偿债能力两个方面。分析企业偿债能力主要利用资产负债表、利润表和现金流量表中有关数据。

一、短期偿债能力分析

企业的短期债务需要用企业的流动资产来偿还，同样，企业的长期债务在到期前转化为短期债务，一般也要用流动资产来偿还。因此，对短期偿债能力的分析，主要是研究流动资产和流动负债之间的关系及有关项目的变动情况。所有财务报表使用者都关心企业的短期偿债能力。如果企业的短期偿债能力不行，也意味着偿还长期债务会存在问题。有时，一个盈利不错的企业，也会由于资金调度不灵，偿还不了短期债务而导致破产。

评价企业短期偿债能力的财务指标有营运资金（营运资金比率）、流动比率、速动比率、现金比率和现金流动负债比率等。

（一）营运资金

营运资金，亦称营运资本，是企业持有的在生产经营周转过程中可自主支配的流动资金数额，在数量上，它等于流动资产减去流动负债后的净额。其计算公式如下：

$$营运资金＝流动资产－流动负债$$

从公式中可见，营运资金存在着两种可能：一是正数；二是负数。当营运资金为正数时，说明企业有营运资金。一般说来，企业有一定的营运资金，表明企业有能力偿还短期负债，营运资金越多，偿还能力越强。因此，短期债权人希望企业的营运资金越多越好，这样可以减少借债的风险。然而，从企业的角度看，营运资金过多，说明企业利用外来资金扩大经营规模的潜力没有充分发挥，失去了扩大经营，获取更多利润的机会。究竟营运资金保持多少才算合理？目前还没有一个统一的标准。企业分析营运资金状况时，往往将当期营运资金与往期营运资金比较，与同行业规模相近的企业比较，作出客观的评价。当营运资金为负数时，说明企业营运资金短缺。企业的流动负债超过了流动资产，表明企业发生亏损，或举措短期债务的资金用于购买固定资产、进行非流动资产投资等方面，企业资产流动性差。此时，企业处于极为不利的境地。不仅正常的生产经营活动难以维持，各种短期债务难以偿还，而且要重新举借债务会受到种种限制。从这点讲，企业营运资金状况的分析，也称为短期信用分析，它是短期债权人、长期债权人以及投资者非常关心的一个很敏感的问题。

例1：根据表9-1资产负债表，环宇工厂年初流动资产2 583 200元、流动负债1 687 241元、年末流动资产2 734 144元、流动负债1 327 701元、年末资产总额为5 892 863元。则：

年初营运资金＝2 583 200－1 687 241＝895 959（元）

年末营运资金＝2 734 144－1 327 701＝1 406 443（元）

全年平均营运资金＝（895 959＋1 406 443）÷2＝1 151 201（元）

说明：会计人员利用各月资料计算全年平均营运资金。报表的外部使用者，因得不到每月资料，只得采用年初数年末数简单平均的方法计算，大多数情况下利用年末数计算。下述其他指标也有类似情况，到时不再赘述。

计算结果表明，环宇工厂年末营运资金比年初增加510 484元（1 406 443－895 959），表明企业日常经营资金有保障，短期偿债能力增强。

仅计算营运资金不足以不同企业之间进行比较和评价。为了对不同行业、不同企业营运资金状况作客观地分析比较，还要计算营运资金比率。其计算公式如下[①]：

$$营运资金比率＝\frac{营运资金}{资产总额}×100\%＝\frac{流动资产－流动负债}{资产总额}×100\%$$

$$营运资金比率＝\frac{1\ 406\ 443}{5\ 892\ 863}×100\%＝23.9\%$$

例2：全国规模以上煤炭开采与洗选业2006～2010年营运资金比率计算如表9-5所示。

---

① 此概念及计算公式引自美国定期发布的行业财务指标，参见罗飞：《企业财务报表阅读与分析》，中国经济出版社1993年版，第100页。另外，我国经贸委综合评价企业竞争能力十二大指标时，第十项指标是"营运资金比率"，它等于期末营运资金除以期末流动资产余额。参见《中国财经报》1996年12月25日第三版。

表 9-5　　　　　　　全国规模以上煤炭开采与洗选业营运资金比率计算表　　　　　单位：亿元

项　目	2006 年	2007 年	2008 年	2009 年	2010 年	五年累计	年递增率
1. 年末流动资产	4 146.77	5 093.75	7 983.66	9 427.46	12 598.27	17 224.18	32.0%
2. 年末流动负债	4 476.16	5 605.69	7 794.86	9 128.26	11 393.95	17 876.71	26.3%
3. 年末资产合计	11 069.95	13 864.33	19 457.74	23 790.09	29 941.66	44 392.02	28.2%
4. 营运资金＝1－2	−329.39	−511.94	188.80	299.20	1 204.32	−652.53	—
5. 营运资金比率＝4/3	−2.98%	−3.69%	0.97%	1.26%	4.02%	−1.47%	—
6. 流动比率＝1/2	0.93	0.91	1.02	1.03	1.11	0.96	—

数据来源：2007～2011 年《中国统计年鉴》。

计算结果表明，全国规模以上煤炭开采与洗选业 2006～2010 年累计营运资金比率为 −1.47%，表明煤炭工业企业在资产总额中，没有自主支配的流动资金。当然，这主要是 2006～2007 年营运资金是负数所致，而且这一不良状况已得到改观。2010 年营运资金比率为 4.02%。20×0～20×2 年，我国沪深市 1 304 家上市公司三年累计营运资金比率为 6.8%（数据取自中国矿业大学朱学义教授上市公司数据库），2007 年 1 521 家上市公司营运资金比率为 2.7%（数据取自 CCER 经济金融研究数据库）。

（二）流动比率

流动比率是流动资产总额对流动负债总额的比例。计算公式如下：

$$流动比率 = \frac{流动资产}{流动负债}$$

［表 9-1］流动比率 $= \dfrac{2\ 734\ 144}{1\ 327\ 701} = 2.06$

流动比率是反映企业短期债务由可变现流动资产来偿还的能力。该比率表示每一元流动负债有多少流动资产作保证。该比率高，说明企业偿债能力强。按照西方企业的经验，一般认为该比率应维持 2：1，才足以表明企业财务状况稳妥可靠。当然，这只是一个经验数据，理论上还未得到证明。因此，分析一个企业的流动比率时，要同企业历史水平、同行业平均流动比率进行比较，分析其合理性。

环宇工厂本年流动比率高于上年流动比率，表明该厂的财务状况是可靠的。流动比率高，虽能总体说明企业财务状况的稳定性，但不一定就合理。在工业企业流动资产中，占用额最高的是存货。其次是应收账款。这就有可能是由于存货积压或滞销，客户拖欠货款等原因造成流动资产增高。因此，分析流动比率的同时要分析存货和应收账款的资金占用情况和周转情况，这两者的周转速度是影响流动比率的主要因素。从表 9-1 资料看，环宇工厂今年年末存货 1 456 488 元比去年末 1 200 600 元增加 255 888 元（上升 21.3%），应收账款下降 297 270 元（558 320−262 730），其中，应进一步检查分析存货是否积压。

从表 9-5 可见，全国规模以上煤炭开采与洗选业 2006～2010 年累计流动比率仅有 0.96，反映了工业企业在每 1 元流动负债只有 0.96 元流动资产作保证，短期偿债能力不足。20×0～20×2 年，我国沪深市 1 304 家上市公司三年累计流动比率为 1.15（数据取自中国矿业大学朱学义教授上市公司数据库），2007 年 1 521 家上市公司流动比率为 1.07（数据取自 CCER 经济金融研究数据库）。

全国大型煤炭企业 2009 年流动比率排前十名的是:神东集团公司 3.311、小龙潭矿务局 2.749、阜新矿业集团公司 2.401、华晋焦煤有限公司 2.390、舒兰矿业集团公司 2.194、中煤集团 2.085、盘江煤电集团公司 1.795、铁法煤业集团公司 1.726、东山煤矿有限责任公司 1.700、永荣矿业有限公司 1.585。

(三)速动比率

流动比率用来评价流动资产总体变现能力时,是假定企业全部流动资产都用作偿还流动负债。其实,企业并不是全部流动资产都可以立即变现来偿还流动负债的,如存货的变现时间就较长,因此,还需要计算速动比率。速动比率是速动资产与流动负债的比率。速动资产是指企业货币资金和其他能快速变现的流动资产,包括货币资金、交易性金融资产投资、应收票据、应收账款、其他应收款等。在会计实际工作中,财务制度规定采用简化的办法计算速动资产,即速动资产等于流动资产扣除存货后的余额。速动比率的计算公式如下:

$$速动比率 = \frac{速动资产}{流动负债} = \frac{流动资产 - 存货}{流动负债}$$

[表 9-1] $速动比率 = \dfrac{2\ 734\ 144 - 1\ 456\ 488}{1\ 327\ 701} = 0.96$

速动比率表示每一元流动负债有多少可立即变现的流动资产作保证。此指标数值越大,说明企业近期偿债能力越大。在西方国家,一般认为,速动比率大于 1 为理想。当然,这仅是一种经验观,没有一个准确的统一标准。这种看法是出于这样的认识:流动资产中变现能力最差的存货金额,通常占流动资产的一半,剩下的流动性大的资产至少要等于流动负债,企业短期偿债能力才有保证。然而,不同行业的速动比率是有很大的差别的。比如,大量现金销售的商店,几乎没有应收账款,速动资产数额小,速动比率低于 1 是正常的。相反,一些应收账款较多的企业,速动比率可能要大于 1。环宇工厂本年速动比率为 0.96,表明该厂近期偿债能力基本接近理想水平。

由于速动资产与流动负债之比表现出来的是流动性的纯度,因而速动比率又叫酸性试验比率。

正确评价速动比率的高低,要同全国同行业平均水平和先进水平比较。

例3:我国大型煤炭工业企业、全国国有煤炭工业企业 2006~2009 年速动比率情况如表 9-6、表 9-7 所示。

表 9-6　　　　　　　　　2006~2009 年全国大型煤炭工业企业速动比率计算表

项　　目	2006 年	2007 年	2008 年	2009 年	四年累计	每年递增
1. 存货(亿元)	498.4	633.51	979.34	941.87	3 053.12	24%
2. 流动资产合计(亿元)	3 594.73	4 537.47	6 524.53	8 364.64	23 021.4	33%
3. 速动资产(亿元)=2-1	3 096.33	3 903.96	5 545.19	7 422.77	19 968.3	34%
4. 流动负债(亿元)	3 983.54	4 981.50	6 275.8	6 046.79	21 287.6	15%
5. 速动比率=3÷4	0.777	0.784	0.884	1.228	0.938	—

数据来源:据中国煤炭工业协会统计与信息部编《煤炭工业统计年报摘要》整理。

表 9-7 全国国有煤炭工业企业速动比率计算表

项　目	2006 年	2007 年	2008 年	2009 年	2010 年	五年简单平均
速动比率优秀值	1.915	1.932	1.901	1.463	1.524	1.747
速动比率较好值	1.429	1.444	1.415	1.227	1.286	1.360
速动比率平均值	0.946	0.960	0.932	0.954	1.035	0.965
速动比率较低值	0.557	0.570	0.545	0.567	0.646	0.577
速动比率较差值	0.334	0.347	0.320	0.342	0.423	0.353

数据来源:2007~2011 年国务院国资委统计评价局制定的各年《企业绩效评价标准值》,经济科学出版社出版。

从表 9-6、表 9-7 计算结果可见,2006~2009 年全国大型煤炭工业企业速动比率累计平均为 0.938,2006~2010 年全国国有煤炭工业企业全行业优秀值为 1.747、良好值为 1.360、平均值为 0.965。20×0~20×2 年,我国沪深市 1 304 家上市公司三年累计速动比率为 0.92(数据取自中国矿业大学朱学义教授上市公司数据库),2007 年 1 521 家上市公司速动比率为 0.69(数据取自 CCER 经济金融研究数据库)。

分析速动比率时,还可计算以下两个补充指标:

① 保守速动比率。计算公式如下:

$$保守速动比率 = \frac{货币资金 + 交易性金融资产 + 应收账款净额}{流动负债}$$

[表 9-1]保守速动比率 $= \dfrac{690\ 445 + 203\ 000 + 262\ 730}{1\ 327\ 701} = 0.87$

保守速动比率不同于上述速动比率之点在于:企业财务通则为了简化是在流动资产中扣除存货作速动资产处理,其实,流动资产中预付账款等是无法立即变现的,因而不应计入速动资产。保守速动比率排除了这些不恰当因素,体现了近期变现能力的现实性。

② 速动资产够用天数。会计人员在安排财务收支时,往往要根据预计的营业开支来测算现有速动资产足以应付日常开支的天数。计算公式如下:

$$速动资产够用天数 = \frac{速动资产}{预计每天营业开支}$$

$$预计每天营业开支 = \frac{预计年度营业开支 - 非现金开支}{365}$$

例如,环宇工厂本年年底速动资产 1 277 656 元(2 734 144 − 1 456 488)。根据近年来的开支记录,预计明年营业总开支 1 000 万元。其中非现金开支 100 万元,则:

$$速动资产够用天数 = \frac{1\ 277\ 656}{(10\ 000\ 000 - 1\ 000\ 000) \div 365} = 51.8\ 天$$

计算结果表明,环宇工厂现有速动资产预计可供来年近 52 天的营业开支之用。超过 52 天,若无新的速动资产,企业势必动用其他资产,或举借新的债务。

以上两个补充指标,仅作企业内部分析参考之用,不作外部评价之用。

(四) 现金比率

现金比率是货币资金与交易性金融资产(亦称短期证券)之和除以流动负债的比值。计算公式如下:

$$现金比率 = \frac{货币资金 + 交易性金融资产}{流动负债}$$

[表 9-1]现金比率 $=\dfrac{690\ 445+203\ 000}{1\ 327\ 701}=0.67$

现金比率表示每一元流动负债有多少现款即刻支付。它的作用是表明企业在最坏的情况下即刻偿债能力如何。它适用于那些应收账款和存货变现都存在问题的企业。在美国，一般认为该比率在 20% 以上为好。

现金比率高说明企业即刻变现能力强。如果这个指标很高，也不一定是好事。它可能反映企业不善于充分利用现金资源，没有把现金投入经营以赚取更多的利润。

环宇工厂本年末现金比率为 0.67，如果该厂并不需要立即投放扩大生产能力的资金，这个比率偏高，表明该厂没有充分利用现金去创造更大的效益。20×0～20×2 年，我国沪深市 1 304 家上市公司三年累计现金比率为 0.29（数据取自中国矿业大学朱学义教授上市公司数据库），2007 年 1 521 家上市公司现金比率为 0.33（数据取自 CCER 经济金融研究数据库）。

（五）现金流动负债比率

现金流动负债比率是企业全年经营活动产生的现金净流量与流动负债的比率。其计算公式如下：

$$现金流动负债比率=\frac{年经营现金净流量}{年末流动负债}\times100\%$$

[表 9-1、表 9-4]现金流动负债比率 $=\dfrac{993\ 944}{1\ 327\ 701}\times100\%\approx74.9\%$

计算结果表明，环宇工厂每百元流动负债在本年度中已有 74.90 元经营活动现金净流量作保证。

评价现金流动负债比率的高低，要同全国同行业平均水平和先进水平比较。

例 4: 我国国有煤炭工业企业 2006～2010 年现金流动负债比率情况如表 9-8 所示。

表 9-8　　　　2006～2010 年全国国有煤炭工业企业现金流动负债比率计算表

项　目	2006 年	2007 年	2008 年	2009 年	2010 年	五年简单平均
现金流动负债比率优秀值	32.5%	37.3%	40.8%	36.3%	37.0%	36.8%
现金流动负债比率良好值	21.2%	25.6%	28.9%	19.6%	28.1%	24.7%
现金流动负债比率平均值	10.0%	14.0%	17.2%	16.5%	17.2%	15.0%
现金流动负债比率较低值	−5.0%	−1.2%	1.7%	1.5%	2.2%	−0.2%
现金流动负债比率较差值	−12.1%	−8.3%	−5.3%	−5.5%	−4.8%	−7.2%

数据来源:2007～2011 年国务院国资委统计评价局制定的各年《企业绩效评价标准值》，经济科学出版社出版。

从表 9-8 计算结果可见，2006～2010 年全国国有煤炭工业企业现金流动负债比率优秀值为 36.8%、良好值为 24.7%、平均值为 15.0%。20×0～20×2 年，我国沪深市 1 304 家上市公司三年累计现金流动负债比率为 15.99%（数据取自中国矿业大学朱学义教授上市公司数据库），2007 年 1 521 家上市公司现金流动负债比率为 22.00%（数据取自 CCER 经济金融研究数据库）。

二、长期偿债能力分析

分析企业的长期偿债能力，主要是确定企业偿还长期债务本金和利息的能力。企业的资产是偿债的物质保证，而企业经营所得的利润才是企业偿债的资金源泉。因为企业在正常生产经营情况下,不能设想依靠变卖资产来偿债,只能依靠经营获利来偿还长期债务。因此要利用资产负债表、利润表资料,通过计算资产负债率、已获利息倍数、产权比率、有形净值债务率及其他长期资金比率,来分析资产与权益之间的关系、不同权益之间的关系、权益与收益之间的关系,评价企业资金结构是否合理,判断企业的长期偿债能力。

（一）资产负债率

资产负债率,亦称举债经营比率或负债比率,是负债总额与资产总额的比率。计算公式如下:

$$资产负债率=\frac{负债总额}{资产总额}\times100\%$$

[表 9-1]资产负债率$=\frac{2\ 162\ 098}{5\ 892\ 863}\times100\%=36.7\%$

资产负债率表示企业每百元资产中有多少负债,环宇工厂每百元资产中有 36.70 元是负债。评价资产负债率高低有以下三种观点。

1. 债权人评价观

从债权人角度分析,资产负债率反映企业利用债权人提供资金的程度,此比率越低越好。因为这个指标的倒数,表示企业每元负债有多少资产作保证。当企业破产清算时,企业资产变现价值很难达到账面价值,资产对负债的数值越大,债权人的权益保证程度越高。据环宇工厂实例计算,本年年末每元负债有 2.73 元(5 892 863÷2 162 098)资产作保证,债权人放款的安全程度高。

2. 投资者评价观

从投资者角度分析,企业利用举债筹措的资金和利用投资者投入的资金,在经营中发挥的作用相同。当企业全部资金的收益率超过了借入款项的利率,则资产负债率越大越好。因为此时投资者得到超过借款利率的利润会加大。反之,当全部资金收益率低于借入款项的利率,则资产负债率越低越好。因为此时支付超过全部资金收益率以上的利息,要用投资者所得的利润份额来弥补。

例如:环宇工厂全部资金(产)589 万元,假定全部资金(产)收益率为 21.2%,则企业获得收益 125 万元(利润总额 95 万元＋利息支出 30 万元＝息税前利润)。其中,借入资金(负债)占 36.7%,为 216 万元,利息率 10%,则应付利息 21.6 万元;投资者资金(所有者权益)占 63.3%,为 373 万元,获利 103.4 万元(125－21.6),投资者资金(本)利润率为 27.7%(103.4÷373),扣除 25% 的所得税后,投资者净资产收益率(净利润÷所有者权益)为 20.8%[27.7%×(1－25%)]。可见,投资者在付出有限代价的条件下,获利率达到 20.8。如果将环宇工厂的资产负债率由 36.7% 提高到 70%,即借入资金 412 万元(589× 70%),按 10% 付息 41.2 万元,其他条件不变,则投资者获利 83.8 万元(125－41.2),投资者资金利润率为 47.3%[83.8÷(582－412)],扣除 25% 的所得税后,投资者净资产收益率为 35.5%[47.3%×(1－25%)],比原来 20.8% 升高 14.7 个百分点。可见,当企业全部资金利润率 21.2% 大于借入资金利息 10% 时,资产负债率提高(36.7% 提高到 70%),投资者净资产收益率也升高(20.8% 提高到 47.3%),即加大资产负债率对投资者有利。

如果环宇工厂资金收益率为 8%,低于借款利息率 10%。则企业获利得收益 47.1 万元,扣除利息支出 21.6 万元,投资者获利 25.9 万元,投资者资金利润率仅有 6.9%,扣除 25% 的所得税后,投资者净资产收益率为 5.2%[6.9%×(1-25%)]。如果将环宇工厂的资产负债率由 36.7% 提高到 70%,即借入资金 412 万元,按 10% 的利息率付息 41.2 万元后,投资者获利 5.9 万元(47.1-41.2),投资者资金利润率为 3.5%[5.9÷(582-412)],扣除 25% 的所得税后,投资者净资产收益率为 2.5%[3.3%×(1-25%)],比原来 5.2% 降低 2.7 个百分点。

3. 国家纳税观

从国家看,企业负债的利息允许在所得税前扣除,企业负债越大,所得税扣除的利息就越多,国家收取的所得税就越少,所以,国家要限制企业的资产负债率。世界上许多国家都对自有资本(所有者权益)与负债的比例作了限定:美国规定,自有资本与负债的比例不得超过 1:3,即投资者投入 1 元,借债不得超过 3 元,即资产负债率不得超过 75%[3÷(1+3)];法国不得超过 1:1(即资产负债率不得超过 50%);荷兰不得超过 1:6(即资产负债率不得超过 86%);德国不得超过 1:7(即资产负债率不得超过 88%);日本不得超过 1:9(即资产负债率不得超过 90%);其他多数国家规定资产负债率不得超过 75%。如果超过限定比例,称为"资本弱化",即自有资本不足,在计算所得税时,其超额利息不得在所得税前扣除。我国目前尚未对资产负债率作出限定,只是规定了企业创立时必须保证的最低注册资金,其实质也是对"资本弱化比例"的最低限定。

综上所述,由于对资产负债率有不同的评价观,会计理论界认为企业也确实存在着最优的"资本结构",但要有许多假设条件,而这些假设条件又很难与企业的实际相符,即实际工作中较难找到一个最佳的资本负债率。因此,评价资产负债率的好坏要依靠国内外经验数据得出较恰当的评价标准。

例 5:全国大型煤炭工业企业、全国国有煤炭工业企业 2006~2009 年资产负债率情况如表 9-9、表 9-10 所示。

2006~2009 年资产负债率计算见表 9-23、全国国有企业 2004~2007 年资产负债率计算见表 9-24。

表 9-9 全国大型煤炭工业企业资产负债率计算表

项 目	2006 年	2007 年	2008 年	2009 年	四年累计	年递增率
1. 负债总额(亿元)	6 554.00	7 906.45	10 415.26	13 518.09	38 393.80	27.3%
2. 资产总额(亿元)	11 088.71	13 770.67	18 229.61	22 834.43	65 923.42	27.2%
3. 资产负债率=1/2	59.1%	57.4%	57.1%	59.2%	58.2%	—

数据来源:中国煤炭工业协会统计与信息部编《煤炭工业统计年报摘要》。

表 9-10 全国国有煤炭工业企业资产负债率计算表

项 目	2006 年	2007 年	2008 年	2009 年	2010 年	五年简单平均
资产负债率优秀值	42.0%	41.8%	38.1%	40.5%	40.9%	40.7%
资产负债率良好值	50.6%	50.3%	46.8%	47.0%	46.8%	48.3%
资产负债率平均值	59.6%	57.6%	54.2%	54.4%	54.2%	56.0%
资产负债率良好值	71.8%	69.0%	65.9%	66.1%	65.9%	67.7%
资产负债率平均值	81.5%	78.7%	75.5%	80.7%	80.5%	79.4%

数据来源:2007~2011 年国务院国资委统计评价局制定的各年《企业绩效评价标准值》,经济科学出版社出版。

计算结果表明,全国大型煤炭工业企业 2006～2009 年资产负债率累计平均为 58.2%,2006～2010 年全国国有煤炭工业企业累计资产负债率优秀值为 40.7%、良好值为 48.3%、平均值为 56.0%。20×0～20×2 年我国沪深市 1 304 家上市公司三年累计资产负债率为 57.9%(数据取自中国矿业大学朱学义教授上市公司数据库),2007 年 1 521 家上市公司资产负债率为 53.03%(数据取自 CCER 经济金融研究数据库)。我国国有资产管理局 1998 年考核国有资本绩效时认为,"比较保守的经验判断一般不高于 50%,国际上一般公认 60% 比较好"。

(二)已获利息倍数

已获利息倍数是指企业收益(息税前利润)与利息费用的比率。计算公式如下:

$$已获利息倍数 = \frac{利润总额 + 利息支出}{利息支出} = \frac{息税前利润总额}{利息支出}$$

公式中"利润总额"包括净利润和所得税,"利息支出"是支付给债权人的全部利息。包括计入"财务费用"账户中的利息支出和计入固定资产等非流动资产价值的资本化利息支出。根据表 9-2 和有关账簿资料,环宇工厂全年利润总额 943 820 元,全年利息费用 301 000 元,其中,计入"财务费用"账户的利息支出为 150 045 元,计入固定资产价值的利息支出 150 955 元,则:

$$已获利息倍数 = \frac{943\ 820 + 301\ 000}{301\ 000} = 4.14$$

已获利息倍数表明企业获得的收益是支付债务利息的多少倍。获息倍数越大,偿付利息的能力越充足。从长远看,该指标至少要大于 1,否则便不能举债经营。当然,在短期内,有些企业已获利息倍数低于 1 时仍能支付利息,这是因为当期有些不支付现金的费用(如折旧费等)在计算利润总额时作了扣除。评价企业已获利息倍数应和本企业不同年度之间、不同企业之间、企业与同行业平均水平之间该指标进行对比。对一个企业而言,往往要计算连续 5 个会计年度的已获利息倍数,才能确定其偿债能力的稳定性。而估计企业长期偿债能力时,通常又选择最低指标年度的数据为标准,因为不论年景好坏,企业总要偿付大约同量的债务,指标最低年份的情况,保证了最低的偿债能力,它是最保守,但为最靠得住的评价方法。

国际上通常认为已获利息倍数应在 3 以上,表明企业具有可靠的付息能力。

例 6:全国大型煤炭工业企业、全国国有煤炭工业企业 2006～2009 年已获利息倍数计算见表 9-11、表 9-12。

表 9-11　　　　　　　　**全国大型煤炭工业企业已获利息倍数计算表**

项　目	2006 年	2007 年	2008 年	2009 年	近两年累计	年递增率
1. 利润总额(亿元)	566.14	723.90	1 223.59	1 220.08	2 443.67	29.2%
2. 财务费用中利息支出(亿元)	未公布	未公布	213.8	265.1	478.89	23.9%
3. 已获利息倍数=(1+2)/2	—	—	6.7	5.6	6.1	

数据来源:中国煤炭工业协会统计与信息部编《煤炭工业统计年报摘要》,不包括计入固定资产等非流动资产的资本化利息。

表 9-12　　　　　　　　　　　全国国有煤炭工业企业已获利息倍数计算表

项　目	2006 年	2007 年	2008 年	2009 年	2010 年	五年简单平均
已获利息倍数优秀值	8.1	8.2	8.2	8.7	8.9	8.4
已获利息倍数良好值	6.0	6.1	6.1	6.6	6.8	6.3
已获利息倍数平均值	3.9	4.0	4.0	4.5	4.7	4.2
已获利息倍数较低值	2.0	2.1	2.1	2.6	2.8	2.3
已获利息倍数较差值	−0.7	−0.6	−0.6	−0.1	0.1	−0.4

数据来源：2007~2011 年国务院国资委统计评价局制定的各年《企业绩效评价标准值》，经济科学出版社出版。

计算结果表明，2008~2009 年全国大型煤炭工业企业已获利息倍数平均为 6.1，2006~2010 年全国国有煤炭工业企业已获利息倍数优秀值为 8.4、良好值为 6.3、平均值为 4.2。20×0~20×2 年，我国沪深市 1 304 家上市公司三年累计已获利息倍数（用财务费用代替利息支出）为 5.24（数据取自中国矿业大学朱学义教授上市公司数据库），2007 年 1521 家上市公司已获利息倍数为 13.14（用财务费用代替利息支出）（数据取自 CCER 经济金融研究数据库）。

（三）产权比率

产权比率是负债总额与所有者权益总额的比率。计算公式如下：

$$产权比率 = \frac{负债总额}{所有者权益} \times 100\%$$

[表 9-1]$产权比率 = \dfrac{2\,162\,098}{3\,730\,765} \times 100\% = 58.0\%$

产权比率反映债权人提供的资本与投资者提供的资本的相对关系。它可以从以下两个方面揭示其含义。

首先，从分子对分母看，它表明债权人提供的资本是投资者提供的资本的多少倍。环宇工厂本年末借债资金是投资者资金的 0.58 倍。就一般情况而言，产权比率小于 1，表明企业的财务结构较稳定，但不能一概而论。从投资者看，在经济繁荣时期，多借债，投资者可以获得额外的利润，遇上通货膨胀加剧时，多借债可以把损失和风险转嫁给债权人；在经济萎缩时期，少借债可以减少利息负担和财务风险。产权比率高，是高风险、高报酬的财务结构；产权比率低，是低风险、低报酬的财务结构。

其次，从分母对分子看，它表明投资者投入 100 元资金，债权人提供多少资金。这反映了债权人资金得到所有者权益的保障程度。或者说企业清算时债权人利益的保障程度如何。因为国家规定企业破产清算时偿债的顺序是：① 支付清算费用；② 支付未付的职工工资、劳动保险费用等。③ 支付未交国家的税金；④ 偿付尚未支付的其他债务；⑤ 投资者按出资比例分配偿债后的剩余财产。可见，企业清算时债权人的索赔权排在投资者前面。如果产权比率过高，清算财产不一定能使债权人足额收回其债权。例如，企业有 100 万元资产，其中负债 80 万元，产权（即所有者权益）20 万元，产权比率为 400%（80÷20）。当企业破产清算时，100 万元资产变现价值只有 70 万元（假定），付清理费 6 万元，还剩 64 万元还债，致使 16 万元债（80−64）不能偿付。可见，产权比率过高，债权人利益难以保证。因此，从企业长期偿债能力看，产权比率越低越好，一般认为小于 1 时财务结构较为稳妥。

产权比率和资产负债率有共同的经济意义,分析时应注意两个指标的互补作用。

根据表 9-9,全国大型煤炭工业企业 2006~2009 年累计负债总额 38 393.80 亿元,累计资产总额 65 923.42 亿元,累计所有者权益总额 27 529.62 亿元(65 923.42－38 393.80),产权比率为 1.39(38 393.80÷27 529.62)。

（四）有形净值债务率

有形净值债务率是负债总额与有形净值的比率。资产减去负债后的余额为净资产数额,也就是所有者权益;资产减去无形资产等于有形资产,则有形净值是所有者权益减去无形资产后的余额。有形净值债务率的计算公式如下:

$$有形净值债务率=\frac{负债总额}{所有者权益－无形资产余值}\times100\%$$

[表 9-1]有形净值债务率 $=\dfrac{2\ 162\ 098}{3\ 730\ 765-126\ 855}\times100\%=60.0\%$

有形净值债务率实质上是产权比率的延伸,其不同点在于分母扣除了会计账上结余的无形资产价值。这是因为无形资产是不能用来抵偿债务的,企业清算时真正用于还债的只能是有形资产的变现价值。因此,有形净值债务率比产权比率更谨慎、更保守地反映了债权人利益受到所有者权益的有效保障程度。从长期偿债能力讲,此比率越低越好。

（五）或有负债比率

或有负债是指过去的交易或者事项形成的潜在义务,其存在须通过未来不确定事项的发生或不发生予以证实;或过去的交易或者事项形成的现时义务,履行该义务不是很可能导致经济利益流出企业或该义务的金额不能可靠计量。企业在分析偿债能力时,不仅要分析现实债务能否偿还,还要对未来潜在的债务作充分估计,为抵御各种可能出现的风险留有资金准备。或有负债比率是或有负债与所有者权益之间的比率。其计算公式如下:

$$或有负债比率=\frac{或有负债总额}{所有者权益总额}\times100\%$$

$$或有负债总额=已贴现商业承兑汇票金额+对外担保金额+未决诉讼未决仲裁金额(除贴现与担保引起的诉讼仲裁)+其他或有负债金额$$

例 7:全国国有大型煤炭工业企业 2006~2010 年或有负债比率计算见表 9-13。

表 9-13　　　　　全国国有大型煤炭工业企或有负债比率计算表

项　目	2006 年	2007 年	2008 年	2009 年	2010 年	五年简单平均
或有负债比率优秀值	0.4%	0.2%	0.2%	0.2%	0.6%	0.3%
或有负债比率良好值	1.3%	1.0%	1.0%	1.0%	1.3%	1.1%
或有负债比率平均值	6.0%	5.8%	5.8%	5.0%	5.3%	5.6%
或有负债比率较低值	14.5%	1.4%	14.0%	12.1%	12.4%	10.9%
或有负债比率较差值	23.8%	21.8%	21.8%	19.7%	20.0%	21.4%

数据来源:2007~2010 年国务院国资委统计评价局制定的各年《企业绩效评价标准值》,经济科学出版社出版。

计算结果表明,2006~2010 年全国国有煤炭工业企业或有负债比率优秀值为 0.3%、良好值为 1.1%、平均值为 5.6%。

（六）带息负债比率

在企业的负债总额中，不是全部负债都要支付利息，如应付账款，应付职工薪酬，应交税费等不需要支付利息。企业分析偿债能力时，应分析带息的负债总额占全部负债的比例，这就是带息负债比率，计算公式如下：

$$带息负债比率 = \frac{带息负债总额}{负债总额} \times 100\%$$

$$带息负债总额 = 短期借款 + 一年内到期的长期负债 + 长期借款 + 应付债券 + 应付利息$$

例8：全国国有大型煤炭工业企业2006～2010年带息负债比率计算见表9-14。

表9-14   全国国有大型煤炭工业企带息负债比率计算表

项　目	2006年	2007年	2008年	2009年	2010年	五年简单平均
带息负债比率优秀值	21.5%	21.5%	24.8%	27.8%	28.7%	24.9%
带息负债比率良好值	30.6%	30.6%	33.7%	36.6%	37.5%	33.8%
带息负债比率平均值	41.8%	41.8%	44.8%	47.8%	48.7%	45.0%
带息负债比率较低值	53.8%	53.8%	56.5%	59.4%	61.3%	57.0%
带息负债比率较差值	66.3%	66.3%	69.2%	72.2%	73.1%	69.4%

数据来源：2006～2010年国务院国资委统计评价局制定的各年《企业绩效评价标准值》，经济科学出版社出版。

计算结果表明，2006～2010年全国国有煤炭工业企业带息负债比率优秀值为24.9%、良好值为33.8%、平均值为44.0%。

（七）固定资产与所有者权益比率

固定资产与所有者权益比率，是固定资产净值与所有者权益的比率。计算公式如下：

$$固定资产与所有者权益比率（亦称自有资本固定率） = \frac{固定资产净值}{所有者权益} \times 100\%$$

[表9-1]自有资本固定率 $= \frac{2\ 551\ 263}{3\ 730\ 765} \times 100\% = 68.4\%$

自有资本固定率表明投资者资本中有多少投入了固定资产。环宇工厂投资者每百元资本中有68.40元投入了固定资产。这是较好的现象，它表明企业全部固定资产的资金由投资者提供，同时投资者还将其余31.6%的资金投放到流动资产上了。如果企业清算，流动资产变现比固定资产变现容易。企业固定资产没有占用债权人资金，则清算处理流动资产还债，使债权人利益得到较好的保证。若自有资本固定率超过1，即意味着企业固定资产的一部分和全部流动资产都靠举债获得，债权人的风险大，企业的财务状况不良。在计算自有资本固定率时，如果分母改用有形净值，则更能体现稳健性原则。

例9：全国规模以上煤炭开采与洗选业2006～2010年自有资本固定率计算见表9-15。

计算结果表明，全国规模以上煤炭开采与洗选业2006～2010年累计自有资本固定率为82%，表明煤炭工业企业五年中形成的固定资金，依靠所有者权益资金购置的占82%，没有发生财务风险。

表 9-15　　　　　　　**全国规模以上煤炭开采与洗选业自有资本固定率计算表**

项 目	2006 年	2007 年	2008 年	2009 年	2010 年	五年累计	年递增率
1. 固定资产净值(亿元)	4 174.42	4 953.82	6 477.02	7 976.22	9 186.86	32 768.34	21.8%
2. 所有者权益(亿元)	4 283.33	5 386.79	7 974.63	9 746.64	12 444.70	39 836.09	30.6%
3. 自有资本固定率=1/2	0.97	0.92	0.81	0.82	0.74	0.82	—

数据来源:2007～2011 年《中国统计年鉴》。

（八）固定资产与长期债务比率

固定资产与长期债务比率,是固定资产净值与长期负债的比率。计算公式如下:

$$固定资产与长期债务比率=\frac{固定资产净值}{长期负债}$$

[表 9-1]$固定资产与长期债务比率=\frac{2\,551\,263}{834\,397}=3.06$

固定资产与长期债务比率是假定企业长期负债都是用来购置固定资产的。当该指标小于 1 时,表明企业每元长期负债中有多少用于购置固定资产。当该指标大于 1 时,表明企业用于固定资产上的资金是长期负债的多少倍。环宇工厂固定资产与长期债务比率是 3.06,结合自有资本固定率分析,说明该厂固定资产大部分用投资者资金购买。当企业固定资产超过长期负债时,表明企业还有用固定资产作抵押取得借款的潜力。

例 10:全国规模以上煤炭开采与洗选业 2006～2010 年固定资产与长期债务计算如表 9-16 所示。

表 9-16　　　　　　　**全国规模以上煤炭开采与洗选业固定资产与长期债务计算表**

项 目	2006 年	2007 年	2008 年	2009 年	2010 年	五年累计	年递增率
1. 固定资产净值(亿元)	4 174.42	4 953.82	6 477.02	7 976.22	9 186.86	32 768.34	21.8%
2. 长期负债(亿元)	2 237.86	2 871.73	3 688.24	4 922.90	6 024.58	19 745.31	28.1%
3. 固定资产与长期债务比率=1/2	1.87	1.73	1.76	1.62	1.52	1.66	—

数据来源:2007～2011 年《中国统计年鉴》。

计算结果表明,全国规模以上煤炭开采与洗选业 2006～2010 年累计固定资产与长期债务比率为 1.66,表明煤炭工业企业这五年中形成的固定资金,除了 100% 地依靠长期负债外,还有 66% 固定资金依靠所有者权益资金购置(例 9 中自有资本固定率为 82%,扣除 66%,还有 16% 用于流动资产周转),没有发生财务风险。

（九）长期债务与营运资金比率

长期债务与营运资金比率,是长期负债与营运资金的比率。计算公式如下:

$$长期负债与营运资金比率=\frac{长期负债}{流动资产-流动负债}$$

[表 9-1]$长期负债与营运资金比率=\frac{834\,397}{2\,734\,144-1\,327\,701}=0.59$

计算结果表明,环宇工厂每元营运资金有待承受 0.59 元的长期债务。它表明该厂偿债能力强,债权人贷款安全可靠。在一般情况下,长期债务不应超过营运资金。因为长期债务会随时间延续不断转化为流动负债,并需动用流动资产来偿还。保持长期债务不超过营运资金,就不会因这种转化而造成流动资产小于流动负债,从而使长期债权人和短期债权人感到贷款有安全保障。如果企业的营运资金大大小于长期负债,说明借钱给企业存在较大的风险。

例11:全国规模以上煤炭开采与洗选业 2006～2010 年长期债务与营运资金比率计算见表 9-17。

表 9-17 　　　　全国规模以上煤炭开采与洗选业长期债务与营运资金比率计算表

项 目	2006 年	2007 年	2008 年	2009 年	2010 年	五年累计	年递增率
1. 流动资产(亿元)	4 146.77	5 093.75	7 983.66	9 427.46	12 598.27	17 224.18	32.0%
2. 流动负债(亿元)	4 476.16	5 605.69	7 794.86	9 128.26	11 393.95	17 876.71	26.3%
3. 营运资金(亿元)=1-2	-329.39	-511.94	188.80	299.20	1 204.32	-652.53	—
4. 长期负债(亿元)	2 237.86	2 871.73	3 688.24	4 922.90	6 024.58	8 797.83	28.1%
5. 长期负债与营运资金比率 =3÷4	-14.72%	-17.83%	5.12%	6.08%	19.99%	-7.42%	—

数据来源:2007～2011 年《中国统计年鉴》。

计算结果表明,全国规模以上煤炭开采与洗选业 2006～2010 年累计长期负债与营运资金的比率为-7.42%,表明煤炭工业企业这五年中没有任何营运资金用于偿还长期债务。这主要是 2006～2007 年营运资金是负数而致。能看到转机的现象是:2008～2010 年长期负债与营运资金的比率不断增加,由 2008 年的 5.12% 上升到 2010 年的近 20%,煤炭企业偿还长期债务的资金实力越来越强。

第三节　盈利能力分析

盈利能力,亦称收益能力,是指企业在一定时期内赚取利润的能力。企业的利润率越高,盈利能力越强。企业应该利用分析企业偿债能力主要利用资产负债表、利润表和现金流量表中有关数据计算盈利能力指标。盈利能力指标主要包括:资产利润率、资产净利润率、资本金利润率、资本收益率、净资产收益率、总资产报酬率、营业收入利润率、成本费用利润率、盈余现金保障倍数等。在会计实务工作中,上市公司还经常采用每股收益、每股股利、市盈率、市净率、每股净资产、股利收益率等指标评价其获利能力。

一、资产利润率

资产利润率是企业利润总额与平均资产总额的比率。计算公式如下:

$$资产利润率 = \frac{利润总额}{平均资产总额} \times 100\%$$

$$= \frac{利润总额}{(期初资产总额+期末资产总额) \div 2} \times 100\%$$

[表 9-1 表 9-2]资产利润率 $= \frac{943\ 820}{(5\ 569\ 700+5\ 892\ 863) \div 2} \times 100\%$

$$= \frac{943\ 820}{5\ 731\ 282} \times 100\% = 16.47\%$$

计算表明,该厂每百元资产提供 16.47 元利润。

例 12:煤炭企业资产利润率指标应同煤炭行业平均水平进行比较,如表 9-18 所示。

表 9-18 　　　　　　　　　全国大型煤炭工业企业资产利润率计算表

项 目	2006 年	2007 年	2008 年	2009 年	四年累计	年递增率
1. 利润总额(亿元)	564.89	723.90	1 223.59	1 220.08	3 732.46	29.3%
2. 资产总额(亿元)	11 088.71	13 770.67	18 229.61	22 834.43	65 923.42	27.2%
3. 资产利润率=1/2	—	10.1%	12.9%	10.1%	5.7%	—

数据来源:中国煤炭工业协会统计与信息部编《煤炭工业统计年报摘要》。

计算结果表明,2006～2009 年全国大型煤炭工业企业资产利润率累计平均为 5.7%。

二、资产净利润率

为了揭示企业全部资产获取净利润的情况,还需要计算资产净利润率。公式如下:

$$资产净利润率=\frac{净利润}{平均资产总额}\times100\%$$

[表 9-1、表 9-2]资产净利润率$=\frac{707\ 865}{5\ 731\ 282}\times100\%=12.35\%$

计算表明,该厂每百元资产提供 12.35 元的净利润。

例 13:2006～2009 年全国大型煤炭工业企业资产净利润率指标如表 9-19 所示。

表 9-19 　　　　　　　　　全国大型煤炭工业企业资产净利润率计算表

项 目	2006 年	2007 年	2008 年	2009 年	四年累计	年递增率
1. 利润总额(亿元)	564.89	723.9	1 223.59	1 220.08	3 732.46	29.3%
2. 其中:盈利总额(亿元)	556.137	724.15	1 224.47	1 220.96	3 725.72	30.0%
3. 亏损总额(亿元)	1.245	0.25	0.88	0.88	3.26	−11.0%
4. 资产总计(亿元)	11 088.71	13 770.67	18 229.61	22 834.43	65 923.42	27.2%
5. 所得税(亿元)=2×所得税率(前两年33%后两年25%)	183.525	238.970	306.118	305.240	1 033.85	18.5%
6. 净利润(亿元)=2−5	372.61	485.18	918.35	915.72	2 691.86	34.9%
7. 资产净利润率=6÷平均4	—	3.9%	5.7%	4.5%	4.1%	—

数据来源:据中国煤炭工业协会统计与信息部编《煤炭工业统计年报摘要》整理。

计算结果表明,2006～2009 年全国大型煤炭工业企业资产净利润率累计平均为 4.1%。

三、资本金利润率

资本金利润率是指企业的利润总额与资本金总额的比率。计算公式如下:

$$资本金利润率=\frac{利润总额}{平均实收资本}\times100\%$$

[表 9-1、表 9-2]资本金利润率$=\frac{943\ 820}{2\ 814\ 000}\times100\%=33.54\%$

计算表明,该厂每百元资本金提供 33.54 元的利润总额。

20×0 年至 20×2 年,我国 13 家煤业上市公司累计三年资本金利润率为 27.3%。

四、资本收益率

资本收益率是指企业的净利润与平均资本的比率。它是反映企业运用投资者投入资本获得收益能力的指标。计算公式如下：

$$资本收益率 = \frac{净利润}{平均资本} \times 100\%$$

$$= \frac{净利润}{平均实收资本 + 平均资股本溢价} \times 100\%$$

[表9-1、表9-2]资本收益率 $= \frac{707\ 865}{2\ 814\ 000} \times 100\% = 25.16\%$

公式中，平均实收资本＝（期初实收资本＋期末实收资本）÷2；平均资本溢价或平均股本溢价根据"资本公积——资本溢价或股本溢价"明细账户期初与期末余额之和平均计算。

计算表明，环宇工厂每百元资本（该厂"资本公积——资本溢价"账户无余额）提供12.35元的净利润。

五、净资产收益率

净资产收益率，又称自有资本利润率，是企业净利润与净资产的比率。计算公式如下：

$$净资产收益率 = \frac{净利润}{平均净资产} \times 100\%$$

$$= \frac{净利润}{（期初所有者权益 + 期末所有者权益）÷2} \times 100\%$$

[表9-1、表9-2]资本收益率 $= \frac{707\ 865}{(3\ 135\ 100 + 3\ 730\ 765) ÷ 2} \times 100\% = 20.62\%$

计算结果表明，该厂每百元净资产获得净利润20.62元。如果将净资产收益率公式中分子改成"利润总额"，则称为净值报酬率。

例14：2006～2009年全国大型煤炭工业企业净资产收益率指标如表9-20所示。

表9-20   全国大型煤炭工业企业净资产收益率计算表

项　目	2006 年	2007 年	2008 年	2009 年	四年累计	年递增率
1. 净利润（亿元）	372.61	485.18	918.35	915.72	2 691.86	34.9%
2. 所有者权益（亿元）	3 488.46	5 404.49	7 685.07	9 201.31	25 779.33	38.2%
3. 净资产收益率＝1÷2	10.7%	9.0%	11.9%	10.0%	10.4%	—

数据来源：中国煤炭工业协会统计与信息部编《煤炭工业统计年报摘要》。

计算结果表明，2006～2009年全国大型煤炭工业企业净资产收益率累计平均为10.4%。

六、总资产报酬率

总资产报酬率，是企业息税前利润与平均资产总额的比率。计算公式如下：

$$总资产收益率 = \frac{息税前利润}{平均资产总额} \times 100\%$$

$$= \frac{利润总额 + 利息支出}{（期初资产总额 + 期末资产总额）÷2} \times 100\%$$

[表9-1、表9-2]总资产报酬率 $= \frac{943\ 820 + 301\ 000}{(5\ 569\ 700 + 5\ 892\ 863) ÷ 2} \times 100\% = 21.17\%$

公式中"利息支出"包括计入"财务费用"账户的利息支出为 150 045 元和计入固定资产价值的利息支出 150 955 元。

计算结果表明,该厂每百元资产总额创造收益 21.17 元。

例 15:2006～2009 年全国大型煤炭工业企业总资产报酬率指标见表 9-21。

表 9-21　　　　　　　　　**全国大型煤炭工业企业总资产报酬率计算表**

项　　目	2006 年	2007 年	2008 年	2009 年	四年累计	年递增率
1. 利润总额(亿元)	566.14	723.90	1 223.59	1 220.08	37 337.1	29.2%
2. 利息支出(亿元)	未公布	未公布	213.8	265.1	478.89	23.9%
3. 资产总额(亿元)	11 088.71	13 770.67	18 229.61	22 834.4	65 923.42	27.2%
4. 总资产报酬率=(1+2)÷平均 3	—	—	9.0%	7.2%	2008～2009 年累计平均 7.1%	—

数据来源:据中国煤炭工业协会统计与信息部编《煤炭工业统计年报摘要》整理;其中,利息支出不包括计入固定资产等非流动资产的资本化利息。

计算结果表明,2008～2009 年全国大型煤炭工业企业总资产报酬率累计平均为 7.1%。

七、营业收入利润率

营业收入利润率,原称销售利润率,是利润总额与营业收入的比率。计算公式如下:

$$营业收入利润率=\frac{利润总额}{营业收入}\times100\%$$

[表 9-2]营业收入利润率$=\dfrac{943\ 820}{7\ 298\ 385}\times100\%=12.93\%$

计算结果表明,该厂每百元营业收入能够获得 12.93 元的利润。

例 16:2006～2009 年全国大型煤炭工业企业营业收入利润率指标如表 9-22 所示。

表 9-22　　　　　　　　　**全国大型煤炭工业企业营业收入利润率计算表**

项　　目	2006 年	2007 年	2008 年	2009 年	四年累计	年递增率
1. 利润总额(亿元)	566.14	723.90	1 223.59	1 220.08	37 337.1	29.2%
2. 主营业务收入(亿元)	5 611.73	7 103.43	10 672.44	11 978.1	35 365.70	28.8%
4. 主营业务收入利润率=1÷2	10.1%	10.2%	11.5%	10.2%	6.9%	—

数据来源:中国煤炭工业协会统计与信息部编《煤炭工业统计年报摘要》。

计算结果表明,2006～2009 年全国大型煤炭工业企业主营业务收入利润率累计平均为 6.9%。

八、成本费用利润率

成本费用利润率是一定期内实现的利润总额与成本费用总额的比率。计算公式如下:

$$成本费用利润率=\frac{利润总额}{成本费用总额}\times100\%$$

$$=\frac{利润总额}{营业成本+营业税金及附加+销售费用+管理费用+财务费用}\times100\%$$

[表 9-2]成本费用利润率＝$\dfrac{943\,820}{5\,274\,893+41\,756+214\,663+684\,155+150\,045}×100\%$

$=14.83\%$

计算结果表明,该厂每百元耗费创造利润 14.83 元。

从表 7-17 可知,2006～2009 年全国大型煤炭工业企业成本费用利润率累计平均 11.7％。

九、盈余现金保障倍数

盈余现金保障倍数是企业一定期内盈余净额(净利润)所含有的经营活动现金净流量,即净利含"金"量。此指标越高,说明企业净利润现金保障力度越强;此指标越低,说明企业净利润很少或没有多少现金作保障,证明企业大量赊销款未能收回。计算公式如下:

$$盈余现金保障倍数＝\dfrac{经营现金净流量}{净利润}$$

[表 9-2 表 9-4]盈余现金保障倍数＝$\dfrac{993\,944}{707\,865}×100\%=1.40$

计算结果表明,该厂每一元净利润有 1.40 元的经营现金净流量作保障。

需要说明的是,母公司(控股公司)计算该指标时,由于编制合并利润表中的"净利润"包括"归属于母公司所有者的净利润"和"少数股东损益"两部分,同时,编制合并现金流量表工作底稿时,"将母公司和所有子公司的个别现金流量表各项目的数据全部都过入同一合并工作底稿"[①],即母公司合并现金流量表中"经营活动产生的现金流量净额"也包括少数股东的现金流量在内。因此,母公司盈余保障倍数的计算公式如下:

$$盈余现金保障倍数＝\dfrac{经营现金净流量}{净利润＋少数股东损益}$$

例 17:2006～2007 年全国大型煤炭工业企业盈余现金保障倍数的计算如表 9-23 所示。

表 9-23　　　　　　全国大型煤炭工业企业盈余现金保障倍数计算表

项　目	2006 年	2007 年	2008 年	2009 年	前两年累计	年递增率
1. 经营现金净流量(亿元)	570.82	865.54	未公布	未公布	1 436.36	51.6％
2. 净利润(亿元)	372.61	485.18	918.35	915.7	857.79	34.9％
4. 盈余现金保障倍数＝1÷2	153.2％	178.4％	—	—	167.4％	—

数据来源:据中国煤炭工业协会统计与信息部编《煤炭工业统计年报摘要》整理。

计算结果表明,2006～2007 年全国大型煤炭工业企业盈余现金保障倍数累计平均为 167.4％。

十、基本每股收益

基本每股收益是上市公司专门计算的指标之一,是归属于普通股东的当期净利润与当期发行在外普通股数的比值。当期发行在外普通股数是公司发行在外的普通股份的加权平均数。基本每股收益的计算公式如下:

$$基本每股收益＝\dfrac{归属于普通股东的当期净利润}{当期发行在外普通股的加权平均数}$$

---

① 参见财政部会计司编写组:《企业会计准则讲解 2010》,人民出版社 2010 年版,第 590 页、第 592 页。

$$在外普通股的加权平均数 = 期初发行在外普通股数 + 当期新发行普通股数 \times \frac{已发行时间}{报告期时间} - 当期回购普通股数 \times \frac{已回购时间}{报告期时间}$$

公式中"时间"一般按天数计算,但在不影响计算结果的前提下,也可简化按月份计算。

十一、每股股利

每股股利是上市公司普通股现金股利总额与年末普通股总数的比例。计算公式如下:

$$每股股利 = \frac{普通股现金流量总额}{年末普通股总数}$$

十二、每股净资产

每股净资产是上市公司年末股东权益与年末普通股总数的比例。计算公式如下:

$$每股净资产 = \frac{年末股东权益}{年末普通股总数}$$

十三、市盈率

市盈率是上市公司股东股每股市价与普通股每股收益的比例。计算公式如下:

$$市盈率 = \frac{普通股每股市价}{普通股每股收益}$$

公式中"普通股每股收益"就是上述"基本每股收益"。市盈率反映了投资者为获取企业利润的要求权所愿付出的代价,发展前景较好的企业市盈率较高,反之,市盈率较低。

十四、市净率

市净率是上市公司普通股每股市价与普通股每股净资产的比例。计算公式如下:

$$市净率 = \frac{普通股每股市价}{普通股每股净资产}$$

市净率用来评价企业资产质量,反映企业发展的潜在能力。

十五、股利收益率

股利收益率是普通股每股股利与普通股每股市价的比例。计算公式如下:

$$股利收益率 = \frac{普通股每股股利}{普通股每股市价}$$

十六、全国国有煤炭工业企业盈利能力指标的汇总计算

以上有关指标的评价标准还可通过表9-24体现。

例 18: 我国国有煤炭工业企业 2006~2010 年盈利能力指标计算见表9-24。

表 9-24　　　　　全国国有煤炭工业企业盈利能力指标计算表

项　目	2006 年	2007 年	2008 年	2009 年	2010 年	五年简单平均
一、净资产收益率						
优秀值	18.2%	19.3%	20.4%	17.5%	18.4%	18.8%
良好值	12.8%	12.9%	14.3%	10.5%	11.0%	12.3%
平均值	8.3%	10.9%	11.2%	7.7%	8.1%	9.2%
二、总资产报酬率						
优秀值	12.5%	12.8%	14.1%	12.4%	13.1%	13.0%

续表 9-24

项　目	2006 年	2007 年	2008 年	2009 年	2010 年	五年简单平均
良好值	9.8%	10.2%	11.4%	8.3%	9.0%	9.7%
平均值	6.8%	21.6%	8.4%	6.2%	6.9%	10.0%
三、营业收入利润率						
优秀值	30.1%	31.6%	34.1%	31.4%	32.0%	31.8%
良好值	25.9%	27.2%	29.6%	27.8%	28.3%	27.8%
平均值	20.6%	21.6%	23.9%	22.1%	22.5%	22.1%
四、盈余现金保障倍数						
优秀值	10.7	10.8	11.5	11.1	11.1	1104.0%
良好值	4.0	4.1	4.7	5.6	5.6	480.0%
平均值	1.1	1.2	1.8	1.6	1.6	146.0%
五、成本费用利润率						
优秀值	17.4%	22.0%	23.5%	19.2%	20.2%	20.5%
良好值	12.0%	16.2%	17.6%	15.5%	15.3%	15.3%
平均值	7.6%	11.4%	12.8%	9.2%	9.7%	10.1%
六、资本收益率						
优秀值	19.3%	19.6%	22.2%	20.1%	20.5%	20.3%
良好值	12.9%	13.1%	15.6%	13.0%	13.3%	13.6%
平均值	8.7%	9.1%	11.5%	9.3%	9.5%	9.6%

数据来源：2007～2010 年国务院国资委统计评价局制定的各年《企业绩效评价标准值》，经济科学出版社出版。

十七、全国煤炭机械制造企业盈利能力指标的汇总计算

例 19：我国机械制造企业 2009 年部分盈利能力指标计算见表 9-25。

表 9-25　　　　　　全国机械制造企业部分盈利能力指标计算表

项　目	2009 年	项　目	2009 年
1. 产品销售收入(亿元)	665.59	11. 净利润(亿元)=9－10	36.21
2. 产品销售成本(亿元)	556.84	12. 平均资产总额(亿元)	669.19
3. 产品销售税金及附加(亿元)	2.43	13. 平均所有者权益(亿元)	208.62
4. 产品销售费用(亿元)	21.63	14. 成本费用总额(亿元)=2＋3＋4＋6＋7	628.58
5. 其他业务利润(亿元)	2.95	15. 资产利润率=9÷12	6.4%
6. 管理费用(亿元)	40.51	16. 资产净利润率=11÷12	5.4%
7. 财务费用(亿元)	7.17	17. 总资产报酬率=(8＋9)÷12	7.4%
8. 其中:利息支出(亿元)	6.46	18. 销售利润率=9÷1	6.5%
9. 利润总额(亿元)	43.10	19. 成本费用利润率=9÷14	6.9%
10. 所得税费用(亿元)	6.89		

数据来源：中国煤炭工业协会统计与信息部编《煤炭工业统计年报摘要》。

第四节　营运能力分析

营运能力是指企业生产经营资金周转速度所反映出来的资金利用效率,以及人力资源科学管理所反映出来的劳动效率。企业生产经营资金周转速度越快,表明企业资金利用的效果越好,企业管理人员的经营能力越强。反映营运能力的指标主要有两类:一是生产资料运营效率,通过各项资产周转能力指标来体现,包括应收账款周转率、存货周转率、流动资产周转率、固定资产周转率、总资产周转率等。二是人力资源运营能力,通过劳动效率指标来体现。

一、营运能力指标的计算

（一）应收账款周转率

应收账款的形成与企业赊销政策有关,反映应收账款周转速度理应用"赊销收入净额"作周转额。企业内部会计人员可以通过查找"应收账款明细账"和"主营业务收入明细账"获取"应收账款平均余额"和"赊销收入净额"来计算"应收账款周转率"。但是,企业外部人员因赊销资料是企业的"商业秘密",无法获取会计的账簿资料,在计算企业应收账款周转率时,往往利用企业定期对外披露的会计报表数据,即用会计报表揭示的企业一定时期内营业收入净额与应收账款净额平均余额进行计算。资产负债表中"应收账款"是应收账款原值扣除计提的坏账准备后的应收账款净额。应收账款原值在企业会计报表附注中能够查出。计算应收账款周转率时是用"应收账款原值",还是用"应收账款净额",从回收货款角度看,企业要收回应收账款原值,但从企业资金占用看,应收账款净额是企业生产经营过程中可供周转使用的垫支资金。因此,用资产负债表上"应收账款"（实际上是"应收账款净额"）计算应收账款周转率更符合资金周转的含义（下同）。应收账款周转率计算公式如下:

$$\frac{应收账款}{周转率}=\frac{营业收入}{应收账款平均余额}$$

$$应收账款平均余额=（期初应收账款余额+期末应收账款余额）÷2$$

公式中"营业收入"用利润表中"营业收入"数据,它是反映的是营业收入净额下同。

$$[表9-1、表9-2]应收账款周转率=\frac{7\ 298\ 385}{(558\ 320+262\ 730)÷2}=17.78（次）$$

应收账款周转天数的计算公式如下:

$$\frac{应收账款}{周转天数}=\frac{应收账款平均余额×计算期天数}{营业收入}$$

$$或=\frac{计算期天数}{应收账款周转率}$$

$$环宇工厂应收账款周转天数=\frac{360}{17.78}=20.2（天）$$

（二）存货周转率

存货周转率是一定时期内营业成本与平均存货之间的比例。计算公式如下:

$$存货周转率=\frac{营业成本}{平均存货余额}$$

$$平均存货余额＝（期初存货余额＋期末存货余额）÷2$$

[表 9-1、表 9-2]存货周转率 $=\dfrac{5\ 274\ 893}{(1\ 200\ 600＋1\ 456\ 488)÷2}=3.97(天)$

说明，我国 2007 年 1 月 1 日在上市公司开始实施的《企业会计准则》，修改了利润表中的某些项目名称，如将"主营业务成本"改为"营业成本"。则存货周转率的分子在这之前使用的是"主营业务成本"或"销货成本"。

存货周转天数的计算公式如下：

$$存货周转天数＝\dfrac{平均存货余额×计算期天数}{营业收入}$$

或

$$＝\dfrac{计算期天数}{存货周转率}$$

环宇工厂存货周转天数 $=\dfrac{360}{3.97}=90.7(天)$

计算结果表明，环宇工厂年度内拥有的存货周转了 3.97 次。存货周转速度越快，反映企业存货转换为现金或应收账款的速度越快，存货占用资金越低，企业变现能力越强，资金流动性越好。

存货周转速度除了用周转次数表示，还可用周转天数表示。环宇工厂存货周转天数为 90.7 天。它表明，该厂从购入存货到售出存货，收回垫支在存货上的资金平均花了 90.7 天。存货周转天数越少，反映周转速度越快。

（三）流动资产周转率

流动资产周转率是一定时期内营业收入与流动资产平均余额的比例。计算公式如下：

$$流动资产周转率＝\dfrac{营业收入}{流动资产平均余额}$$

$$流动资产平均余额＝（期初流动资产余额＋期末流动资产余额）÷2$$

[表 9-1、表 9-2]流动资产周转率 $=\dfrac{7\ 298\ 385}{(2\ 583\ 200＋2\ 734\ 144)÷2}=2.75(次)$

流动资产周转天数的计算公式如下：

$$\begin{matrix}流动资产\\周转天数\end{matrix}＝\dfrac{流动资产平均余额×计算期天数}{营业收入}$$

或

$$＝\dfrac{计算期天数}{流动资产周转率}$$

环宇工厂流动资产周转天数 $=\dfrac{360}{2.75}=130.9(天)$

计算结果表明，环宇工厂流动资产周转率为 2.75 次，流动资产周转天数 130.9 天。它表明该厂垫支在流动资产的资金平均 130.9 天收回一次。

（四）固定资产周转率

固定资产周转率是一定时期内营业收入与固定资产平均净额的比例。资产负债表上列示的"固定资产"是固定资产原值扣除累计折旧和计提的固定资产减值准备后的固定资产净额。计算公式如下：

$$固定资产周转率＝\dfrac{营业收入}{固定资产平均余额}$$

固定资产平均余额＝(期初固定资产余额＋期末固定资产余额)÷2

[表 9-1、表 9-2]固定资产周转率＝$\dfrac{7\,298\,385}{(2\,474\,000+2\,551\,263)÷2}$＝2.90(次)

(五)总资产周转率

总资产周转率是一定期内营业收入与平均资产总额的比例。计算公式如下：

$$总资产周转率＝\dfrac{营业收入}{平均资产总额}$$

[表 9-1、表 9-2]总资产周转率＝$\dfrac{7\,298\,385}{(5\,569\,700+5\,892\,863)÷2}$＝1.27 次

计算结果表明，该厂全部资产上的资金当年周转了 1.27 次，或每元资产在一年内创造了 1.27 元的营业收入。总资产周转率也称投资周转率。

(六)不良资产比率

不良资产是指企业按会计准则规定计提的资产减值准备、应提未提和应摊未摊的潜亏(资金)挂账、尚未处理的资产损失。潜亏挂账是指不确认可能发生的损失，导致账面资本价值的虚计和本期利润的虚增。例如，低转产品成本、高估存货、投资损失不冲销、不良债权长期挂账、少提不提折旧、少计负债、重大或有负债及有关损失挂账等。尚未处理的资产损失指企业各项待处理或尚未处理的资产损失净额，如待处理固定资产损失、长期投资损失、无形资产损失、在建工程损失、委托贷款损失、存货损失(包括企业购进或生产的呆滞积压物资等)。

银行的不良资产主要是指不良贷款，俗称呆坏账。也就是说，银行发放的贷款不能按预先约定的期限、利率收回本金和利息。不良资产主要是指不良贷款，包括逾期贷款(贷款到期限未还的贷款)、呆滞贷款(逾期两年以上的贷款)和呆账贷款(需要核销的收不回的贷款)三种情况。其他还包括房地产等不动产组合。

不良资产是不能参与企业正常资金周转的资产。分析企业的不良资产，是要分析不良资产占全部资产的比率，即不良资产率。计算公式如下：

$$不良资产率＝\dfrac{年末不良资产总额}{资产总额＋资产减值准备余额}×100\%$$

$$\begin{matrix}年末不良资\\产总额\end{matrix}＝\begin{matrix}资产减值\\准备余额\end{matrix}＋\begin{matrix}应提未提和应摊\\未摊的潜亏挂账\end{matrix}＋\begin{matrix}未处理资\\产损失\end{matrix}$$

(七)资产现金回收率

资产现金回收率是经营活动产生的现金流量净额与平均资产总额的比例。其含义是：企业一定时期内每占用百元资产回收了多少经营现金净流量。计算公式如下：

$$资产现金回收率＝\dfrac{经营现金净流量}{平均资产总额}×100\%$$

[表 9-1、表 9-4]资产现金回收率＝$\dfrac{993\,944}{(5\,569\,700+5\,892\,863)÷2}×100\%$＝17.34\%

计算结果表明，该厂每百元资产总额在一年内回收了经营活动现金净流量 21.17 元。

(八)劳动效率

劳动效率是指企业一定时期内平均每个职工创造的营业收入或净产值。计算公式如下：

$$劳动效率＝\dfrac{营业收入或净产值}{平均职工人数}$$

二、营运能力指标的评价

(一)煤炭工业企业营运能力指标的评价

以上营运能力指标的评价标准可通过表 9-26 体现。

例 20: 我国国有煤炭工业企业 2006～2010 年营运能力指标计算见表 9-26。

表 9-26   全国国有煤炭工业企业营运能力指标计算表

项　目	2006 年	2007 年	2008 年	2009 年	2010 年	五年简单平均
一、应收账款周转率						
优秀值(次)	23.0	20.2	19.8	13.5	16.1	18.5
良好值(次)	15.8	12.6	12.2	8.3	10.8	11.9
平均值(次)	10.0	9.3	8.9	5.5	8.1	8.4
二、存货周转率						
优秀值(次)	26.4	28.7	28.3	17.7	18.1	23.8
良好值(次)	15.8	17.9	17.5	11.9	12.3	15.1
平均值(次)	8.1	10.0	9.6	8.0	8.4	8.8
三、流动资产周转率						
优秀值(次)	3.1	3.2	3.0	2.4	2.6	2.9
良好值(次)	2.2	2.3	2.1	1.5	1.7	2.0
平均值(次)	1.4	1.5	1.3	0.9	1.1	1.2
四、总资产周转率						
优秀值(次)	1.6	1.6	1.6	1.2	1.3	1.5
良好值(次)	1.1	1.1	1.1	0.8	0.9	1.0
平均值(次)	0.6	0.6	0.7	0.5	0.5	0.6
五、资产现金回收率						
优秀值	19.1%	19.1%	20.9%	18.1%	18.6%	19.2%
良好值	12.9%	12.9%	14.5%	12.6%	13.1%	13.2%
平均值	7.0%	7.0%	8.6%	5.8%	6.3%	6.9%
六、不良资产比率						
优秀值	0.3%	0.3%	0.3%	0.3%	0.2%	0.3%
良好值	2.2%	2.1%	1.6%	1.3%	1.4%	1.7%
平均值	5.5%	4.1%	2.5%	3.0%	2.9%	3.6%

数据来源:2007～2010 年国务院国资委统计评价局制定的各年《企业绩效评价标准值》,经济科学出版社出版。

(二)全国煤炭机械制造企业营运能力指标的汇总计算

例 21: 我国机械制造企业 2009 年部分营运能力指标计算见表 9-27。

表 9-27   全国机械制造企业部分盈利能力指标计算表

项　目	2009 年	指标	2009 年
1. 产品销售收入(亿元)	665.59	一、资金结构指标	
2. 产品销售成本(亿元)	556.84	19. 应收账款占用率=3÷6	28.8%
3. 年末应收账款(亿元)	152.10	20. 存货占用率=4÷6	34.8%

项　目	2009 年	指　标	2009 年
4. 年末存货(亿元)	183.91	21. 流动资产占用率＝6÷12	71.2%
5. 其中:产成品(亿元)	49.52	22. 长期投资占用率＝7÷12	1.8%
6. 年末流动资产(亿元)	527.84	23. 固定资产占用率＝8÷12	21.9%
7. 年末长期投资合计(亿元)	13.15	24. 资产负债率＝16÷12	68.5%
8. 年末固定资产合计(亿元)	162.34	25. 流动负债比率＝17÷16	90.1%
9. 年末固定资产原价(亿元)	212.29	26. 长期负债比率＝18÷16	9.9%
10. 年末累计折旧(亿元)	72.24	27. 流动比率＝6÷17	1.15
11. 年末固定资产净额(亿元)	131.12	28. 速动比率＝(6-4)÷17	0.75
12. 年末资产合计(亿元)	741.63	二、营运能力指标	
13. 流动资产平均余额(亿元)	483.26	29. 应收账款周转天数＝3×360÷1	82.3
14. 固定资产净值平均余额(亿元)	125.51	30. 存货周转天数＝4×360÷2	118.9
15. 平均资产总额(亿元)(亿元)	669.19	31. 产成品周转天数＝5×360÷2	32.0
16. 年末负债总额(亿元)	507.95	32. 流动资产周转天数＝13×360÷1	261.4
17. 其中:流动负债(亿元)	457.70	33. 固定资产周转天数＝14×360÷1	67.9
18. 长期负债(亿元)	50.25	34. 总资产周转天数＝15×360÷1	361.9

数据来源:中国煤炭工业协会统计与信息部编《煤炭工业统计年报摘要》。

第五节　发展能力分析

发展能力是指企业未来年度的发展前景及潜力。反映企业发展能力的指标主要有:营业收入增长率、总资产增长率、资本积累率、资本保值增值率、营业利润增长率、技术投入比率、三年收入平均增长率、三年利润平均增长率和三年资本平均增长率等。

一、营业收入增长率

营业收入增长率是本年营业收入增长额与上年营业收入总额的比率。计算公式如下:

$$营业收入增长率 = \frac{本年营业收入增长额}{上年营业收入总额} \times 100\%$$

二、总资产增长率

总资产增长率是本年总资产增长额与年初资产总额的比率。计算公式如下:

$$总资产增长率 = \frac{本年总资产增长额}{年初资产总额} \times 100\%$$

$$= \frac{年末资产总额 - 年初资产总额}{年初资产总额} \times 100\%$$

三、资本积累率

资本积累率是本年所有者权益增长额与年初所有者权益的比率。计算公式如下:

$$资本积累率 = \frac{本年所有者权益增长额}{年初所有者权益} \times 100\%$$

四、资本保值增值率

资本保值增值率是指企业本年主观因素努力增加的所有者权益与年初所有者权益总额

的比率。计算公式如下：

$$资本保值增值率 = \frac{扣除客观因素的年末所有者权益}{年初所有者权益总额} \times 100\%$$

五、营业利润增长率

营业利润增长率是本年营业利润增长额与上年营业利润总额的比率。计算公式如下：

$$营业收入利润率 = \frac{本年营业利润增长额}{上年营业利润总额} \times 100\%$$

六、技术投入比率

技术投入比率是本年科技支出合计与本年营业收入总额的比率。计算公式如下：

$$技术投入比率 = \frac{本年科技支出合计}{本年营业收入总额} \times 100\%$$

七、三年营业收入平均增长率

三年营业收入平均增长率计算公式如下：

$$三年营业收入平均增长率 = \left(\sqrt[3]{\frac{本年营业收入}{三年前营业收入}} - 1\right) \times 100\%$$

八、三年利润平均增长率

三年利润平均增长率计算公式如下：

$$三年利润平均增长率 = \left(\sqrt[3]{\frac{本年利润总额}{三年前利润总额}} - 1\right) \times 100\%$$

九、三年资本平均增长率

三年资本平均增长率计算公式如下：

$$三年资本平均增长率 = \left(\sqrt[3]{\frac{年末所有者权益}{三年前年末所有者权益}} - 1\right) \times 100\%$$

以上发展能力指标的评价标准可通过下述表 9-28 体现。

例 22： 我国国有煤炭工业企业 2006～2010 年发展能力指标计算见表 9-28。

表 9-28 　　　　　　　　**全国国有煤炭工业企业发展能力指标计算表**

项　目	2006 年	2007 年	2008 年	2009 年	2010 年	五年简单平均
一、营业收入增长率						
优秀值	32.3%	26.1%	28.4%	16.9%	36.4%	28.0%
良好值	21.2%	21.2%	23.3%	9.1%	28.1%	20.6%
平均值	9.5%	16.6%	18.7%	4.2%	23.7%	14.5%
二、总资产增长率						
优秀值	21.6%	26.0%	28.1%	18.7%	21.7%	23.2%
良好值	15.7%	19.8%	21.4%	14.8%	16.5%	17.6%
平均值	8.8%	12.5%	13.5%	10.3%	11.3%	11.3%
三、资本积累率						
优秀值	25.5%	23.4%	23.2%	18.7%	20.4%	22.2%
良好值	22.0%	20.1%	20.2%	15.8%	17.5%	19.1%
平均值	17.0%	15.2%	15.3%	9.8%	11.5%	13.8%

项　　目	2006 年	2007 年	2008 年	2009 年	2010 年	五年简单平均
四、资本保值增值率						
优秀值	120.1%	121.4%	120.2%	114.3%	118.1%	118.8%
良好值	113.3%	114.5%	114.2%	110.8%	114.5%	113.5%
平均值	106.2%	107.3%	107.5%	107.1%	110.9%	107.8%
五、营业利润增长率						
优秀值	23.2%	24.4%	28.7%	9.3%	21.8%	21.5%
良好值	16.9%	17.8%	21.8%	6.2%	18.4%	16.2%
平均值	10.9%	11.4%	15.3%	1.3%	13.7%	10.5%
六、技术投入比率						
优秀值	0.6%	1.1%	1.5%	1.8%	1.7%	1.3%
良好值	0.5%	0.9%	1.2%	1.5%	1.4%	1.1%
平均值	0.4%	0.8%	1.0%	1.2%	1.1%	0.9%
七、三年收入平均增长率						
优秀值	30.4%	33.9%	34.0%	24.8%	31.9%	31.0%
良好值	26.8%	30.0%	30.1%	17.9%	24.9%	25.9%
平均值	19.4%	22.3%	22.4%	12.2%	19.3%	19.1%
八、三年资本平均增长率						
优秀值	17.2%	21.9%	21.7%	19.1%	24.8%	20.9%
良好值	12.9%	17.2%	17.1%	16.0%	21.6%	17.0%
平均值	6.7%	10.6%	10.7%	10.1%	15.8%	10.8%

数据来源：2007～2011 年国务院国资委统计评价局制定的各年《企业绩效评价标准值》，经济科学出版社出版。

第六节　经济效益综合分析

一、财政部颁布的经济效益评价指标体系

1995 年 1 月 9 日，财政部印发《企业经济效益评价指标体系（试行）》的通知，决定从 1995 年开始先在全国工业企业试行。

（一）十项经济效益指标

（1）销售利润率。它是反映企业销售收入获利水平的指标。计算公式如下：

$$销售利润率 = \frac{利润总额}{产品销售净收入} \times 100\%$$

产品销售净收入是指产品销售收入扣除销售折让、销售折扣和销售返回后的销售净额。在 2007 年 1 月 1 日实施新的《企业会计准则》后，销售利润率可用营业收入利润率代替：

$$营业收入利润率 = \frac{利润总额}{营业收入} \times 100\%$$

（2）总资产报酬率。它是反映企业全部资产获利能力的指标。计算公式如下：

$$总资产报酬率 = \frac{利润总额 + 利息支出}{平均资产总额} \times 100\%$$

平均资产总额＝（期初资产总额十期末资产总额）÷2

（3）资本收益率。它是反映企业运用投资者投入资本获得收益能力的指标。计算公式如下：

$$资本收益率 = \frac{净利润}{实收资本} \times 100\%$$

（4）资本保值增值率。它是反映投资者投入企业资本的完整和保全程度的指标。计算公式如下：

$$资本保值增值率 = \frac{期末所有者权益}{期初所有者权益} \times 100\%$$

资本保值增值率等于100%为资本保值；大于100%为资本增值。

（5）资产负债率。它是反映企业举债经营状况的指标。计算公式如下：

$$资产负债率 = \frac{负债总额}{资产总额} \times 100\%$$

（6）流动比率或速动比率。它是反映企业短期偿债能力的指标。计算公式如下：

$$流动比率 = \frac{流动资产}{流动负债}$$

$$速动比率 = \frac{流动资产 - 存货}{流动负债} = \frac{速动资产}{流动负债}$$

（7）应收账款周转率。它是反映企业应收账款回收速度的指标。计算公式如下：

$$应收账款周转率 = \frac{产品销售净收入}{平均应收账款余额} \times 100\%$$

在2007年1月1日实施新的《企业会计准则》后，公式分子可用利润表中营业收入代替产品销售净收入。

平均应收账款余额＝（期初应收账款余额十期末应收账款余额）÷2

（8）存货周转率。它是反映企业存货周转速度的指标。计算公式如下：

$$存货周转率 = \frac{产品销售成本}{平均存货成本} \times 100\%$$

平均存货成本＝（期初存货余额十期末存货余额）÷2

在2007年1月1日实施新的《企业会计准则》后，公式分子可用利润表中营业成本代替产品销售成本。

（9）社会贡献率。它是衡量企业运用全部资产为国家或社会创造或支付价值的能力的指标。计算公式如下：

$$社会贡献率 = \frac{企业社会贡献总额}{平均资产总额} \times 100\%$$

企业社会贡献总额是企业为国家或社会创造或支付的价值总额，包括工资（奖金、津贴等工资性收入）、劳保退休统筹及其他社会福利支出、利息支出净额、应交增值税、应交营业税金及附加、应交所得税、其他税收、净利润等。

（10）社会积累率。它是衡量企业社会贡献总额中多少用于上交国家财政的指标。计算公式如下：

$$社会积累率 = \frac{上交国家财政总额}{企业社会贡献总额} \times 100\%$$

上交国家财政总额包括应交增值税、应交营业销售税金及附加、应交所得税、其他税收等。

以上(1)～(4)是从投资者角度考虑的指标;(2)～(8)是从债权人角度考虑的指标;(9)和(10)是从国家或社会角度考虑的指标。

(二)指标权数和综合分数

以上 10 项经济效益评价指标可以分别记分,考虑全国行业平均值和国际参考标准可确定标准值,计算出综合分数。计算公式如下:

$$综合实际分数 = \sum \left(\frac{权数}{比分} \times \frac{实际值}{标准值} \right)$$

公式中权数比分分别为:销售利润率 20 分、总资产报酬率 12 分、资本收益率 8 分、资本保值增值率 10 分、资产负债率 10 分、流动比率(或速动比率)10 分、应收账款周转率 5 分、存货周转率 5 分、社会贡献率 12 分、社会积累率 8 分。

公式中标准值可运用朱学义"建立新经济效益全国标准值的探讨"(《财务与会计》1996年第 4 期)中数据(见表 9-29)。

对资产负债率综合实际分数的计算有特殊规定:若小于 60%,得满权数分 10 分;若大于 60%,实际分数按下列公式计算:

$$资产负债率大于60\% 实际考核得分 = \frac{实际值 - 不允许值100}{60 - 不允许值100} \times 权数分10$$

(三)十大经济效益指标应用举例

例 23:现以环宇工厂 20×8 年实际情况为例,计算说明财政部十大经济效益指标考核评价体系的应用。具体计算及评价计分见表 9-29:

表 9-29　　　　环宇工厂 20×8 年十大经济效益指标考核评价计分表

指标	权数	全国标准值	企业实际值	加权值
	1	2	3	4＝3÷2×1
1. 营业收入利润率	20	5.6%	12.93%	46.185
2. 总资产报酬率	12	7.0%	19.09%	32.719
3. 资本收益率	8	8.0%	25.16%	25.155
4. 资本保值增值率	10	105.0%	119.00%	11.333
5. 资产负债率	10	60.0%	40.10%	10.000
6. 流动比率	10	160.0%	176.37%	11.023
7. 应收账款周转率	5	600.0%	1 777.82%	14.815
8. 存货周转率	5	350.0%	397.04%	5.672
9. 社会贡献率	12	16.0%	18.0%	13.500
10. 社会积累率	8	40.0%	30.0%	6.000
综合分数	100			176.40

计算结果表明,环宇工厂 20×8 年综合经济效益得分 176.40 分,是全国考核标准的1.76 倍,经济效益很好。

二、国家统计局颁布考核的工业经济效益指标体系

1992 年 2 月,国家统计局制定了工业经济效益评价考核指标(六项指标)实施方案,从 1992 年一季度开始正式执行。1993 年 5 月,国家统计局又对这六项指标的内容和计算方法进行了修改。1997 年 10 月,国家统计局、国家计划委员会和国家经济贸易委员会又联合修订发布《工业经济效益评价考核指标体系》,确定了评价考核工业经济效益的指标体系为七项。

(一)工业经济效益指标体系的内容

1. 总资产贡献率

总资产贡献率,反映企业全部资产的获利能力,是企业经营业绩和管理水平的集中体现,是评价和考核企业盈利能力的核心指标。计算公式如下:

$$总资产贡献率 = \frac{利润总额 + 税金总额 + 利息支出}{平均资产总额} \times \frac{12}{累计月数} \times 100\%$$

公式中,税金总额为营业税金及附加与应交增值税之和。

2. 资本保值增值率

资本保值增值率,反映所有者投入企业的资本是否得到保值和增值。计算公式如下:

$$资本保值增值率 = \frac{期末所有者权益}{期初所有者权益} \times 100\%$$

3. 资产负债率

资产负债率指标,既反映企业举债经营风险的大小,也反映企业利用债权人提供的资金从事经营活动的能力。计算公式如下:

$$资产负债率 = \frac{负债总额}{资产总额} \times 100\%$$

4. 流动资产周转次数

流动资产周转次数,指一定时期内流动资产完成的周转次数,反映投入工业企业流动资金的周转速度。计算公式如下:

$$流动资产周转次数 = \frac{营业收入}{平均流动资产余额} \times \frac{12}{累计月数}$$

5. 成本费用利润率

成本费用利润率指标反映企业投入产品成本及费用的经济效益,同时也反映企业降低成本所取得的经济效益。计算公式如下:

$$成本费用利润率 = \frac{报告期累计实现的利润总额}{报告期累计成本费用总额} \times 100\%$$

成本费用总额 = 营业成本 + 营业税金及附加 + 销售费用 + 管理费用 + 财务费用

6. 全员劳动生产率

全员劳动生产率指标反映企业全部职工平均为社会创造的工业增加值情况。计算公式如下:

$$全员劳动生产率 = \frac{报告期止累计工业增加值}{报告期全部职工平均人数} \times \frac{12}{累计月数}$$

7. 产品销售率

产品销售率指标反映工业产品已实现销售的程度,是分析工业产销衔接情况,研究工业产品满足社会需求的指标。计算公式如下：

$$产品销售率 = \frac{报告期现价工业销售产值}{报告期现价工业总产值} \times 100\%$$

8. 工业经济效益综合指数

$$工业经济效益综合指数 = \sum \left(\frac{某项经济效益指标报告期数值}{该项指标全国标准值} \times 权数 \right) \div 总权数$$

上式中总权数为 100 分，各项指标的全国标准值和权数分别为：总资产贡献率 10.7%、20 分；资本保值增值率 120%、16 分；资产负债率 60%、12 分；流动资产周转次数 1.52 次、15 分；成本费用利润率 3.71%、14 分；全员劳动生产率 16 500 元/人、10 分；产品销售率 96%、13 分。

对资产负债率综合实际分数的计算有特殊规定：若小于 60%，得满权数分 10 分；若大于 60%，实际分数按下列公式计算：

$$资产负债率大于60\%实际考核得分 = \frac{实际值 - 不允许值100}{60 - 不允许值100} \times 权数分12$$

（二）工业经济效益指标考核评价体系的应用

例 24：现以 20×8 年环宇工厂的实际情况为例，计算说明国家统计局工业经济效益七大指标考核评价体系的应用。具体计算及评价计分见表 9-30。

表 9-30　　　环宇工厂 20×8 年工业经济效益七大指标考核评价体系计分表

指标	权数	全国标准值	企业实际值	加权值
	1	2	3	4＝3÷2×1
1. 总资产贡献率(%)	20	10.70%	26.23%	49.022
2. 资本保值增值率(%)	16	120%	119.00%	15.867
3. 资产负债率(%)	12	60%	40.10%	12.000
4. 流动资产周转次数(次)	15	1.52	2.75	27.090
5. 成本费用利润率(%)	14	3.71%	14.83%	55.951
6. 全员劳动生产率(元/人)	10	16 500	16 129	9.775
7. 产品销售率(%)	13	96%	99.01%	13.408
综合指数	100			183.11

从表 9-30 可见，环宇工厂 20×8 年七大工业经济效益指标评价得分 183.11 分，是全国工业企业考核标准 100 分的 1.83 倍，经济效益很好。

第七节　杜邦财务分析

一、杜邦财务分析体系简介

杜邦财务分析体系，亦称杜邦财务分析法，是利用各个主要财务指标间的内在关系，对企业综合经营理财及经济效益进行系统分析评价的方法。它由美国杜邦公司最先设计和使用，故称杜邦财务分析体系。

杜邦财务分析体系的特点是将若干反映企业盈利状况、财务状况和营运状况的比率按其内在联系有机结合起来,形成一个完整的指标体系,并最终通过净资产收益率这一核心指标来体现。净资产收益率指标是反映所有者权益价值的指标。以该指标为核心展开一系列分析,能更好地为所有者权益最大化而服务。杜邦财务分析体系由以下两大层次组成:

1. 第一层次——核心指标展开层次

$$\frac{净资产}{收益率}=\frac{净利润}{净资产}=\frac{净利润}{总资产}\times\frac{总资产}{净资产}=总资产净利率\times权益乘数 \quad (9\text{-}1)$$

$$或 \quad =\frac{净利润}{营业收入}\times\frac{营业收入}{总资产}\times\frac{总资产}{净资产}=\frac{营业收入}{净利率}\times\frac{总资产}{周转率}\times\frac{权益}{乘数} \quad (9\text{-}2)$$

(1) 公式(9-1)的含义。上述公式(9-1)从总资产净利率和权益乘数两个方面反映净资产收益率。总资产净利率,亦称总资产收益率,是反映企业总资产盈利能力的指标。权益乘数,亦称业主权益乘数,或权益系数,它是总资产对净资产的倍数。净资产,又称所有者权益,则权益乘数就是总资产对所有者权益的倍数,反映所有者权益与资产、负债之间的关系。这三者关系通过以下公式揭示企业的基本财务状况:

$$\frac{权益}{乘数}=\frac{总资产}{净资产}=1\div\frac{净资产}{总资产}=1\div\frac{总资产-负债}{总资产}=1\div(1-资产负债率)$$

(2) 公式(9-2)的含义。上述公式(9-2)从营业收入净利率、总资产周转率和权益乘数三个方面反映净资产收益率。营业收入净利率,亦称销售净利率,是反映企业收入盈利能力的指标。总资产周转率是反映企业总资产营运能力(状况)的指标。公式(9-2)表明,企业的净资产收益率由企业的收入营利能力、资产营运能力和基本财务状况决定。

2. 第二层次——分解指标扩展层次

利用公式(9-2)对"营业收入净利率"和"总资产周转率"两个指标进行全面分解,充分揭示企业盈利能力、营运能力的深层次原因。

(1) 营业收入净利率的分解。其中,净利润的计算公式如下:

净利润=营业收入-营业成本-营业税金及附加-销售费用-管理费用-财务费用±公允价值变动损益+投资收益±营业外收支净额-所得税费用

$$\frac{营业收入}{净利率}=\frac{净利润}{营业收入}=\frac{营业收入-成本-税附-三费-损益-所得税费用}{营业收入} \quad (9\text{-}3)$$

公式(9-3)揭示了营业净利率影响因素有:营业收入成本率、营业收入税附率、营业收入三费率、营业收入损益率、营业收入所得税费用率。

(2) 总资产周转率的分解。总资产分为流动资产和非流动资产两大类。其分解计算公式如下:

$$\frac{总资产}{周转率}=\frac{营业收入}{总资产}=\frac{营业收入}{流动资产+非流动资产} \quad (9\text{-}4)$$

流动资产=现金+应收款项+存货,其中,现金=货币资金+交易性金融资产

非流动资产=非流动资产投资+固定资产+无形资产+长期待摊费用+其他长期资产

公式(9-4)揭示了总资产周转率影响因素有:流动资产的占用水平及其周转速度、非流动资产的占用水平及其周转速度。如果进一步分解,总资产周转率受现金周转率、应收款项周转率、存货周转率、固定资产周转率等因素的影响。

以上杜邦财务分析体系可通过图形9-1来体现。

例25:从环宇工厂20×9年杜邦财务分析体系框架图9-1中可见,环宇工厂20×9年净

```
                        净资产收益率
                   (707 865/3 432 933=20.62%)
              ┌──────────────────┴──────────────────┐
        总资产收益率                            权益乘数
   (707 865/5 731 282=12.35%)          (5 731 282/3 432 933=1.67)
        ┌───────┴───────┐
  营业收入净利率                         总资产周转率
 (707 865/7 298 385=9.699%)       (7 298 385/5 731 282=1.2 734)
   ┌──────┴──────┐                    ┌──────┴──────┐
营业收入    成本费用            流动资产          非流动资产
7 298 385   6 590 520           2 658 672          3 072 610

营业成本 5 274 893 ──      货币资金473 473 ──      ── 非流动资产投资208 585
营业税附 41 756 ──         交易性金融资产369 000 ──  ── 固定资产 2 652 027
期间三费 1 048 863 ──      应收款项476 959 ──      ── 无形资产 131 128
期间损益 10 947 ──         存　货 1 328 544 ──      ── 长期待摊费用80 870
所得税费用 235 955 ──      其他流动资产10 696 ──    ── 其他长期资产 0
```

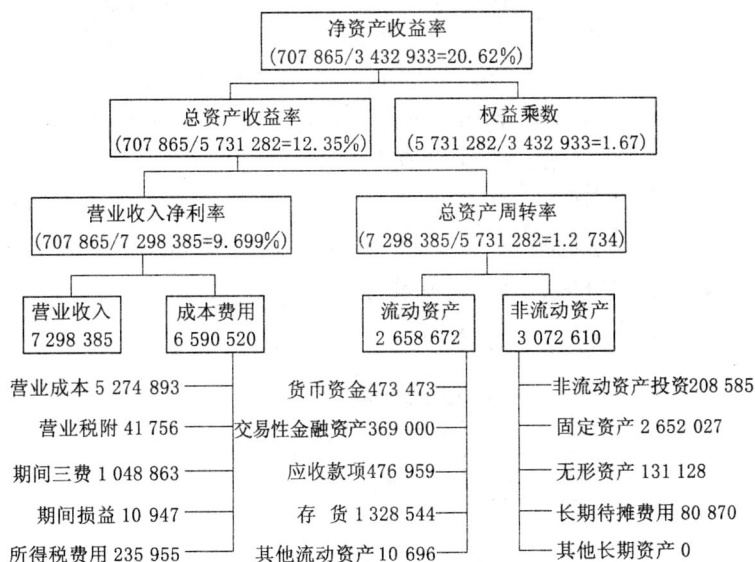

图 9-1　环宇工厂 20×9 年杜邦财务分析体系框架图(单位:元)

资产收益率为 20.62%,它由总资产净利率 12.35% 与权益乘数 1.67 相乘得出。其中,总资产净利率 12.35% 由营业收入净利率 9.699% 与总资产周转率 1.27 相乘得出。

再从分解指标看,环宇工厂 20×9 年净利润 707 865 元等于营业收入 7 298 385 元减去成本费用 6 590 520 元得出,成本费用占营业收入的比例为 90.3%(6 590 520÷7 298 385×100%)。降低成本费用是该企业会计工作的重点。在成本费用中,营业成本为 5 274 893 元,占成本费用总数的 80%(5 274 893÷6 590 520×100%),是成本管理的重点;其次,期间三项费用(销售费用、管理费用、财务费用)1 048 863 元,占成本费用总数的 16%(1 048 863÷6 590 520×100%),是成本管理的第二个重点。当然,该企业期间损益(公允价值变动收益＋投资收益－营业外收入－营业外支出)10 947 元,增加了企业的利润总额,尤其是取得投资收益 51 233 元,是值得肯定和发扬的成绩。该企业总资产周转率为 1.27 次(283 天),比全国国有企业 2006～2010 年累计平均良好值 1.0 次(360 天)(见表 9-26)要好得多,应充分肯定该企业具有良好的营动能力。

二、杜邦财务分析体系的变形与发展

杜邦财务分析体系自产生以来在实践中得到广泛应用。但随着客观经济环境的变化和人们对企业目标认识的深化,许多人对杜邦财务分析体系进行了补充、完善和发展。其中,美国哈佛大学教授帕利普在其所著的《企业分析与评价》一书中对杜邦财务分析体系进行了变形,有人将其称为"帕利普财务分析体系"[①]。

帕利普财务分析体系的关系式如下:

$$可持续增长比率 = \frac{净资产}{收益率} \times \left(1 - \frac{支付现金股利}{净利润}\right) \tag{1}$$

---

① 参见张先治:《财务分析》,东北财经大学出版社 2004 年版,第 291 页。

$$净资产收益率 = \frac{净利润}{净资产} = \frac{净利润}{营业收入} \times \frac{营业收入}{总资产} \times \frac{总资产}{净资产} \qquad (2)$$

$$= 营业收入净利率 \times 总资产周转率 \times 权益乘数$$

上述公式(2)中与营业收入净利率相关的指标有：营业收入成本率、营业收入税附率、营业收入三费率、营业收入损益率、营业收入所得税费用率；与总资产周转率相关的指标有：应收账款周转率、应付账款周转率、存货周转率、流动资产周转率、营运资金周转率、固定资产周转率等；与权益乘数相关的指标有：流动比率、速动比率、现金比率、产权比率、负债与资产比率、以收入为基础的获息倍数、以现金流量为基础的获息倍数等。

帕利普财务分析体系如图9-2所示。

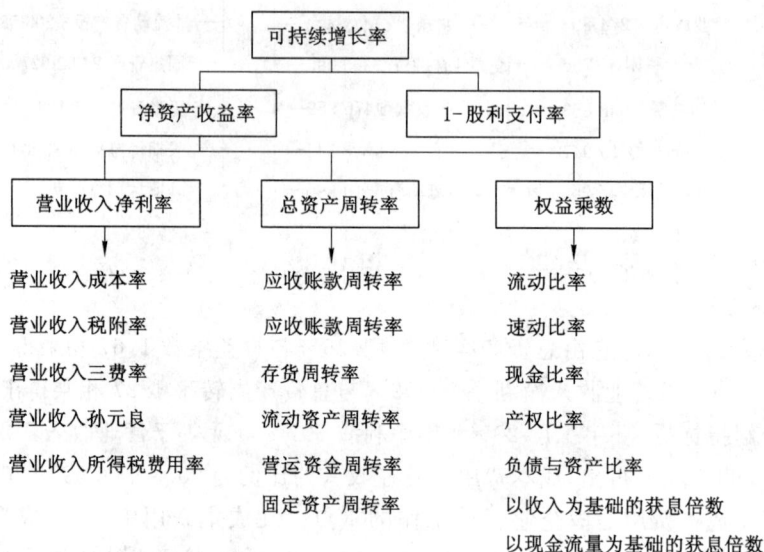

图9-2 帕利普财务分析体系图

第八节 资金流动分析

资金流动是指资金的实物形态随价值的转移而不断地变换。企业的资金流动分为三个部分[①]：一是投资，即企业购买存货、厂房、机器设备，发生应收账款等；二是融资，即企业通过各种途径筹集资金，包括所有者投入资本及各种长、短期负债融资；三是资金流动分析的模式：融资——投资——运营。具体模式如图9-3所示。

一、融资资金流动分析

企业融资资金流动分析是分析企业从哪些途径取得资金，又将这些资金应用到哪些方面，从而分析资金来源和资金应用的对应性。例如，某投资者创办甲科技公司投入资本金100万元存入银行。当期，该公司支付70万元购买一批科技产品，并全部售出，收款86万存入银行。由于该科技公司新办，一切税费免交，未发生其他费用。期末，该公司编制的资

---

① 参见《财务分析技巧》，陈石进编译，香港财经管理研究社1986年版，第1页。

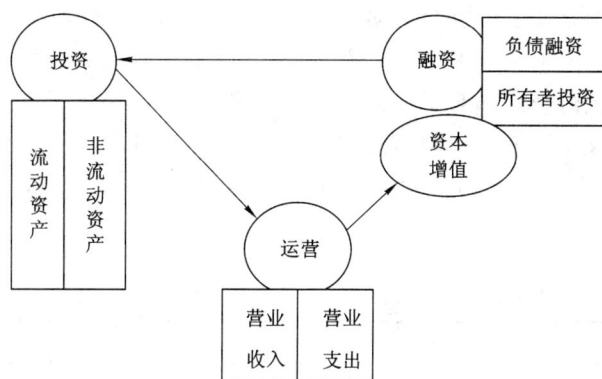

图 9-3　资金流动分析模式图

产负债表、利润表见表 9-31、表 9-32。

表 9-31　　　　　　　　　　　　　　　　**资产负债表**　　　　　　　　　　　　　　单位:万元

项　　目	期初	期末	差额
资　产			
银行存款	100	116	＋16
权　益			
实收资本	100	100	0
未分配利润		16	＋16

表 9-32　　　　　　　　　　　　　　　　**利　润　表**　　　　　　　　　　　　　　单位:万元

项　　目	金　额
营业收入	86
营业成本	70
利润总额	16

根据表 9-31、表 9-32 进行资金流动分析如下。

(1) 公司创立时：

资金的应用

　　银行存款余额　　　　　　　　100 万元

资金的来源

　　实收资本余额　　　　　　　　100 万元

(2) 营业一期后：

资金的应用

　　增加银行存款　　　　　　　　16 万元

资金的来源

　　增加未分配利润　　　　　　　16 万元

从以上分析可见,企业融资资金流动分析主要是比较资产、权益项目的期初、期末差额。对于资产类项目来说,期末余额大于期初余额,是企业增加资金的应用;期末余额小于期初余额,是企业增加资金的来源。对于权益类项目来说,期末余额大于期初余额,是企业增加资金的来源;期末余额小于期初余额,是企业增加资金的应用。

例 26:环宇工厂 20××年 12 月 31 日资产负债表(表 9-1)年初、年末差额计算见表 9-33、表 9-34。

表 9-33　　　　环宇工厂资产负债表——资产项目年初年末差额　　　　单位:元

资　产	年初余额	年末余额	差额
流动资产:			
货币资金	256 500	690 445	433 945
交易性金融资产	535 000	203 000	−332 000
应收票据	20 500	103 662	83 162
应收账款	558 320	262 730	−295 590
预付款项		598	598
应收利息		2 500	2 500
其他应收款	1 800	3 809	2 009
存货	1 200 600	1 456 488	255 888
其他流动资产	10 480	10 912	432
流动资产合计	2 583 200	2 734 144	150 944
非流动资产:			
持有至到期投资		107 970	107 970
长期股权投资	154 600	154 600	0
固定资产	2 474 000	2 551 263	77 263
在建工程	135 000	129 500	−5 500
工程物资		14 291	14 291
无形资产	135 400	126 855	−8 545
长期待摊费用	87 500	74 240	−13 260
非流动资产合计	2 986 500	3 158 719	172 219
资产总计	5 569 700	5 892 863	323 163

表 9-34　　　　环宇工厂资产负债表——权益项目年初年末差额　　　　单位:元

负债和所有者权益	年初余额	期末余额	差额
流动负债:			
短期借款	384 400	495 000	110 600
应付票据		175 500	175 500
应付账款	489 000	293 100	−195 900
应付职工薪酬	86 200	93 653	7 453

负债和所有者权益	年初余额	期末余额	差额
应交税费	95 900	83 648	−12 252
应付股利	262 100	156 800	−105 300
一年内到期的非流动负债	369 641	30 000	−339 641
流动负债合计	1 687 241	1 327 701	−359 540
非流动负债:			
长期借款	627 031	693 031	66 000
应付债券	120 328	128 166	7 838
递延所得税负债		13 200	13 200
非流动负债合计	747 359	834 397	87 038
负债合计	2 434 600	2 162 098	−272 502
所有者权益:			
实收资本	2 814 000	2 814 000	0
资本公积	23 000	67 600	44 600
盈余公积	98 910	205 090	106 180
未分配利润	199 190	644 075	444 885
所有者权益合计	3 135 100	3 730 765	595 665
负债和所有者权益总计	5 569 700	5 892 863	323 163

根据表 9-33、表 9-34 进行资金流动分析见表 9-35。

表 9-35　　　　　　　环宇工厂资金流动分析表　　　　　　单位:元

资金应用	金额	资金来源	金额
货币资金增加	433 945	交易性金融资产减少	332 000
应收票据增加	83 162	应收账款减少	295 590
预付款项增加	598	在建工程减少	5 500
应收利息增加	2 500	无形资产减少	8 545
其他应收款增加	2 009	长期待摊费用减少	13 260
存货增加	255 888	短期借款增加	110 600
其他流动资产增加	432	应付票据增加	175 500
持有至到期投资增加	107 970	应付职工薪酬增加	7 453
固定资产增加	77 263	长期借款增加	66 000
工程物资增加	14 291	应付债券增加	7 838
应付账款减少	195 900	递延所得税负债增加	13 200
应交税费减少	12 252	资本公积增加	44 600
应付股利减少	105 300	盈余公积增加	106 180
一年内到期的非流动负债减少	339 641	未分配利润增加	444 885
资金应用总计	1 631 151	资金来源总计	1 631 151

从表9-35中可见，环宇工厂本期"资金来源"1 631 151元，其中，主要产生于流动资金项目和盈利的增加：(1)企业盈利使"未分配利润"增加444 885元，占全部资金来源的27.3%(444 885÷1 631 151×100%)；(2)出售交易性金融资产增加资金来源332 000元，占全部资金来源的20.4%(332 000÷1 631 151×100%)；(3)收回应收账款增加资金来源295 590元，占全部资金来源的18.1%(295 590÷1 631 151×100%)；(4)购货签发应付票据增加资金来源175 500元，占全部资金来源的10.8%(175 500÷1 631 151×100%)。这四项内容共增加资金来源1 247 975元，占全部资金来源的76.5%(1 247 975÷1 631 151×100%)。其中，最主要的资金来源是"未分配利润"的增加，它表明该企业主要依靠增加盈利来扩大资金来源。如果企业主要靠增加贷款来增加资金来源，就有可能产生财务风险。

从表15-5中可见，环宇工厂本期"资金应用"1 631 151元，其中，主要用于流动资金项目的增加：(1)货币资金增加433 945元，占全部资金应用的26.6%(433 945÷1 631 151×100%)；(2)一年内到期的非流动负债减少339 641元，相当于动用偿债的流动资产增加了20.8%(339 641÷1 631 151×100%)；(3)企业购买的存货增加，多占用资金255 888元，占全部资金应用的15.7%(255 888÷1 631 151×100%)；(4)应付账款减少195 900元，相当于动用偿债的流动资产增加了12.0%(195 800÷1 631 151×100%)。这四项内容共使资金应用增加1 225 374元，占全部资金应用的75.1%(1 225 374÷1 631 151×100%)。其中，最主要的资金应用是"货币资金"的增加，它表明该企业主要依靠回流货币增加了资金应用。值得注意的是，企业如果应收账款过渡增加，存货中的库存商品超常规增加，这些都有可能产生经营风险，会给企业的发展带来很大的不利。

再对非流动资产增加的对应性进行分析。环宇工厂本期"非流动资产"共增加了199 524元，包括："持有至到期投资"增加了107 970元，占全部资金应用的6.6%；"固定资产"增加77 263元，占全部资金应用的4.7%；"工程物资"增加14 291元，占全部资金应用的0.9%。企业"非流动资产"的增加，主要依靠"长期融资"解决，即主要依靠投资者资金积累和长期负债解决。环宇工厂本期"长期借款"增加66 000元，"应付债券"增加7 838元，共计73 838元，占"非流动资产"增加额的37%；其次，环宇工厂本期"盈余公积"增加106 180元，占"非流动资产"增加额的53%。可见，环宇工厂本期增加"非流动资产"的途径是正常的，且主要依靠自身积累扩展企业规模。需要注意的是如果企业增加"非流动资产"依靠短期融资，这存在着极大的偿债风险，一旦短期债权人到期逼债，企业会产生债务危机，有可能走上破产的道路。

二、运营资金流动分析

运营资金流动分析是对企业将资金运用于生产经营过程产生营业收入，发生营业费用，取得运营效应的情况进行分析。分析的重点是经营活动产生的现金净流量及其对应性。分析的方法有直接分析法和间接分析法。直接分析法是以现金流动量表为依据对经营活动流入量各项目和流出量各项目直接进行分析；间接分析法是以现金流量表为依据，以净利润为分析起点，加减不涉及现金变动的收入或收益及其费用和损失，调整得出经营活动现金净流量的方法。

(一)运营收入、费用与现金流量的变动分析

例27：环宇工厂20××年12月利润表(表9-2)、现金流量表(表9-4)重新排列内容见表9-36、表9-37。

表 9-36　　　　　　　　　环宇工厂利润表（重新编排）　　　　　　　　单位：元

项　目	本年金额
一、企业业务收入	
营业收入	7 298 385
投资收益	51 233
营业外收入	39 950
企业业务收入合计	7 389 568
二、企业成本费用	
营业成本	5 274 893
营业税金及附加	41 756
销售费用	214 663
管理费用	684 155
财务费用	150 045
营业外支出	80 236
所得税费用	235 955
企业成本费用小计	6 681 703
三、净利润	707 865

表 9-37　　　　　　　　环宇工厂现金流量表（经营活动项目）　　　　　　单位：元

经营活动产生的现金流量项目	本年金额
一、经营活动现金流入	
销售商品、提供劳务收到的现金	8 737 294
收到的税费返还	0
收到其他与经营活动有关的现金	96 890
经营活动现金流入小计	8 834 184
二、经营活动现金流出	
购买商品、接受劳务支付的现金	5 919 307
支付给职工以及为职工支付的现金	611 370
支付的各项税费	672 052
支付其他与经营活动有关的现金	637 511
经营活动现金流出小计	7 840 240
三、经营活动产生的现金流量净额	993 944

根据表 9-36、表 9-37 可以进行以下两大分析。

一是分析收支运营过程中的现金流动。环宇工厂 20××年取得业务收入共计 7 389 568 元，其中，营业收入 7 298 385 元，占全部业务收入的 98.8%。同时，环宇工厂 20××年发生成本费用 6 681 703 元，其中，营业成本 5 274 893 元，占全部成本费用的 78.9%。收支抵消后取得净利润 707 865 元。可见，该工厂主要依靠取得营业收入流入现金,发生营业成本流出现金,表明该工厂运营过程中的现金流动是正常的。需要指出的是,如果有些单位不是主要依靠经营活动发生收支,赚取利润,而是主要依靠其他途径发生收支,赚取利润,就有可能存在某些不良情况。

二是分析营业收支与现金流入流出的对应性。(1)收入与流入的对应性分析。环宇工厂20××年取得业务收入共计 7 389 568 元,经营活动现金流入量共计 8 834 184 元,后者比前者多 1 444 616 元,表明该工厂不仅将相对于本期全部收入都收回来,还收回前期欠款 1 444 616 元,货币回笼的情况很好。(2)支出与流出的对应性分析。环宇工厂20××年发生成本费用 6 681 703 元,经营活动现金流出量共计 7 840 240 元,后者比前者多 1 158 537 元,表明该工厂有 1 158 537 元的现金流出尚未转化为成本费用。这些现金流出有的置留在存货仓库,例如,从表 9-35 可知,环宇工厂存货就增加了 255 888 元;有的偿付了货款和税费。造成营业收支与现金流入流出存在差距的主要原因是会计基础不同。营业收支按权责发生制处理,现金流入流出是按现金制处理。(3)净利润与经营活动净流量的对应分析。环宇工厂20××年实现净利润 707 865 元,经营活动产生的现金流量净额为 993 944 元,后者比前者多 286 079 元,盈余现金保障倍数为 140%(993 944÷707 865×100%)。它说明,环宇工厂20××年实现的净利润有充分的现金流量予以保证。

进行营业收支与现金流入流出的对应分析,其目的是考察企业赊销赊购偏离现金流动的程度。一般地说,企业一定时期赊销赊购的数额过大,营业收支与现金流入流出的差额就会很大。环宇工厂20××年营业收支与现金流入流出基本上是适应的,同时该工厂净利润的"现金含量"是较高的。

(二)净利润与经营现金净流量的偏差分析

企业编制现金流量表中的补充资料一"将净利润调整为经营活动净流量"时,采用的编制方法是间接法,即以净利润为起点,加减不涉及现金变动的收入或付出项目金额,调整得出经营活动现金净流量的方法。企业对净利润与经营现金净流量的偏差进行分析就是分析不涉及现金变动的收入或付出的各个调整项目内容及其变动数额。这些调整项目分为以下三类:

一是实际没有支付现金或收到现金的费用或收益。包括:资产减值准备;固定资产折旧、油气资产折耗、生产性生物资产折旧;无形资产摊销;长期待摊费用摊销;公允价值变动损失(减收益);财务费用(减收益);递延所得税资产减少(增加用"—"号)、递延所得税负债增加(减少用"—"号)。

二是不属于经营活动的损益。包括:处置固定资产、无形资产和其他长期资产的损失(减收益);固定资产报废损失(减收益);投资损失(减收益)。

三是经营性应收应付及其他项目的变动。包括:存货的减少(增加用"—"号);经营性应收项目的减少(增加用"—"号);经营性应付项目的增加(减少用"—"号);其他。

例28:环宇工厂20××年12月编制的表现金流量表(第九章表 9-4)按调整类别重新排列见表 9-38。

从表 9-38 可见,环宇工厂20××年经营活动产生的现金流量净额为 993 944 元,比实现净利润 707 865 元多 286 079 元。原因有三:(1)实际没有支付现金或收到现金的费用或收益共计 475 310 元,占偏差额的 166.1%;(2)不属于经营活动的损益为 -64 133 元,占偏差额的 -22.4%;(3)经营性应收应付及其他项目的变动额为 -125 098 元,占偏差额的 -43.7%。在这些变动类别中,比较突出的项目是"固定资产折旧"、"存货的减少"、"经营性应收项目的减少"和"财务费用"增加,它们分别占其偏差额的 96.6%、-109.2%、73.6%、52.4%。

表 9-38　　　　　　　　　环宇工厂现金流动表(按调整类别重新排列)　　　　　　　　单位:元

补充资料——将净利润调节为经营活动现金流量	本年金额	调整项目占偏差的比重
一、净利润	707 865	
二、加:		
(一)实际没有支付现金或收到现金的费用或收益		
资产减值准备	4 783	1.7%
固定资产折旧、油气资产折耗、生产性生物资产折旧	276 417	96.6%
无形资产摊销	12 545	4.4%
长期待摊费用摊销	31 520	11.0%
公允价值变动损失(收益用"-"号)		
财务费用(收益用"-"号)	150 045	52.4%
递延所得税资产减少(增加用"-"号)		
递延所得税负债增加(减少用"-"号)		
实际没有支付现金或收到现金的费用或收益小计	475 310	166.1%
(二)不属于经营活动的损益		
外置固定资产、无形资产和其他长期资产的损失(收益用"-"号)	-19 300	-6.7%
固定资产报废损失(收益用"-"号)	6 400	2.2%
投资损失(收益用"-"号)	-51 233	-17.9%
不属于经营活动的损益小计	-64 133	-22.4%
(三)经营性应收应付及其他项目的变动		
存货的减少(增加用"-"号)	-312 386	-109.2%
经营性应收项目的减少(增加用"-"号)	210 510	73.6%
经营性应付项目的增加(减少用"-"号)	-34 790	-12.2%
其他	11 568	4.0%
经营性应收应付及其他项目的变动小计	-125 098	-43.7%
三、经营活动产生的现金流量净额	993 944	
四、净利润与经营活动产生的现金流量净额的偏差	286 079	

第九节　财务分析报告的撰写

一、一般企业财务情况说明书的撰写

(一)撰写财务情况说明书的基本要求

1. 突出重点和热点

(1)突出本年度重要的变动事项。例如:本年度煤炭资源整合;棚户区治理改造;生态环境治理改善等。这些重要的事项与财务会计有着密切的关系,撰写财务情况说明书时应作重点分析。

(2)上级领导比较关心的事项。例如:上级领导比较关心今年利润计划完成情况,煤炭产量计划完成情况,收入增长情况,成本降下来情况,增值税 13% 提高到 17% 对利润有多大影响,等等。会计人员在财务情况说明书中要展开,这是由会计"相关性原则"决定的。

2. 充分肯定成绩

要将本年财务指标同去年比、同计划比,尤其是同行业水平比,把成绩总结归纳写足、写到位。

3. 抓住关键问题

会计人员身在企业中,掌握着企业的整个"家底",能发现企业存在很多问题,但要从这些问题中抓住关键问题撰写财务情况说明书,要提炼几条写,切记不要面面俱到。对其原因分析要科学、恰当、深刻、辩证。

4. 客观公正评价

对每项财务指标的评价要对照标准,客观公正、真实可靠地进行评价不能出现"可能"、"大概"、"估计"等不确性词语。

5. 语言文字简练

一篇好的财务情况说明书,要结构清楚,看的人读后感到语言精练,没有废话,心理舒服。如果缺乏条理、缺乏逻辑性分析,即便语言再华丽,也可能达不到效果。

6. 要有深度和亮点

要收集全国、全行业、上市公司、其他先进企业的资料(数据),写进财务状况说明书,必要时,要挖掘数据与数据之间的联系,揭示深层次的问题。一个好的财务状况说明书有时出现一两个闪光点,很能感动领导和其他相关人员。

(二)财务情况说明书的基本内容

1. 导语

导语,就是财务情况说明书的第一段。要交代时代背景、经济环境、工作重点,关键指标,肯定的落脚语。通常是:围绕……,以……为指导,落实……精神,主抓了……工作,取得了……成绩,提升了……水平。全年实现销售收入……、利润……,圆满完成了……,为实现……奠定了良好基础。

2. 编制财务报表基本情况介绍

企业主营业务范围和附属其他业务内容,纳入年度会计决算报表范围内的单位、级次,各种业务的分布情况;营业范围调整情况;未纳入制表编制范围的应说明原因。

3. 主要经济指标完成情况

(1)经济总量指标完成情况。包括:产品产量(原煤产量、精煤产量、焦炭产量、发电量等);掘进进尺;煤炭总运量;商品煤销售量;商品煤综合售价;销售收入;利润总额;上交税费;原煤全员工效;在岗人均工资;总产值、增加值等。

(2)综合绩效指标完成情况。包括:净资产收益率;资本保值增值率;营业收入增长率;总资产报酬率;成本费用利润率;流动资产周转率;总资产周转率;资产负债率;已获利息倍数等。

4. 生产经营成果分析

(1)销售收入分析。包括:各种产品的销售收入情况;销售收入影响因素分析;单位销售收入的行业比较分析等。

(2)成本费用分析。包括:原煤制造成本分析(成本现状;与上年比、与计划比;因素分析:政策因素、客观因素、管理因素等);洗煤制造成本分析;其他产品成本分析;期间费用分析;收入成本率分析;单位销售成本的行业比较分析等。

(3)利润完成分析。包括:各种产品利润完成情况;利润变动影响因素分析;分项目变动情况分析;产品产量在同行业排名分析;市场占有率对利润的影响分析;创利水平的行业比较分析;利润率因素分析等。

(4)经营风险分析。包括:库存产品积压分析;货款回收风险分析等。

5. 财务状况分析

(1)资产及构成分析。包括:资产总额情况(与上年比、与计划比);资产构成情况(与上年比、与计划比、与标准比例比)等。

(2)负债及构成分析。包括:负债总额情况(与上年比、与计划比);负债构成情况(与上年比、与计划比、与标准比例比)等。

(3)所有者权益及构成分析。包括:所有者权益总额情况(与上年比、与计划比);所有者构成情况(与上年比、与计划比、与标准比例比)等。

(4)财务风险分析。包括:资产负债率适度情况分析;长期资产与长期资本适应性分析;营运资金与流动资本适应性分析;财务困境分析;财务风险因素分析等。

(5)偿债风险分析。包括:净信用分析;营运资金充足率分析;应付账款周转率分析;银行借款偿还情况分析;获息倍数分析;对外担保情况分析;资产损失情况分析:包括待处理财产损益主要内容及其处理情况,政策性挂账等内容及原因,按账龄分析三年以上的应收账款和其他应收款未收回的原因及坏账处理办法,长期积压商品物资,不良长期投资等生产的原因及影响。

(6)利润分配情况分析。包括:可供分配利润及其构成分析;利润分配去向分析;投资者分红情况分析(含分红率分析);未分配利润结余情况分析;资本保值增值分析;资本积累分析;盈余现金保障倍数分析;资产现金回收率分析;亏损弥补情况分析等。

(7)对外投资项目绩效分析。包括:投资项目盈利分析;投资项目回收期分析;投资收益分析;投资风险分析等。

6. 现金流量分析

(1)货币资金增减情况分析。

(2)现金流入总量及其构成分析。包括:经营活动、投资活动、筹资活动现金流入情况及其构成情况分析。

(3)现金流出总量及其构成分析。包括:经营活动、投资活动、筹资活动现金流出情况及其构成情况分析。

(4)现金流量总额与上年度现金流量情况对比分析。

(5)经营现金净流量与收入、费用对应分析。

(6)净利润含"现"量分析和净利润与经营净流量适配性分析。

(7)对本年度现金流量产生重大影响的事项分析。

7．其他相关事项分析

（1）企业外部经营环境分析。包括：对企业财务状况、经营成果和现金流量有重大影响的其他事项；国家产业政策、财税政策、金融政策对企业经营成果的影响及效果；本企业、本行业当前经济运行中面临的突出矛盾和问题等。

（2）企业科技投入、环境保护、节能减排支出和实施效果情况分析。

（3）企业履行社会职责情况分析。

8．综合性评价和建议

综合性评价和建议包括：取得的重要成绩（效）和经验或措施总括；存在的主要问题归纳；新年度拟采取的改进管理和提高经营业绩的具体措施，以及企业发展计划和设想。

二、上市公司财务报告的撰写

上市公司每个季度、中期、年度都要编制"业绩报告"，称××年第×季度报告、××年半年度报告、××年年度报告。其中，"财务报告报表及附注"是会计人员撰写的"财务会计报告"。同时，上市公司"业绩报告"中业绩概览、董事长报告书、董事会报告、监事会报告、审计报告等都要用到会计资料。因此，会计人员收集整理相关会计信息，编制好"财务会计报告"十分重要。

（一）财务报告报表及附注的基本内容

1．财务报表的种类

企业对外提供的财务报表种类有：资产负债表、利润表、现金流量表、所有者权益变动表。如果是母公司，既要提供合并财务报表，又要提供母公司财务报表。

2．财务报表附注

财务报表附注是财务报表的重要组成部分，是对财务报表中列示项目的文字描述或明细资料，以及对未能在这些报表中列示项目的说明等。

附注披露会计信息的一般顺序是：企业基本情况（包括企业注册地、组织形式和总部地址，企业的业务性质和主要经营活动，母公司以及集团最终母公司的名称，财务报告的批准报出者和财务报告批准报出日）；财务报表的编制基础；遵循企业会计准则的声明；重要会计政策的说明（包括财务报表项目的计量基础和会计政策的确定依据等）；重要会计估计的说明（包括下一会计期间内很可能导致资产和负债账面价值重大调整的会计估计的确定依据等）；会计政策和会计估计变更以及差错更正的说明；对已在资产负债表、利润表、所有者权益变动表和现金流量表中列示的重要项目的进一步说明，包括终止经营税后利润的金额及其构成情况等；或有承诺事项、资产负债表日后非调整事项、关联方关系及其交易等需要说明的事项。财务报表和财务报表附注共同组成了对外报送的财务会计报告。

财务报表附注有两种表现形式：一是文字性的阐述；二是采用附表的格式提供明细资料。财务报表附表通常有：分部报告、营业收入附表、应收款项附表、存货附表、存货跌价准备附表、短期借款和长期借款附表、应交税费附表、资产减值准备附表、资产减值损失附表、应付职工薪酬附表、固定资产附表、无形资产附表、营业外收支附表、递延所得税资产和递延所得税负债附表、现金及现金等价物附表、取得或处置子公司及其他营业单位附表等。

（二）财务报告报表及附注的示例内容

山东兖州煤业股份有限公司2011年3月25日在对外公布四大财务报表后，列示下附注内容：

（1）公司的基本情况。

（2）财务报表的编制基础。

（3）遵循企业会计准则的声明。

（4）重要会计政策、会计估计和合并财务报表的编制方法。包括：会计期间；记账本位币；记账基础和计价原则；现金及现金等价物；外币业务和外币财务报表折算；金融资产和金融负债；应收款项坏账准备核算方法；存货；长期股权投资；固定资产；在建工程；借款费用；无形资产；勘探及评价支出；非金融长期资产减值；商誉；长期待摊费用；职工薪酬；预计负债；专项储备；收入确认原则；政府补助；递延所得税资产和递延所得税负债；租赁；所得税的会计核算；分部信息；套期业务的处理方法；企业合并；合并财务报表的编制方法；共同控制经营；重要会计估计和判断。

（5）会计政策、会计估计变更和前期差错更正。包括：会计政策变更及影响；会计估计变更；前期差错更正和影响。

（6）税项。包括：本公司及境内子公司税种及税率；本公司境外子公司主要税种及税率。

（7）企业合并及合并财务报表。包括：纳入合并的子公司；本期合并财务报表合并范围的变动；本报告期发生的企业合并；外币报表折算。

（8）合并财务报表主要项目注释。如货币资金等项目年初余额、年末余额、变动的主要项目及原因。

（9）关联方及关联交易。包括：关联方关系；关联交易；关联方往来余额。

（10）或有事项。

（11）承诺事项。

（12）资产负债表日后事项。

（13）分部信息。

（14）其他重要事项。如采矿权、融资租赁等。

（15）母公司财务报表主要项目注释。

（16）补充资料。包括：净资产、净利润差异调节表；非经营性损益表；净资产收益率及每股收益。

（17）财务报告批准。说明"本财务报告于 2011 年 3 月 25 日由本公司董事会批准报出"。

参 考 文 献

[1] 陈石进.财务分析技巧[M].香港:香港财经管理研究社,1986.

[2] 陈信华.财务报表分析技巧[M].上海:立信会计出版社,1994.

[3] 崔彤.煤炭工业企业经济活动分析[M].徐州:中国矿业大学出版社,1989.

[4] 胡奕明.财务分析案例[M].北京:清华大学出版社,2006.

[5] 罗飞.企业财务报表阅读与分析[M].北京:中国经济出版社,1993.

[6] 王治安.现代财务分析[M].成都:西南财经大学出版社,2006.

[7] 吴志刚,张锦河,朱学义,等.新会计准则应用研究——煤炭企业会计核算办法设计
[M].徐州:中国矿业大学出版社,2009.

[8] 杨济华,周首华.现代西方财务管理[M].北京:北京出版社,1992.

[9] 张先治.财务分析(第二版)[M].大连:东北财经大学出版社,2005.

[10] 张新明.企业财务报表分析——教程与案例(第二版)[M].北京:对外经济贸易大
学出版社,2004.

[11] 朱学义,李文美,刘建勇,等.财务分析教程[M].北京:北京大学出版社,2009.

[12] 朱学义,王建华,吴江龙,等.财务分析创新内容与实践研究[J].会计之友(下),
2009(4).

[13] 朱学义,周咏梅.财务分析[M].北京:机械工业出版社,1995.

[14] 朱学义.中级财务会计(第4版)[M].北京:机械工业出版社,2010.

[15] [美]DEAKIN E B, MAHER M W.现代成本会计[M].孙庆元,等,译.上海:立
信会计图书用品社,1992.

[16] [美]斯蒂芬·佩因曼.财务报表分析与证券定价[M].刘力,陆正飞,译.北京:中
国财政经济出版社,2002.